W9-BFH-494

Collection dirigée par le professeur Roger Brunet,
assisté de Suzanne Agnely et Henri Serres-Cousiné.

© 1977. Librairie Larousse. Dépôt légal 1977-3e — No de série Éditeur 8095.
Imprimé en France par l'imprimerie Jean Didier (Printed in France).
Librairie Larousse (Canada) limitée, propriétaire pour le Canada
des droits d'auteur et des marques de commerce Larousse.
Distributeur exclusif pour le Canada : les Éditions françaises Inc.,
licencié quant aux droits d'auteur et usager inscrit des marques pour le Canada.

Iconographie : tous droits réservés à A. D. A. G. P. et S. P. A. D. E. M.
pour les œuvres artistiques de leurs adhérents, 1977
ISBN 2-03-013908-4

BEAUTÉS de la FRANCE

Villages pittoresques

Librairie Larousse
17, rue du Montparnasse, 75006 Paris.

Sommaire

Dans chaque chapitre figure une carte originale de Roger Brunet.

Les numéros entre parenthèses renvoient aux folios placés en bas de page avec les titres abrégés des chapitres (1. Villages corses — 2. Villages azuréens — 3. Villages de Provence 4. Villages, vignes du Languedoc — 5. Rocamadour et Cordes — 6. Bastides d'Armagnac 7. Villages basques — 8. Petites cités en Flandre — 9. Villages, vignes d'Alsace).

1. Aux portes du maquis, les villages corses

rédigé par Jacques Nosari

Le reportage photographique a été réalisé par **Pierre Tétrel.**

2. Nids d'aigle en terre azuréenne

rédigé par Ange Bastiani

Le reportage photographique a été réalisé par **Francis Jalain-Cedri,** à l'exception des photos p. 9, Kalicanin-C. D. Tétrel; p. 13 (haut), Lorenzo; p. 15 (haut), Silvester-Rapho.

3. Les villages de Provence

rédigé par Jean-Pierre Moguilevitch

Le reportage photographique a été réalisé par **Willy Ronis-Rapho,** à l'exception des photos pp. 1, 18, Fraudreau-Top; p. 3, Silvester-Rapho; p. 8, Lawson-Rapho; pp. 9, 10-11, 12-13 (bas), 13 (haut), 16 (bas), 19 (haut), Loirat-C. D. Tétrel; p. 20 Ricard-Top.

Notre couverture :

Dans la bastide ronde de Fourcès, des arcades de pierre renforcent les « couverts ».

Phot. Christian Délu-Explorer.

4. De vignes en villages, les trésors du Languedoc

Le reportage photographique a été réalisé par **Harold Chapman-Fotogram,** à l'exception des photos pp. 1, 15 (haut), J. Verroust; pp. 2-3 (bas), 5 (bas), 14, Auvin-Top; pp. 10-11, Sioen-Cedri; p. 13 (bas), Arnault-Fotogram; p. 17 (haut), Marmounier-Cedri.

5. Telles qu'au Moyen Âge, Rocamadour et Cordes

Le reportage photographique a été réalisé par **Gilbert Martin-Guillou-C. D. Tétrel.**

6. Au cœur de la Gascogne, les bastides d'Armagnac

Le reportage photographique a été réalisé par **Christian Délu-Explorer,** à l'exception des photos p. 3, J.-C. Meauxsoone; p. 13 (bas), B. Beaujard; pp. 15 (haut), 16, G. Papigny; p. 15 (bas), Fleury-Fotogram; p. 20, Germain-Rapho.

Le reportage photographique a été réalisé par
Eric Mistler et Eddy Kuligowski-Vloo,
à l'exception des photos
p. 1, Reichel-Top;
pp. 4 (centre), 10 (bas), 16 (bas), Vogel-Explorer;
p. 9 (haut), 18 (haut), Fraudreau-Top;
p. 13 (haut), Schwab-Fotogram;
pp. 13 (bas), 16 (haut), 17 (haut), P. Tétrel.

Le reportage photographique a été réalisé par
Pascal Hinous-Top.

Le reportage photographique a été réalisé par
Bruno Barbey-Magnum,
à l'exception des photos
pp. 4-5 (haut), M. Garanger;
pp. 5 (bas), 18, Morel-Explorer;
pp. 6 (haut), 17 (bas), 19 (bas), Frédéric-Explorer;
pp. 6 (bas), 8 (bas), 11, Sappa-Cedri;
pp. 8 (haut, à droite), 19 (haut, à droite), Veiller-Explorer;
pp. 9, 10 (haut, à gauche), 13 (bas), Peuriot-Pitch;
pp. 13 (haut), 15 (haut, à droite), Boursin-Vloo;
p. 14, Sauvane-Explorer;
pp. 16 (haut), 17 (haut), 19 (haut, à gauche), Studio des Grands-Augustins.

Les plus beaux villages de France

ON PARLE trop de la ville, de sa démesure et de son mal de vivre. À vous faire oublier qu'il existe autre chose aussi. Et, notamment, des villages bien plaisants. Qui, sachant sagesse garder, ne rivalisent que pour des concours de fleurs.

Je ne disputerai pas de savoir si l'on y vit mieux ou moins bien, si l'on s'y ennuie ou si l'on s'y «réalise», comme le disent certains; les faire voir dans ce livre, ou les voir «en chair et en os» aux prochaines vacances, ne relève que du spectacle, et le visiteur reste extérieur, quelle que soit sa bonne volonté. Je ne sais pas, non plus, ce qui est «authentique» et ce qui ne l'est pas. Méfions-nous de ces mots; ils n'épatent que les snobs à l'esprit faible, qui s'imaginent avoir «saisi», «de l'intérieur», «l'âme» de la «province» parce qu'ils ont pénétré impoliment dans une cour et eu un entretien définitif avec un de ces villageois — forcément vieux — qu'ils n'osent même pas qualifier d'«indigène». Mais chacun sait, s'il est modeste, ce qui est simplement beau. Sans guillemets. Libre à lui, si c'est possible, d'aller plus loin. Le seul spectacle, déjà, n'est pas si mal.

Voyons donc ces lieux avec simplicité. Une foule de villages ne sont que très banals. Ils n'ont rien qui retienne, sauf parfois un ton, une harmonie, une coquetterie perceptibles : cela change selon l'heure, le ciel, l'humeur. Cela peut suffire, mais c'est bien fugitif. D'autres villages, au contraire, sont admirables en permanence. À en devenir fatigants. Trop beaux, trop riches, on cesse d'en voir les détails, qui ailleurs raviraient. Trop connus, ils sont à redécouvrir. Trop nombreux dans certaines contrées privilégiées, ils sont à visiter à petites doses.

Il est rare que leur charme vienne exclusivement de leurs vieilles pierres, ou seulement de leur site. La réussite tient le plus souvent à une subtile harmonie, entre des maisons qui pourraient apparaître banales, un dessin des rues, un environnement, un éclairage, un vestige. Cette rencontre peut se faire n'importe où, par hasard. Elle est favorisée dans certaines régions, soit par la qualité particulière des sites, soit par la qualité d'une tradition architecturale ou décorative : alors, le modèle se répète à d'assez nombreux exemplaires.

C'est évidemment à ces derniers ensembles que ce livre accorde toute son attention : il ne pouvait être un dictionnaire très arbitraire; et, de surcroît, la répétition ajoute quelque chose, change l'échelle. Les choix ont donc été fort difficiles, les exclusions douloureuses. La masure cauchoise n'a-t-elle pas son charme? Bien des villages d'Île-de-France n'ont-ils pas séduit les peintres (peut-être surtout, il est vrai, parce qu'ils étaient près de Paris)? Méconnaît-on l'intérêt des petits villages au fil de Loire, avec leur tuffeau blond sous toit d'ardoise, ou de ceux qui parsèment la Bretagne, avec leurs pierres disjointes aux mille nuances? De centaines de villages anonymes émerge çà et là quelque vedette, un Rochefort-en-Terre par exemple. Et, ailleurs, des étoiles solitaires «valent le voyage», comme disent les guides : un Noyers en Bourgogne, un Sancerre en Berry, un Ornans en Franche-Comté. Rien de tout cela ne devrait être ignoré; mais leur description est plutôt du ressort de livres sur les beautés de chaque région, où la variété des sujets d'intérêt permet le détail.

Parlons donc de vrais ensembles. C'est dans le Midi qu'ils nous entraînent surtout. Peut-être par un défaut de perception, qui fait qu'on se refuse à associer l'idée de beau village à celle de pluie et de boue : la caresse du soleil et le chatoiement de la lumière sur les vieilles pierres sont plus flatteurs... Mais aussi pour des raisons plus objectives : un matériau plus solide en général, qui assure la durée; des sites plus accidentés, et donc plus «pittoresques»; et une paix relative depuis sept cents ans : le temps des longues patines.

Certains ensembles sont bien connus — trop connus? Ce fut d'abord l'arrière-pays cannois, enrichi par les stars du cinéma et de l'art, derrière lesquelles on découvrit en masse les escaliers de Vence. La mode s'est ensuite intéressée aux villages perchés, moins accessibles, de l'arrière-pays de Nice et de la Riviera. Elle vient d'atteindre les villages du Luberon. Mais cela empêche-t-il ces villages d'être beaux, surtout si l'on a la chance de les voir à la bonne saison et à la bonne heure? Même un village un peu trop «fait», ou «fabriqué», comme Les Baux, mérite bien quelques instants.

On pourra leur préférer ceux qui, de l'autre côté du Rhône, ont moins de notoriété, et parfois plus de charme pourtant : «la côte» est loin, ce qui les met à l'abri des foules; mais ceux qui les connaissent, et surtout ceux qui s'y sont établis, trouvent encore que leur renommée est bien trop grande... C'est vrai que Cordes a bien changé, ou Saint-Guilhem-le-Désert qui ne mérite plus son nom, pour ne rien dire de Rocamadour. Dans tout le Languedoc, le Quercy et la Gascogne, de villages-forteresses en débonnaires bastides, ces lieux racontent la légende des siècles mieux que ne peuvent le faire les villages provençaux.

Là sont les plus grands ensembles. Mais, «aux quatre coins de l'hexagone», géométrie point si fausse en l'occurrence, quatre groupes resplendissent, avec peut-être moins de profondeur historique, mais plus d'originalité dans l'architecture, voire dans les sites. Deux sont encore du Midi : ceux qui couronnent les pitons corses, entre ciel et maquis; ceux qui illuminent de leur blancheur le vert mouillé du Pays basque. Les deux autres sont tout au nord au contraire, et exotiques par leur évocation des «Pays-Bas» et de l'Europe centrale, aux deux bouts du Rhin : la Flandre et l'Alsace; peut-être, finalement, ce qu'il y a de plus coloré.

C'est bien un long voyage auquel nous vous invitons, dans la paisible animation des campagnes coquettes.

ROGER BRUNET.

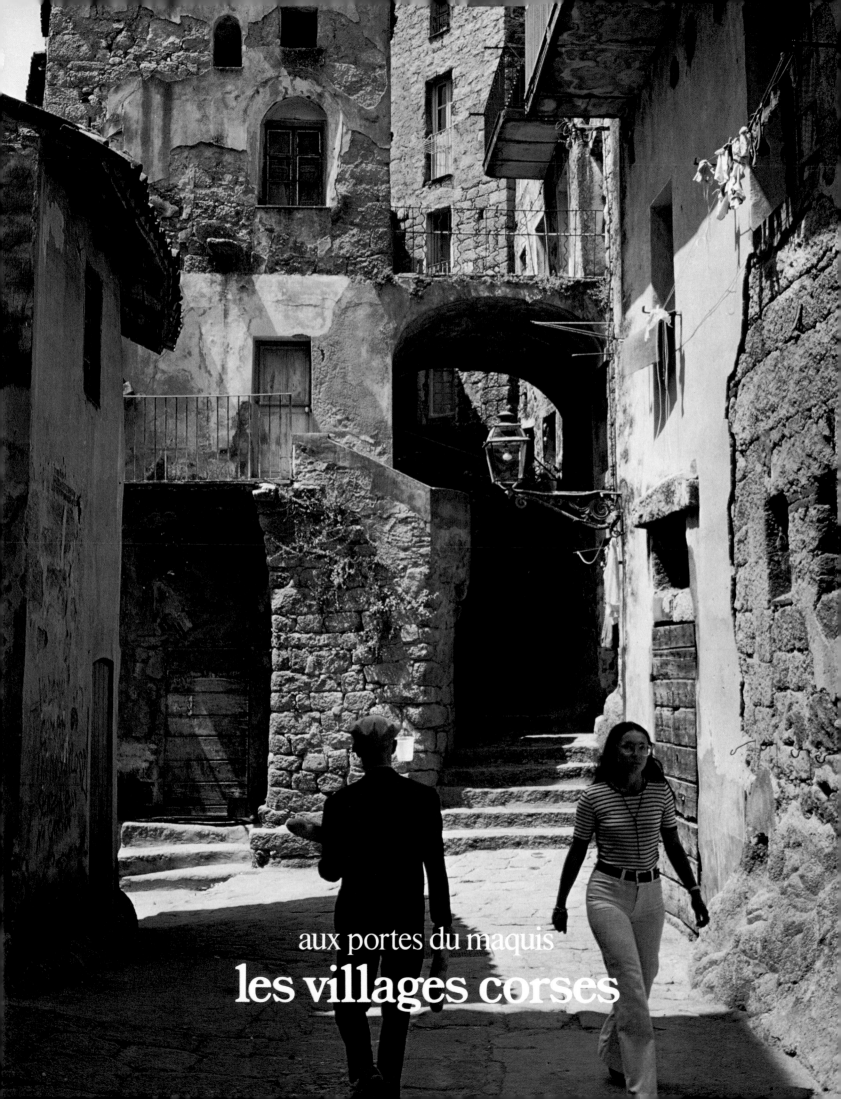

aux portes du maquis
les villages corses

Chassés des plaines côtières
par conquérants et pirates,
les Corses se réfugièrent
dans leurs montagnes.
Plantés sur un piton
ou accrochés au flanc escarpé
d'un vallon,
les villages étaient des bastions
faciles à défendre
et des postes de guet
d'où l'on pouvait
surveiller l'ennemi.

◄ Escarpées, tortueuses,
dallées et coupées
de marches,
les venelles de Sartène,
«la plus corse
des villes corses».

Émergeant ►
des châtaigniers,
Casabianca
et Ficaja,
villages perchés
de la Castagniccia.

Flanquée ▲
de son four à pain,
une vieille maison
de Morosaglia,
bourg natal
de Pascal Paoli.

Des meules de moulin ►
enjolivent
la très typique
fontaine de galets
de Murato.

Isolés dans leurs nids d'aigle,
vivant chichement de l'élevage,
des châtaignes de leurs forêts
et de maigres cultures,
les Corses ont pourvu,
durant des siècles,

◀ Image d'une époque révolue,
une vieille femme file
encore la laine
de ses brebis.

▲ Du haut d'un éperon roche
couvert de verdure,
Penta-di-Casinca domine
les cultures
de la plaine orientale.

à tous leurs besoins,
et ils se sont transmis
un patrimoine de coutumes
et de traditions,
dont certaines
sont encore bien vivantes.

Vendredi saint à Sartène : ▶
tout de rouge vêtu,
le Catenacciu enchaîné
traverse la ville
en portant sa croix.

Hiératique et naïve, ▶
la Vierge à l'Enfant
de la chapelle
Santa-Maria
à Quenza
(Sartenais).

C'est un bandit
d'honneur
qui a sculpté
la porte de l'église
de Piazzole
(Castagniccia). ▼

Que son architecture soit pisane,
rustique ou baroque,
l'église s'inscrit toujours
harmonieusement dans le paysage,
et sa décoration intérieure,
reflet de la ferveur corse,
révèle un art populaire original.

▲ *Un peu austère
dans son écrin de verdure,
l'église Saint-Pierre-Saint-Paul
de Piedicroce (Castagniccia).*

◄ *Dans une riante vallée*
du Sartenais,
les toits roses
de Santa-Lucia-di-Tallano,
où l'on fait du bon vin.

▲ *À Fozzano, la maison,*
aux allures de forteresse,
où vécut Colomba,
la triste héroïne
de Prosper Mérimée.

Tradition corse par excellence,
la vendetta
et ses bandits d'honneur
ont heureusement disparu.
Si l'on vend encore,
dans les boutiques de souvenirs,
d'inquiétants coutelas
baptisés « vendettas »,
il y a longtemps que personne
ne prend plus le maquis.

Derrière le clocher de Ghisoni, ►
l'imposante masse rocheuse
du légendaire Kyrie-Eleison.

▲ *Un des plus beaux belvédères*
de la Corse : Loreto-di-Casinca,
sur une terrasse du monte Sant'Angelo.

L'activité économique de la Corse se concentre dans quelques grandes villes, les côtes attirent de plus en plus d'estivants, et la haute montagne offre un bel éventail de merveilles naturelles. Mais il existe un autre pôle d'attraction, peut-être le plus authentique parce que resté relativement à l'abri des invasions successives : les villages qui s'étagent entre 500 et 1 100 m et où, depuis des siècles, bat le cœur de la Corse. Pour les trouver, pour en découvrir les charmes et les singularités, il faut s'enfoncer résolument dans l'intérieur de l'île, en empruntant des routes toujours tortueuses, généralement étroites et souvent pittoresques.

Chassés des plaines littorales par des conquérants puissants et des pirates pillards, durement éprouvés par les querelles intestines de leurs seigneurs, agriculteurs et pasteurs corses se réfugièrent dans la montagne, sur des positions stratégiques permettant de voir venir de loin le danger et de se défendre contre lui.

Jamais bien grands, les villages sont éparpillés au gré du relief et se saluent d'un belvédère à l'autre. Ils ont en commun la faculté rare de s'intégrer au paysage, de se confondre avec lui, d'assortir leurs teintes à celles de l'environnement. Des « villages-caméléons », selon l'expression imagée d'un observateur attentif.

« Sancta simplicitas »

Planté au sommet d'un piton étroit ou accroché au flanc d'un versant, le village corse est de structure simple. Autour d'un clocher blanc, roman ou baroque, un fouillis de maisons couvertes de tuiles rondes ou de minces plaques de schiste se cramponne au roc, de part et d'autre de ruelles dallées, creusées en gouttière pour l'écoulement des eaux, qui escaladent la pente par une suite de degrés. Hautes, étroites, construites en schiste dans le nord de l'île et en granite dans le sud, les bâtisses à quatre pans sont rarement crépies. Avec leurs pierres rugueuses et leurs étroites fenêtres qui ne laissent pénétrer le redoutable soleil qu'avec parcimonie, elles ressemblent à des forteresses. Leur façade, habituellement dépouillée, s'orne parfois de modestes balcons et d'une volée de marches, permettant de gagner l'étage sans s'encombrer d'un escalier intérieur. À cause des risques d'incendie, le four à pain familial est édifié à l'écart.

Intérieurement, la maison corse est simplifiée à l'extrême : une grande pièce au rez-de-chaussée et de petites chambres à l'étage, où l'on ne fait que dormir et auxquelles on accède par un escalier de bois très raide, ou tout simplement en faisant le tour du bâtiment, construit à flanc de coteau. C'est dans la salle du bas que se trouve le « fucone », seule source de chaleur de l'habitation : c'est un châssis de bois garni d'argile et de pierres plates, sur lequel un petit feu,

entretenu jour et nuit, fait bouillir une marmite suspendue à de grosses chaînes, le « catenacciu », ou posée sur un trépied. Comme il n'y a pas de cheminée, la fumée s'échappe par les fentes de la toiture, après avoir, au passage, séché les châtaignes entreposées dans le grenier, fumé la charcuterie suspendue aux poutres et noirci murs et plafonds. Placé au centre de la pièce, le « fucone » est le cœur de la vie familiale : c'est autour de lui que se font les veillées.

L'ameublement, fort simple, se réduit à des lits garnis d'une paillasse, à quelques bancs ou même de vulgaires billots en guise de sièges, une table, un ou deux coffres et une huche massive, en bois de châtaignier, proche de la maie provençale. Pas d'armoires : des étagères, fermées ou non, ménagées dans l'épaisseur des murs, en tiennent lieu. Souvent, le chef de famille — le patriarche — dispose d'un robuste fauteuil de bois, trône rustique dans lequel il est seul à s'asseoir et qu'il a généralement fabriqué lui-même.

Le Corse est très attaché à sa maison natale, toute sommaire qu'elle soit : il répugne à la louer et, même s'il sait qu'il n'y reviendra jamais, il préfère la laisser tomber en ruine plutôt que de la vendre.

Les villages de montagne ont longtemps vécu en circuit fermé — l'autarcie, gage d'indépendance, étant d'ailleurs imposée par la difficulté des communications. Chaque communauté produisait à peu près tout ce qui était nécessaire à une existence frugale. La base de l'alimentation était constituée par les châtaignes réduites à l'état de farine. Autour du village, à l'aide de murets de pierres sèches et de terre apportée à dos d'homme, on aménageait de petites terrasses sur lesquelles on cultivait les plantes maraîchères indispensables. Les porcs erraient en liberté, sauf à l'époque des récoltes, où on les enfermait dans des enclos. Pour bâter les ânes, pour harnacher les mulets, pour fabriquer les instruments aratoires, on travaillait le cuir et on battait le fer. Pour s'habiller, on filait et on tissait la laine. Avec le bois des châtaigniers, on façonnait les ustensiles domestiques. Seuls les bergers quittaient régulièrement le village, pour assurer la double transhumance qui conduisait chèvres et moutons sur les prairies d'altitude en été et sur les pâturages côtiers en hiver.

Depuis un demi-siècle, les conditions de vie ont changé. Les communications étant plus faciles, les villages ne vivent plus en économie fermée. Des camionnettes apportent aux plus éloignés des fruits et des légumes venus souvent du continent, ainsi que l'épicerie, les produits d'entretien et les poissons pêchés sur les côtes. Aujourd'hui, on achète « à la voiture » ce que l'on produisait jadis sur place avec tant de mal. Pourtant, en dépit de l'automobile, du butane et du transistor, l'existence, dans les villages isolés, paraît encore bien austère. Le mirage des villes, avec l'espoir de gains faciles, a provoqué un exode rapide. Si les vieux sont restés, les jeunes sont partis ; les villages, vidés de leur substance, se sont peu à peu

L'artisanat corse

Si la Castagniccia, qui fut l'atelier de la Corse, fabriquait de nombreux ustensiles avec le bois des châtaigniers, elle travaillait aussi le fer. Le minerai était importé de l'île d'Elbe, et des immigrés italiens, venus de Parme et de Lucques, façonnaient des instruments aratoires et surtout des armes, indispensables outils de l'indépendance. *Campile*, non loin du tumultueux Golo qui forme la frontière nord de la région, fut, des décennies durant, un des centres de cet artisanat. On y forgeait, à de multiples exemplaires, un redoutable couteau à lame effilée. Aujourd'hui, les descendants folkloriques de cette arme blanche continuent d'avoir droit de cité aux étalages des marchands de souvenirs. On les a baptisés « vendettas » pour la couleur locale, mais, au même titre que les petites tours Eiffel « made in Japan » vendues à Paris, ces grands canifs ornés de fioritures et portant fièrement la sanglante devise *Che la mia ferita sia mortale* (Que ma blessure soit mortelle) sont fabriqués à la chaîne dans les ateliers de Thiers, de Langres et de Saint-Dizier.

Plus authentiques sont les objets offerts, grâce aux activités de l'association « Corsicada », dans des boutiques appelées « Casa di l'Artigiana ». On y trouve des poupées vêtues des vieux costumes paysans, des bijoux modernes, des poteries, du miel et des bougies décorées, des châles et des couvertures tissés à la main, des corbeilles et des paniers, des ustensiles en bois d'olivier ou de châtaignier, des cendriers et des presse-papier de diorite orbiculaire, des gourdes faites de coloquintes séchées, et bien d'autres souvenirs rustiques, infiniment plus « corses » qu'un coupe-papier à l'effigie de Napoléon. ∎

▲ *La Castagniccia abrite encore des artisans habiles à travailler le bois.*

Des menhirs vieux de 5 000 ans

En posant le pied sur les hauts plateaux sartenais, on entre en préhistoire. De nombreux vestiges témoignent qu'une civilisation mégalithique, propre à la Corse, s'y serait développée à partir du IIIᵉ millénaire avant notre ère.

Un peuple de paisibles pasteurs, pratiquant une religion fondée sur le culte funéraire, éleva des dolmens pour y enterrer ses morts et des

Dans l'un des hameaux de Morosaglia, le sobre clocher baroque
▼ *du couvent Saint-François.*

endormis. Les ronces et les fougères ont envahi les terrasses, puis les vergers, les vignes et les oliveraies. Lentement, inexorablement, le maquis a reconquis le terrain perdu.

La Castagniccia, royaume des châtaigniers

Au cœur de l'« En deçà des monts », entre Bastia et Corte, une région a cependant résisté victorieusement à l'insidieux envahissement du maquis : la Castagniccia, dont le nom signifie « châtaigneraie ». Une immense forêt la recouvre, estompant le relief. Si les jambes et les voitures ne se ressentent, chacune à leur manière, des dénivellations, on oublierait combien ce monde végétal est accidenté.

Pourtant le désordre des crêtes et des profondes vallées qui le sillonnent en tous sens a joué un rôle important dans son histoire : la Castagniccia est restée un territoire inviolé, qui a su vivre en autarcie pour résister aux invasions, d'où qu'elles vinssent. Ses énormes châtaigniers subvenaient à tous les besoins, ou presque. Certains de ces arbres, toujours solides, ont plus de cinq siècles d'existence, et la circonférence de leur tronc dépasse 10 m. Maintenant que les châtaignes ne sont plus guère consommées que par les porcs et le bétail, les arbres, naguère soignés avec amour, sont délaissés et périclitent. Les villages se dépeuplent, les routes voient passer plus de cochons et de poules errant en liberté que d'automobilistes, et cette

▲ *Une citadelle de l'âge du bronze :
le Castellu de Cucuruzzu,
aménagé par les Torréens.*

menhirs peut-être destinés à abriter l'esprit des défunts. Certains de ces menhirs sont isolés, d'autres forment des alignements, dont les plus importants, ceux de Palaggiu, ne comptent pas moins de 258 mégalithes, ce qui en fait la plus grande concentration de menhirs du bassin méditerranéen.

Puis les menhirs cessèrent d'être de simples pierres dressées pour représenter des silhouettes humaines : ce sont les statues-menhirs, dans lesquelles on distingue l'ébauche d'une tête, la figuration fruste mais néanmoins réaliste d'un visage. Enfin, vers le milieu du IIe millénaire, le sud de l'île fut envahi par une peuplade belliqueuse, probablement à partir de la Sardaigne, et qu'on désigne sous le nom de «Torréens» parce qu'ils construisaient des édifices en forme de tour. Leur arrivée coïncide avec le début de l'âge du bronze, et les statues-menhirs nous montrent les intrus casqués, armés d'épées ou de poignards, parfois cuirassés.

Le principal centre artistique et religieux de la Corse préhistorique est la station de *Filitosa*, près d'Olmeto. On y trouve le résumé des deux grandes civilisations de la préhistoire corse, dans un oppidum aménagé sur un éperon naturel, entre le ruisseau de la Sardelle et la rivière du Barcajolo. Le gisement contient un monument cultuel torréen et une vingtaine de statues-menhirs qui ont fait dire à Roger Grosjean que «nous n'avons pas, en Méditerranée, l'équivalent d'une civilisation préhistorique possédant un art aussi particulier».

À *San-Gavino-di-Carbini*, où subsistent les vestiges d'un

*À Valle-di-Campoloro,
près de Cervione,
les fresques de l'église romane
▼ Santa-Cristina.*

région qui fut l'une des plus actives de la Corse s'endort doucement.

Capitale économique de la Castagniccia jusqu'au début du siècle, *Piedicroce,* où s'affaira longtemps tout un petit peuple d'artisans, n'est plus qu'un village mort. Accrochée en balcon au-dessus du cirque d'Orezza, l'agglomération est souvent appelée «Orezza». On y trouve une église baroque, Saint-Pierre-Saint-Paul, et les ruines, envahies par la végétation, du couvent d'Orezza : les délégués des circonscriptions avaient jadis coutume de s'y réunir pour organiser la résistance aux Génois; c'est là que, en juin 1751, Jean-Pierre Gaffori fut proclamé «général des Corses» et qu'il forma un véritable gouvernement, prêt à fonctionner dès le départ des troupes françaises qui avaient aidé l'île à secouer le joug génois. Le couvent, dont l'église a été détruite lors de la dernière guerre, a inspiré au peintre Maurice Utrillo un tableau fort bien venu, qui se trouve aujourd'hui au musée de l'Annonciade, à Saint-Tropez.

Les environs de Piedicroce, et notamment le lit du Fium'Alto, produisent un très beau marbre vert, dénommé «Verde di Corsica», qui est le plus bel ornement de la chapelle Médicis, à Florence. Les eaux ferrugineuses d'Orezza, naturellement pétillantes, sont connues depuis l'Antiquité. Les spécialistes les disent «efficaces contre l'anémie, la dyspepsie, la leucorrhée, les engorgements du foie et de la rate». Une régie départementale assure leur mise en bouteilles, mais les installations thermales ont, malheureusement, été laissées un peu à l'abandon. Il y vient encore quelques curistes, qui trouvent à se loger dans les petits hôtels de *Stazzona,* une bourgade enfouie dans la verdure, et dont la placette a l'air d'un décor de comédie.

Morosaglia où naquit Paoli

Séparée de Piedicroce par le monte San-Petrone (1 767 m), principal sommet de la chaîne orientale, Morosaglia est la patrie du héros de l'indépendance corse, Pascal Paoli (1725-1807). À l'entrée du bourg se dresse depuis 1953 — la consécration exige souvent une longue patience — une statue de celui qui se maintint quatorze années durant à la tête de son pays et y accomplit une œuvre remarquable, créant une marine, une économie, un enseignement et même une monnaie, dont les pièces, devenues très rares, sont l'objet de la convoitise des numismates du monde entier. Paoli stimula l'agriculture, encourageant notamment la production de la pomme de terre, ce qui valut au «père de la patrie» le sobriquet de «generale delle patate».

Depuis 1889, les cendres du grand homme, ramenées de Londres où il mourut, reposent dans une pièce de sa maison natale, transformée en chapelle. On visite également l'église où il fut baptisé, Santa-Reparata, un édifice préroman au tympan orné de serpents entrelacés.

À l'est de Morosaglia, le bourg de *La Porta,* tapi au fond d'une vallée, possède une église baroque dont le magnifique clocher isolé, bâti en pierres dorées, passe pour le plus beau de Corse. L'orgue, qui a le mérite, en sus de son âge vénérable (il date de 1780), d'avoir été conçu et assemblé par des facteurs locaux, permet de donner chaque été des concerts très suivis. *Casabianca* présente, en plus des pittoresques ruines du couvent Saint-Antoine, un intérêt historique : c'est là que, le 15 juillet 1755, une consulte (assemblée de notables) nomma Paoli «général du royaume de Corse», alors qu'il n'y avait pas de roi dans l'île ni même de prétendant à un trône quelconque.

Au nord de Morosaglia, un vieux pont de pierre enjambe le Golo : c'est *Ponte-Nuovo,* où se déroula le dernier combat livré par les Corses pour leur indépendance. Le 9 mai 1769, l'armée française du comte de Vaux y écrasa les troupes de Paoli. À l'entrée du pont, un monument commémore la défaite qui sonna le glas de la nation corse.

Des églises témoins de leur temps

Non loin de là, à *Castello-di-Rostino,* la chapelle Saint-Thomas, de style roman, abrite de belles fresques datant de la Renaissance, tandis que, près du hameau de *Valle-di-Rostino,* une église en ruine, Santa-Maria, a encore une abside du Xe siècle et une façade en marbre gris, de style pisan, ornée de sculptures naïves.

alignement de menhirs de la première période, on a dégagé, en 1967, un oppidum cyclopéen de l'époque torréenne, le *Castellu d'Arragio*, une enceinte circulaire de près de 40 m de diamètre, avec deux entrées couvertes de grosses dalles.

Au nord de *Levie*, dont la mairie abrite un dépôt archéologique qui s'enrichit chaque année de nouvelles découvertes, se trouve l'ensemble fortifié le plus typique de l'âge du bronze : le *Castellu de Cucuruzzu*. Il occupe le sommet d'une butte. Un escalier taillé dans le roc donne accès à une enceinte de remparts, où l'on distingue un chemin de ronde et des casemates couvertes, munies de meurtrières. Au centre, sur une terrasse, se dresse un bâtiment qui semble avoir été un temple. On y pénètre en franchissant deux portes successives, dotées de piliers et de

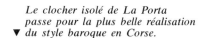

▲ *Casqué, armé,*
l'un des farouches Torréens
qui expulsèrent de Filitosa
les pacifiques tailleurs de pierre.

Le clocher isolé de La Porta
passe pour la plus belle réalisation
▼ *du style baroque en Corse.*

▲ *Les alignements de Palaggiu,*
au sud de Sartène,
sont les plus importants
de tout le bassin méditerranéen.

À l'ouest de la Castagniccia, les hameaux de *San-Lorenzo* sont accrochés au flanc du monte San-Petrone, dans une région giboyeuse que sillonnent des ruisseaux à truites. Deux chapelles du XVIIIᵉ siècle se dressent au sud de la localité : autant celle de Santa-Maria est sobre, autant celle de San-Quilico est richement sculptée.

Encore plus à l'ouest, non loin de Corte, les hautes maisons d'*Omessa* se serrent pour former une sorte d'enceinte, dans laquelle on pénètre par une ruelle voûtée. Au centre, sur une place ombragée de platanes centenaires, à côté d'une fontaine, la petite chapelle de l'Annonciade contient une jolie statue de marbre, représentant une Vierge à l'Enfant. Ce dernier, qui joue avec un oiseau, ressemble assez aux œuvres de Donatello pour que l'on puisse dater cette statue du XVᵉ siècle. Le clocher baroque de l'église paroissiale se dresse au-dessus des toits, tandis qu'un ancien couvent de récollets, devenu le château de Bellevue, domine le village. Alentour, on découvre les restes de plusieurs forteresses qui commandaient les passages entre les vallées du Golo et du Tavignano.

À l'est, au-dessus de la plaine orientale, en vue de la mer, *Cervione* s'étage en amphithéâtre sur les dernières pentes du monte Castillo, entourée de vergers et de vignes. Avec ses 1 600 habitants, c'est déjà une petite ville. En 1736, elle fut la capitale éphémère du roi fantôme de la Corse, Théodore Iᵉʳ, alias baron de Neuhof, un aventurier qui réussit, durant quelques mois, à se maintenir sur un trône d'opérette. D'ailleurs, l'église Sainte-Marie-et-Saint-Érasme, coiffée d'une coupole, est assez monumentale pour ne pas laisser oublier qu'elle fut jadis cathédrale.

Cervione est réputée pour son vin. Elle l'est également pour sa *Madonna*, une Vierge de marbre blanc, datant du début du XVIᵉ siècle, conservée dans la chapelle Notre-Dame-de-la-Scobiccia, sur une crête voisine de la ville, à 770 m d'altitude. Cette statue devait, dit-on, orner la cathédrale de Cordoue, mais le bateau qui la transportait fit naufrage et des pêcheurs la découvrirent sur la grève, près du hameau de Prunete, « marine » de Cervione.

Une autre Vierge à l'Enfant réputée peut être admirée non loin de là, à *Valle-d'Alesani*, dans la chapelle de l'ancien couvent. Il s'agit, cette fois, d'une peinture sur bois, *la Vierge à la cerise*, exécutée au XVᵉ siècle par un artiste de Sienne, Sano di Pietro : avec son fond or et son style hiératique, elle fait penser à une icône. Plus près de Cervione, à *Valle-di-Campoloro*, l'église romane Santa-Cristina est construite selon un plan original. Elle possède deux absides jumelles en cul-de-four, que l'on pense avoir été destinées à honorer deux saints patrons distincts. Les murs sont ornés de belles fresques du XVᵉ siècle dont les coloris sont restés très frais. De Valle-di-Campoloro, une route conduit à *San-Nicolao* (village perché, doté d'une belle église baroque) et à *Santa-Lucia-di-Moriani* (bâtie en balcon

▲ *Touffu, enchevêtré,*
changeant de couleur et d'odeur
au fil des saisons,
le maquis au printemps.

linteaux monolithes. La salle intérieure est fermée par une voûte de pierre qui devait servir de tour de guet, car un escalier extérieur permet d'en atteindre le sommet, d'où l'on découvre tous les alentours. On a également mis au jour de nombreux vestiges d'habitations. ■

Odoriférant et luxuriant maquis

Le maquis! Ce mot faisait jadis surgir des images de bandits farouches, habillés de velours grossier, ceinturés de cartouches, tromblon ou fusil en bandoulière. Il a perdu de son pouvoir d'évocation. Aujourd'hui, Flaubert n'oserait plus écrire : « Je me suis aventuré dans le mâkis *(sic)* sous bonne escorte. »

Cet inextricable fourré dont le manteau verdoyant couvre les deux tiers de la Corse, ce compagnon immémorial de l'insulaire, dont il nourrit les bêtes et abrite (ou abritait) les bandits d'honneur, cette *macchia* qui fait partie intégrante du paysage et dans laquelle la Corse se sent chez lui, est une formation végétale relativement récente. Il y a 5 000 ans, lorsque les premiers pasteurs menaient leurs troupeaux paître sur les herbages des sommets, le maquis n'existait pas. À sa place s'étendaient d'immenses forêts de chênes verts et de pins maritimes. Mais les hommes avaient besoin de champs et de pâturages. Alors ils incendièrent les forêts. Le feu est un allié difficile à maîtriser, et il fit plus de ravages que prévu. Les arbustes remplacèrent les arbres, brûlèrent à leur tour et firent place aux broussailles. Le maquis prit d'assaut

au-dessus de la plaine orientale) : son tracé est si pittoresque, les points de vue qu'elle offre sur les collines, la plaine, la mer et les îles toscanes sont si beaux qu'on l'a pompeusement baptisée « corniche de la Castagniccia ».

La Casinca, pays des vendettas

Au nord, entre la vallée du Fium'Alto et celle du Golo, la Castagniccia est bordée par une région privilégiée, la Casinca. Fertile et peuplée, c'est une plaine, couverte de vignes et de plantations de tabac, qui s'élève, par une succession de gradins plantés d'oliviers et de châtaigniers, jusqu'aux collines où s'étagent les villages.

La Casinca est réputée pour ses sanglants règlements de compte. L'une de ces vendettas, célèbre entre toutes, dura vingt-cinq ans et fit au moins une trentaine de victimes : cela se passait à *Venzolasca,* un bourg dont la rue unique suit la crête d'une arête rocheuse. Aujourd'hui, les vendettas font partie du folklore. On a cessé de s'entretuer en Corse depuis la fin de la Première Guerre mondiale, et les derniers bandits du maquis furent arrêtés en 1931, au cours d'une gigantesque rafle. Les haines se sont apaisées, les mœurs ont évolué, les armes se sont tues. Ce qui ne veut pas dire que les Corses contemporains sont moins chatouilleux que leurs ancêtres sur la question de l'honneur...

Chef-lieu de canton après avoir été, pendant trois siècles, le siège d'un évêché (transféré à Bastia en 1570), *Vescovato,* capitale de la Casinca, peuplée de Corses attachés à leur terre et à leur travail, n'a pas encore été atteinte par le tourisme. Cela ne saurait tarder, car la mer n'est pas loin et les environs sont agréablement boisés.

De *Silvareccio,* on a une belle vue sur l'intérieur de la Castagniccia (vallée d'Orezza et monte San-Petrone), mais le titre de « plus beau belvédère de la région » revient à *Loreto-di-Casinca,* bâtie à flanc de coteau parmi les châtaigniers qui couvrent les pentes du monte Sant'Angelo. Du campanile, construit sur un promontoire à l'extrémité de la rue principale du village, on découvre toute la Casinca et une bonne partie de la côte orientale, depuis l'étang de Biguglia jusqu'à l'embouchure du Fium'Alto. Au pied de ce prodigieux mirador, on aperçoit les hautes maisons de schiste de *Penta-di-Casinca,* serrées de part et d'autre d'une rue unique qui court sur l'échine d'une colline, et au loin, sur le rivage, la tour génoise démantelée de San-Pellegrino, auprès de laquelle on a découvert, il y a quelques années, les vestiges d'une voie romaine.

Tout à fait au nord, au-delà du Golo, près de l'aérodrome de Poretta qui dessert Bastia, le gros bourg de *Borgo,* qui domine l'étang de Biguglia, conserve pieusement le souvenir d'une grande victoire

Tous volets fermés
pour se protéger du soleil,
Castellare-di-Casinca,
▼ *au seuil de la plaine orientale.*

corse : en 1768, un an avant Ponte-Nuovo, Paoli obligea la garnison à capituler, empêchant les troupes françaises, cantonnées à Bastia, de pénétrer dans l'intérieur de l'île.

Au nord, le Nebbio

Passé Borgo, à l'ouest de la route rectiligne qui file vers Bastia et de la chaîne montagneuse qui se prolonge jusqu'à l'extrémité du cap Corse, s'étend le Nebbio, réputé pour ses vins. C'est une région assez fertile, dont les cultures en terrasses descendent en gradins jusqu'au golfe de Saint-Florent.

les pentes, s'insinua au fond des gorges, s'installa partout jusqu'à 700 m d'altitude.

Dans ses parties les plus denses et les plus anciennes, le maquis peut atteindre 5 ou 6 m de hauteur. La plupart des essences qui s'y enchevêtrent ont des feuilles persistantes. On y trouve de petits chênes verts, des bruyères arborescentes, des arbousiers dont les rameaux portent des fruits rouges comestibles ressemblant à des fraises, des lentisques, des genêts épineux. Les buis, les lauriers et les genévriers sont plus rares. Entre tous ces buissons, clématites, ronces et lierre tissent des réseaux impénétrables. Les zones plus basses sont le domaine des plantes odorantes, qui faisaient dire à Napoléon qu'il reconnaîtrait la Corse les yeux fermés, rien qu'à son parfum. Ciste et lavande sauvage, myrte et fenouil, thym et romarin, toutes se contentent des terres les plus ingrates et résistent aux pires sécheresses. Elles sont décoratives, protègent le sol, évitent l'érosion en empêchant la terre d'être entraînée par le ruissellement des eaux. Malheureusement, elles brûlent comme de l'amadou. Les incendies ravagent chaque été des milliers d'hectares de maquis, et la dégradation se poursuit, irréversible. ■

Les spécialités culinaires corses

Le patrimoine gastronomique corse s'est un peu effrité au cours des années, et le *fiadonu*, par exemple, excellente pâtisserie à base

▲ *Des murs bicolores donnent un cachet particulier à l'église San-Michele de Murato, dans le Nebbio.*

de farine de châtaigne et de fromage frais, se fait rare. Si certaines charcuteries ont disparu, on trouve encore la *coppa* et le *lonzu* (faux-filet et filet de porc cru, salé et roulé), le *prisuttu* (jambon fumé très épicé) et le presque légendaire *figatellu* (saucisse à base de foie, de crépine et de lard macérés dans le vin). La viande la plus appréciée dans l'île est, avec celle du cabri, celle des petits cochons noirs, nourris de châtaignes, ce qui leur donne une saveur exceptionnelle.

Les Corses ont heureusement préservé leurs laitages, et surtout leur *brocciu* national, un fromage de brebis qui se déguste de préférence tout frais, dans le panier d'osier tressé qui lui a servi de moule. On peut aussi l'incorporer à d'autres mets, l'accompagner de *fritelle* (beignets frits à l'huile d'olive), de

À quelques kilomètres à vol d'oiseau de Borgo, le bourg de *Murato* a le douteux privilège d'avoir vu naître le conspirateur Fieschi (en 1835, il lança sur le roi Louis-Philippe une machine infernale qui rata le souverain, mais tua le maréchal Mortier et fit de nombreuses victimes). Murato est surtout connue pour posséder l'église romane la plus originale de Corse, San-Michele, située sur un mamelon isolé. Construite au XIIᵉ siècle, l'église se compose d'une nef unique et d'un clocher-porche — malheureusement rehaussé au XIXᵉ siècle — solidement planté sur deux robustes colonnes rondes. Son caractère lui vient de l'alternance de pierres blanches et vertes qui la couvre de rayures et de damiers, décoration beaucoup plus voyante que les discrètes arcatures qui ornent ses corniches. Peu visibles au milieu de

ce bariolage, d'étranges sculptures représentent des créatures réelles ou fantastiques et complètent le charme barbare de cet édifice peu commun.

En franchissant le col de San-Stefano, on peut rejoindre Bastia par le spectaculaire *défilé de Lancone*, creusé par le fougueux Bevinco qui court rejoindre l'étang de Biguglia, ou continuer à remonter vers le nord pour visiter le gros village d'*Oletta*, qui, du haut de sa colline, domine la plus riche vallée du Nebbio. Ici, plus de pierres grises. Les maisons sont crépies et peintes de couleurs claires, à l'exception de quelques vieilles bâtisses noirâtres, perchées comme des corneilles au sommet du monticule, au-dessus de la place en terrasse, des palmiers, des jardins et de la jolie église du XVIIIᵉ siècle, dont la façade est ornée d'un bas-relief plus ancien, provenant du sanctuaire qu'elle a remplacé.

Les villages perdus du Bozio

Au sud de la Castagniccia, entre Corte et la plaine orientale, le maquis prend une éclatante revanche sur les châtaigniers : il laisse vivoter quelques cultures, un peu de vigne, mais il n'y a pas une forêt. C'est la région du Bozio, traversée d'ouest en est par le Tavignano, un torrent qui a creusé dans le schiste des gorges plus ou moins profondes, plus ou moins sinueuses. Accrochés au roc, de vieux villages, ensembles de hameaux farouchement solitaires, réservent d'agréables surprises à ceux qui se donnent la peine d'y grimper.

Au seuil de la Castagniccia, *Bustanico* possède un des plus beaux témoignages de l'art populaire corse : un christ en bois polychrome, d'une facture naïve, mais d'un réalisme bouleversant. C'est de Bustanico que partit, en 1729, la guerre de l'Indépendance qui devait durer quarante ans et aboutir à la cession de la Corse à la France : les paysans se révoltèrent parce qu'un collecteur d'impôt tatillon menaçait un vieillard à qui il manquait un demi-sou pour s'acquitter de ses contributions — petite cause, grands effets. En 1956, on a découvert sur le territoire de la commune deux sculptures romaines et des monnaies datant de l'an 180 av. J.-C., ce qui prouve que la route des invasions était passée par là.

Non loin de là, *Sermano* est un des derniers villages corses où l'on chante encore à la messe la « paghiella », vieux chant corse à plusieurs voix d'hommes. Dans le cimetière, l'humble chapelle San-Nicolao est décorée de fresques du XVᵉ siècle, aux chaudes couleurs, remarquablement conservées. Plus au sud, *Erbajolo* jouit d'un magnifique panorama (table d'orientation), mais il faut descendre un peu pour admirer une petite église romane, Saint-Martin, qui possède une abside semi-circulaire ornée de peintures rustiques.

fruits frais ou de figues sèches. On en fait également une délicieuse tartelette, baptisée *imbrucciata*.

Parmi les gibiers, le merle, nourri de baies de myrte, est considéré à juste titre comme un plat particulièrement délicat. Aux yeux — et surtout aux palais! — de certains connaisseurs, le pâté de merle est supérieur au foie gras.

Les poissons — parce qu'ils abondent, en mer comme en rivière — apparaissent souvent au menu. Les oursins ont un goût très typique, et les langoustes, excellentes, entrent fréquemment dans la composition de la plantureuse bouillabaisse locale, l'*aziminu*.

On leur adjoint la murène, qui chagrina jadis Guy de Maupassant. Voyant qu'elle avait la peau lisse, il s'étonna : « Mais elle n'a pas d'écailles! Flaubert, dans

Salammbô, donne des écailles à la murène. » Et, après le repas : « Cette murène était exquise, mais je l'eusse préféré avec des écailles. À cause de ce pauvre Flaubert... » ■

Un paradis pour pêcheurs et chasseurs

Montagne jaillie de la mer, la Corse ruisselle de torrents aux eaux claires, peuplés essentiellement de truites et d'anguilles, et la pêche en rivière est praticable presque partout. Le Golo, le Rizzanese, le Taravo et l'Orbo comptent au nombre des principales rivières à truites, mais il s'en trouve également dans maints cours d'eau secondaires. Ce sont des truites « fario », de petite taille, mais particulièrement savoureuses. Si la

meilleure période pour la pêche se situe entre le début mars et la fin juin, la saison va de la troisième semaine de février au dernier lundi de septembre. Quant aux étangs et aux lacs du monte Rotondo et du monte Renoso, ils recèlent des anguilles de belle taille, dont certaines dépassent le mètre.

La douceur du climat et la splendeur des paysages ajoutent au plaisir de la chasse, ouverte en Corse du troisième dimanche d'août au premier dimanche de janvier, sauf pour le canard col-vert et la bécassine, que l'on tire jusqu'au 15 février, et pour certains gibiers nuisibles, que l'on chasse jusqu'à la fin mars. L'île regorge de canards sauvages, de bécasses et de pigeons ramiers, migrateurs qui arrivent chaque automne pour ne repartir qu'aux premiers jours du printemps.

Le sanglier est très abondant dans toutes les régions de maquis, et la plupart des villages organisent chaque semaine des chasses avec rabatteurs et chiens. Le touriste y est toujours le bienvenu. Commencées dès l'aube, ces équipées sportives se terminent par un repas en plein air, autour d'un bon feu. ■

De vignes en vins

Les vins corses n'ont pas, sur le « continent », la réputation qu'ils méritent. Pourtant, tous sont originaux et beaucoup sont excellents. Depuis 1968, le patrimonio est une appellation contrôlée (A.O.C.), et le sartène a droit au label V.D.Q.S. Toutes les régions de l'île, ou presque,

Cernés de vignobles
où s'élabore un vin fameux,
Patrimonio et son église classique
▼ (Nebbio).

Piedicorte-di-Gaggio domine la vallée du Tavignano, qu'enjambe un pont génois : celui-ci a perdu son tablier depuis longtemps, mais ses arches graciles semblent indestructibles. De la promenade en terrasse du village, on découvre, à l'ouest, les hauts sommets de la chaîne centrale et, à l'est, la plaine d'Aleria et la mer. Le clocher monumental de l'église date du XIXe siècle, mais l'archivolte encastrée à sa base est romane, et les quatre monstres qui la décorent ne manquent pas d'intérêt. Au-dessus du village, les vestiges du château de Gaggio couronnent la punta Callacaggio (1 061 m), d'où la vue est magnifique.

Encore plus au sud, *Antisanti*, étirée le long de son éperon rocheux, contemple la vallée du Tavignano, tandis que *Vezzani*, en bordure de la forêt de Sorba, est tournée vers la ligne de crêtes qui la sépare de la vallée du Tagnone et du Fiumorbo.

Sauvage et solitaire Fiumorbo

Avec son dédale de vallées encaissées et ses sites superbes, le Fiumorbo est le pays le plus isolé, le plus enclavé de toute la Corse. Peut-être est-ce pour cette raison qu'il fut le dernier à accepter la loi française? En tout cas, c'est dans ses villages que les mœurs traditionnelles de l'île se sont le mieux maintenues.

Lorsque, venant de Venaco ou de Vizzavona, on aborde le Fiumorbo par le nord, en franchissant les 1 311 m du col de Sorba et en traversant la forêt du même nom, plantée de magnifiques pins laricios, le premier village que l'on rencontre fait exception à la règle générale : loin d'être perchée, *Ghisoni* est construite au fond d'une cuvette boisée, près du confluent de deux torrents, le petit Regolo et le puissant Fium'Orbo, le « fleuve aveugle », qui a donné son nom à la région. Deux pitons rocheux dominent l'agglomération, le Kyrie-Eleison et le Christe-Eleison. Ces noms surprenants datent du XIVe siècle, de l'époque où l'on faisait périr sur le bûcher les « Giovannali » (disciples de saint Jean), des hérétiques qui rappellent les cathares du midi de la France. Les habitants de Ghisoni ayant livré aux flammes un membre de la secte, le curé entonna l'office des morts, et l'écho des deux rochers lui répondit. On vit alors deux colombes sortir de la fumée et aller se percher à leur sommet. C'est, du moins, ce que raconte la tradition...

Aussitôt après s'être enrichi des eaux du Regolo, l'Orbo se rue dans des gorges étroites, sauvages, qui offraient jadis un asile quasi inviolable aux bandits d'honneur. Aujourd'hui, une route, creusée à coups d'explosifs, les a ouvertes à la circulation, mais le cadre reste extrêmement sévère. On suit d'abord le *défilé des Strette*, profond de 300 m et encombré d'énormes blocs descendus de la montagne, puis

▲ *Les hautes et sombres
maisons de Sartène
sont solidement
cramponnées au rocher.*

produisent des vins qui peuvent se boire jeunes, mais qui acquièrent un bouquet particulièrement fin en vieillissant. Les rouges sont capiteux, les blancs secs et parfumés, les rosés fruités et savoureux. Parmi les principales régions productrices, on peut citer :
— le *Nebbio,* avec ses vins de Patrimonio qui doivent leur qualité au terroir et à l'excellent encépagement de nielluccio, de malvoisie et de grenache noir;
— le *cap Corse,* avec ses îlots de malvoisie et de muscat et les vins doux naturels de Rogliano;
— le *Sartenais,* avec ses vallées du Bacari, du Rizzanese et de l'Ortolo;
— les *coteaux d'Ajaccio,* tels que Taravo, Prunelli, Gravone, Liamone, Sagone, Chioni, Porto; dans leur encépagement dominent le sciaccarello, le grenache et le malvoisie;
— la *Balagne,* réputée pour ses vins de sciaccarello, de nielluccio et de malvoisie, associés au grenache et au cinsault;
— la *région de Porto-Vecchio,* qui a reconstitué de beaux vignobles ces dernières années, notamment dans la dépression de Figari;
— la *plaine orientale,* qui est depuis longtemps un pays de vignobles de qualité : Bravone, Cervione, Casinca, Fiumorbo et Marana; depuis quelques années, de grandes exploitations, disposant de puissants moyens financiers, produisent en grosse quantité des vins de consommation courante, ne titrant pas plus de 11°;
— le *Cortenais,* enfin, avec les deux grands bassins du Golo et du Tavignano, qui doit à ses formations calcaires la qualité de ses vins. ■

le *défilé de l'Inzecca,* prodigieuse encoche (c'est le sens du mot «inzecca») qui échancre la roche d'un vert sombre sur quelque 800 m de longueur.

La capitale du Fiumorbo est un gros bourg juché sur un promontoire qui domine la plaine d'Aleria : *Prunelli-di-Fiumorbo.* L'église qui se dresse au sommet du rocher, Santa-Maria-Assunta, est de style classique, mais l'ancien sanctuaire qu'elle a remplacé, Saint-Jean-Baptiste, construit en contrebas et aujourd'hui en ruine, était préroman.

À quelques kilomètres de là, le hameau de *Pietrapola,* petit centre de pêche et de chasse, aux vieilles maisons typiques, possède un établissement thermal dont les eaux chaudes, sulfurées-sodiques, donnent, paraît-il, d'excellents résultats dans le traitement des rhumatismes et autres douleurs.

« La plus corse des villes corses »

Au sud de l'île, au-dessus de la fertile vallée du Rizzanese — une des principales régions productrices de vin de la Corse —, la vieille cité de *Sartène* se dresse au sommet d'un mamelon. Pour Prosper Mérimée, c'était «la plus corse des villes corses». L'écrivain faisait-il allusion à son allure médiévale, à ses hautes maisons de pierre sombre, à ses ruelles dallées, à ses escaliers escarpés, à ses passages voûtés? Ne pensait-il pas plutôt à son caractère secret, à l'influence qu'y exerçaient quelques puissantes familles, aux luttes de clans, aux guerres intestines qui dressaient les uns contre les autres les individus, les familles, les quartiers? Quoi qu'il en soit, la ville est très fière du qualificatif et s'en pare comme d'un titre de gloire.

Le soir du vendredi saint, une cérémonie religieuse replonge brusquement Sartène en plein Moyen Âge : la procession du «Catenacciu» (l'enchaîné). Vêtu d'une longue robe rouge, la tête couverte d'une cagoule rouge, les mains gantées de rouge, un homme aux pieds nus porte une lourde croix à travers les rues illuminées de la ville. À sa cheville est fixée une grosse chaîne qui rebondit bruyamment sur les pavés. Qui est le «grand pénitent» qui tient le rôle du Christ vivant? Nul ne le sait, sauf le curé auprès duquel il s'est inscrit plusieurs années à l'avance, mais tout le monde voudrait bien le savoir, et les gamins cherchent sournoisement à le faire tomber. Il est suivi du «pénitent blanc», ou «petit pénitent», qui incarne Simon le Cyrénéen. Derrière, quatre «pénitents noirs», très impressionnants avec leurs cagoules funèbres, portent, sur un linceul blanc, une statue polychrome représentant, avec un réalisme saisissant, le Christ mort. Puis viennent le clergé, les notables, les fidèles, au milieu des chants et des cris.

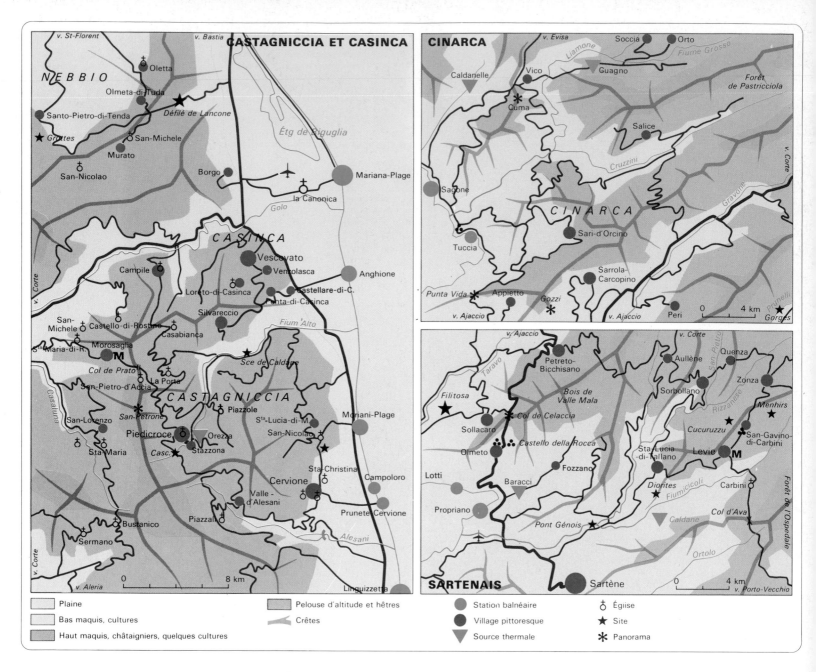

CASTAGNICCIA ET CASINCA

CINARCA

SARTENAIS

Légende	
Plaine	
Bas maquis, cultures	
Haut maquis, châtaigniers, quelques cultures	
Pelouse d'altitude et hêtres	
Crêtes	

Station balnéaire · Village pittoresque · Source thermale · Église · Site · Panorama

Sur les traces de Colomba

Bien que les Corses n'apprécient guère Prosper Mérimée, on ne peut pas parler de Sartène et du Sartenais sans évoquer sa célèbre nouvelle, *Colomba*. L'intrigue fut inspirée à l'écrivain par une vendetta qui se déroula en 1833 dans le village de *Fozzano*, au nord de Sartène. Les deux familles ennemies étaient les Carabelli et les Durazzo, et leurs maisons fortifiées existent toujours. S'il faut en croire un descendant des Durazzo, la réalité dépasse la fiction, car c'est quatre cadavres, et non deux, qui furent rapportés du champ de Tonichello, dans la vallée de Baracci, après le règlement de compte final. À Fozzano, on peut encore voir la maison où vécut Colomba Carabelli et la chapelle où elle est enterrée. Ce n'est pourtant pas là qu'elle est morte, mais à *Olmeto*, à l'âge de 86 ans, ce qui tendrait à prouver qu'un cœur brisé peut encore faire un long usage.

Une poussière de villages

Fermé au nord-est par une ligne dentelée de montagnes bleues, le Sartenais descend par plans successifs jusqu'à la mer. La végétation y est typiquement méditerranéenne : figuiers géants, vignes et oliviers se mêlent au maquis de lentisques et de bruyères. Quant aux villages, ils s'accrochent à tous les mamelons, au-dessus des vallées et des innombrables ruisseaux qui sillonnent la région. « Entre 600 et 400 m,

écrit Jean Noaro, l'auteur du *Voyageur de Corse*, c'est une floraison de villages, une poussière de villages. » On pourrait en faire une litanie : *Petreto-Bicchisano*, d'où l'on découvre toute la vallée du Taravo; *Argiusta-Moriccio* et son sanctuaire torréen du col de Foce; *Aullène*, blottie parmi les châtaigniers, sous les ruines médiévales du château de la Contundine; *Serra-di-Scopamène*, « capitale » de l'Alta Rocca, un petit pays de bergers, qui produit un excellent fromage; *Quenza*, dont la chapelle Santa-Maria, construite par les Pisans en l'an mille, contient de curieuses statues naïves en bois polychrome; *Sainte-Lucie-de-Tallano*, un des plus jolis villages de Corse avec sa couronne d'arbres fruitiers, où l'on extrait une remarquable pierre dure, la diorite orbiculaire, mouchetée comme la peau de l'ocelot, et où l'ancien couvent Saint-François recèle de belles peintures.

En remontant vers le nord par le versant occidental de la chaîne centrale, c'est *Urbalacone*, sa source sulfureuse et son établissement thermal miniature; c'est le pays d'Ornano avec *Cauro*, que surveillent, du haut de leurs pitons respectifs, les vestiges de deux châteaux; c'est la Cinarca avec *Sari-d'Orcino* qui se prélasse parmi les oliviers, au-dessous des vignes et des figuiers; c'est le Liamone avec *Vico*, au pied du rocher de la Sposata (la mariée), ses statues-menhirs et son couvent Saint-François, qui abrite un crucifix de bois peint qui passe pour le plus ancien de l'île.

Mais citer des villages corses, c'est faire tort à tous les autres, ceux dont on ne parle pas, et qui ont chacun leur charme, leur caractère et, bien souvent, des trésors méconnus...

nids d'aigle
en terre azuréenne

▲ *Peillon est tapie sur un éperon rocheux,*
au débouché d'un défilé,
dans la vallée du Paillon de L'Escarène.

Du village d'Èze, ▶
la vue s'étend sur
la presqu'île du cap Ferrat
et la baie de Villefranche.

◀ *Le vieux bourg d'Èze,*
planté au sommet d'une falaise,
juste au-dessus de la mer.

*D*u littoral méditerranéen aux cimes du Mercantour,
les Alpes niçoises, baignées de soleil,
prêtent leur décor accidenté et sauvage à d'extraordinaires petits villages.
Juchés sur des buttes ou accrochés à flanc de montagne au-dessus de ravins,
ces nids d'aigle, souvent ceints de remparts,
furent construits pour résister aux pirates et aux Barbaresques.

▲ *Castellar : à côté d'un paisible café, une porte-donjon donne accès à l'ancien palais des Lascaris.*   ▲ *Pavage irrégulier, rues couvertes et ombragées, le*

Ruelles tortueuses, grossièrement dallées,
coupées d'escaliers, enjambées par des voûtes,
maisons à hautes et étroites façades,
qui semblent s'épauler l'une l'autre,

vieux village de Gorbio.

▲ *Èze, habilement restaurée, a retrouvé tout son caractère.*

vieilles pierres patinées par le temps
mais parées de fleurs,
les bourgs perchés de l'arrière-pays azuréen
n'ont rien perdu de leur charme d'antan.

▲ *Dans l'arrière-pays mentonnais,*
les cultures en terrasses
font un piédestal à Castellar.

Le vieux Roquebillière, ▶
massé autour de la
chapelle des Pénitents-Blancs.

À quelques lieues de la côte,
les villages, environnés d'oliviers et de rocaille,
ont un cachet purement méridional.
Vers l'intérieur, ils prennent des allures montagnardes :
façades colorées et toitures de tuile romaine
viennent cependant égayer un paysage passablement austère.

*Ces pittoresques villages perchés
jalonnent des vallées encaissées
qui tantôt s'élargissent
en de riants bassins,
tantôt se resserrent
en des gorges vertigineuses.*

◄ *Les maisons de Sospel,
alignées le long de la Bévéra,
qu'enjambe un pont à tour de péage.*

▲ *Du belvédère du
«saut des Français»,
la vue plonge dans
les gorges de la Vésubie.*

*Juchée sur son rocher, ►
Sainte-Agnès se serre
autour de l'église
à fronton triangulaire.*

▲ *Sur une arête rocheuse*
dominant la Vésubie,
Lantosque, ses façades colorées
et son église du XVIIᵉ siècle.

$\mathcal{E}$ntre les hauteurs solitaires du massif de l'Argentera-Mercantour et le littoral méditerranéen animé par un tourisme dévorant, à l'est du cours majestueux du Var, les Préalpes de Nice orientent vers la mer leur relief de crêtes austères, de versants escarpés et de gorges encaissées, paysages encore maritimes et déjà montagnards, caressés par la brise marine et fouettés par la tramontane. L'hiver apporte la neige, qui souvent couvre les sommets six mois durant; l'été, plus frais que sur la côte, s'accompagne d'orages. En raison des pluies importantes — il n'est pas rare qu'à l'automne les torrents soient en crue —, la végétation est dense et variée; elle se pare en altitude de floraisons de caractère alpin. Oliviers et pins sylvestres, remplacés par la vigne et les arbres fruitiers dans les endroits abrités, disparaissent au-dessus de 800 m pour laisser la place aux épicéas, à quelques cultures et à ces prairies où viennent estiver les troupeaux. Plus haut, au milieu des éboulis, au pied des cimes rocheuses, se nichent de petits lacs.

C'est dans les « vallées perdues » de cet arrière-pays niçois, riche en contrastes, que semble se concentrer la vie. Chacune de ces percées naturelles, où coulent Paillon, Vésubie, Bévéra et Roya, a, en effet, sa longue suite de villages, agrippés aux pentes, juchés sur des promontoires. Un univers pittoresque de rues escarpées et sinueuses, de passages voûtés, d'escaliers, d'arcades, de vieilles maisons serrées les unes contre les autres, avec des toits de tuiles romanes au rose fané par le soleil, de hautes et étroites façades burinées par les éléments. Ici et là, sur des places ombragées, jasent des fontaines. Parfois, des vestiges de remparts rappellent que la construction de ces nids d'aigle fut moins commandée par le souci de s'exposer au soleil que par celui de se protéger.

Car il n'est pas un de ces petits bourgs qui n'ait été touché par l'histoire du comté de Nice, marche frontière âprement convoitée : grandes invasions des Vᵉ et VIᵉ siècles, incursions sarrasines, luttes des comtes souverains de Provence pour affirmer leur mainmise sur cette contrée jusqu'à ce qu'elle devînt fief des seigneurs savoyards, rivalités entre ces derniers et les souverains français... La population de l'actuel département des Alpes-Maritimes vécut dans l'insécurité des siècles durant. Aussi se retira-t-elle dans des villages-citadelles, haut perchés et d'accès malaisé.

À cause des difficultés de communication, les habitants de ces bourgs furent longtemps contraints à l'isolement, assurant leur subsistance par une agriculture modeste et un pacage saisonnier. Mais avec le retour à la paix, avec le développement des routes et des moyens de transport, les villages commencèrent à se dépeupler. Ensuite vint le tourisme, qui bouleversa la vie du littoral et modifia celle de l'arrière-pays : il lui apporta un certain confort, mais, en même temps, attira dans les stations balnéaires une grande partie de ses forces vives. L'exode s'accrut et nombre de maisons furent abandonnées. Puis le trop-plein du littoral commença à restituer aux villages une part de ce qu'il leur avait pris et, depuis peu, des travaux d'aménagement tentent de redonner vie à ces fantômes.

Chacun de ces villages, malgré un certain air de famille, possède son originalité propre, son climat et, pourrait-on dire, son parfum particulier. Chacun mérite une visite. Et, peut-être, sera-t-on surpris d'y découvrir, au fil d'une flânerie, de véritables trésors. La plus humble chapelle abrite souvent d'admirables peintures murales ou de remarquables retables des primitifs niçois, Louis Bréa, le « Fra Angelico provençal », et ses disciples.

Èze, « la gitana sauvage »

Ainsi Stephen Liégeard, en 1887, qualifiait-il *Èze*, l'un des plus beaux de ces villages perchés bâtis à peine en retrait de la Côte d'Azur. « Sombre, au sommet d'une pyramide isolée, sa silhouette s'élève en vigueur sur les transparences de l'horizon. De plus de six cents pieds à pic, elle domine la mer. Les stries du sentier qui descend vers la grève semblent les lacets d'or de son noir corsage, le soleil a bruni son front, l'orage et le canon ont, aux éclats de leurs tonnerres, déchiqueté un diadème en ruines... » À 10,5 km à l'est de Nice et 6 seulement de La Turbie, juché à 427 m d'altitude sur un escarpement, Èze se dresse au-dessus de la Méditerranée et de la station balnéaire moderne d'*Èze-sur-Mer*. Maisons et rocher semblent ne faire qu'un. La petite cité a gardé son cachet d'autrefois. Il lui reste des portes fortifiées (XIVᵉ s.) et un début de chemin de ronde. Ses vieilles bâtisses, souvent intelligemment restaurées, enserrent d'étroites venelles qui, par des escaliers, grimpent aux flancs du piton et ouvrent de lumineuses échappées sur la Méditerranée ou les collines de l'intérieur. Il faut s'aventurer dans ce pittoresque dédale qui attira à Èze-Village artistes et hôtes illustres : George Sand, Théodore de Banville aimèrent ce « nid de vautour », et Frédéric Nietzsche, qui séjourna dans les environs, y conçut la troisième partie de *Ainsi parlait Zarathoustra*. Une rue escarpée et un long passage voûté conduisent au terre-plein où s'élevait le château des Riquier, seigneurs d'Èze, que Louis XIV fit démanteler. Des débris de muraille en sont les seuls vestiges, et on s'extasiera davantage sur l'incomparable panorama qui s'offre au regard, du cap Ferrat au cap Roux et à la presqu'île de Saint-Tropez. Par temps clair, les montagnes corses se dessinent à l'horizon. Sur les remparts de l'ancien château a été créé un jardin exotique qui rassemble d'importantes collections de plantes grasses. À côté de la demeure seigneuriale, la chapelle de la Sainte-Croix-des-Pénitents-Blancs (XIVᵉ s.) fut restaurée dans les

L'« école de Nice »

Sur la côte comme dans l'arrière-pays, la région niçoise se révèle extrêmement riche en peintures des XVe et XVIe siècles. Églises et chapelles abritent des retables peints sur bois, d'une grande ferveur religieuse en même temps que d'une spontanéité parfois pleine de naïveté.

Derrière ces œuvres, influencées à la fois par l'art français et l'art italien, se dissimulent des artistes qui travaillaient surtout pour les confréries de pénitents et dont l'identité ne nous est pas toujours parvenue. Aussi les regroupe-t-on sous l'appellation d'« école de Nice », à la suite de celui qui semble avoir été leur chef de file : Louis Brea, le « Fra Angelico provençal », qui vécut environ de 1458 à 1522. La

Crucifixion à Èze, le retable de sainte Marguerite à Lucéram, la Crucifixion à La Brigue sont de ses chefs-d'œuvre. Son frère Antoine Brea (1504-1545) et le fils de celui-ci, François (1530-1562), firent partie de ses disciples. Au dernier on attribue la Vierge immaculée de Sospel et la sainte Madeleine de Contes. Mais il est d'autres noms connus : Jean Mirailhet (v. 1394 - av. 1457), originaire de Montpellier, Jacques Durandi († 1470), Antoine Aundi, André Manchello, Honoré Bertone, auquel revient le rosaire de Peille, G. Planeta...

À cette même époque, les sanctuaires, des plus grands aux plus modestes, s'ornèrent de peintures à la détrempe. On peut en voir à Peillon, Venanson, Saorge, Auron, Saint-Étienne-de-Tinée. Si les anonymes sont aussi fort nombreux

▲ Dans l'église Sainte-Marguerite de Lucéram, une œuvre importante de Louis Brea : le retable de sainte Marguerite.

Au-dessus du vallon du Faquin, dans un paysage sauvage de bois et de rochers,
▼ *le bourg de Peille.*

années 50 et décorée de panneaux émaillés qui s'accordent bien avec l'aspect dépouillé de ce sanctuaire. On remarquera dans le chœur un christ en bois (XIIIe s.) — dit « Christ de la peste noire » — et une « Vierge des forêts », du XIVe siècle, dont l'Enfant Jésus tient une pomme de pin, symbole de la pauvreté. L'église paroissiale actuelle, reconstruite au XVIIIe siècle dans le style Renaissance, domine le village de son clocher carré à deux étages.

À l'entour du mont Agel

Si Èze, par sa situation et son charme indéniable, semble canaliser l'intérêt du promeneur, il existe dans cette portion de l'arrière-pays niçois, autour de la haute stature du mont Agel (1 146 m), le sommet le plus élevé de la Côte d'Azur, bien d'autres buts d'excursion. Ainsi le monastère de la *Madone de Laghet*, bâti dans un vallon boisé, attire

quantité de pèlerins. Érigée aux Xe-XIe siècles, la chapelle fut restaurée au XVIIe et devint le théâtre de guérisons miraculeuses qui amenèrent les premiers pèlerins. Les dons affluèrent et les murs se couvrirent d'ex-voto. L'évêque de Nice fit alors construire, au XVIIe siècle, une église plus vaste, de style baroque, accompagnée d'un hospice. En 1792, un détachement de troupes révolutionnaires mit à sac l'édifice, brûla les ex-voto et les pères carmes ne réintégrèrent le monastère qu'en 1814. Cependant, que les amateurs d'ex-voto se rassurent, les couloirs de l'église ont reçu, depuis lors, de nouveaux témoignages de foi et de gratitude, exprimés par des pinceaux tout aussi naïfs. Un modeste musée a recueilli, depuis 1952, les meilleures de ces petites toiles.

Quittant le sanctuaire et rejoignant la Grande Corniche, qui s'élève ici à presque 500 m au-dessus de la mer, il faut emprunter la route qui, entre les pentes du mont Agel et de farouches ravins, remonte vers *Peille*. De son rocher, à 630 m d'altitude, ce village commande le

dans ce domaine, nous restent les noms d'André de Cella (la chapelle Notre-Dame-del-Bosc dans le village de La Roquette — perché sur un piton dominant le confluent du Var et de l'Estéron — possède des fresques de lui), de Buvesi (ou Brevesi) et de Baleison, qui collabora avec le plus célèbre d'entre tous, Jean Canavesi (XVᵉ s.). Contemporain de Brea, ce Piémontais a puisé à des sources germaniques une inspiration et un art vigoureusement contrastés, où violence et délicatesse, douceur et brutalité s'affrontent constamment en des compositions saisissantes de vérité et sans cesse évocatrices de sentiments d'horreur et de terreur. Ses fresques les plus célèbres constituent la décoration de la chapelle de Notre-Dame-des-Fontaines à La Brigue (1492).

À la rencontre de la Préhistoire

À plus de 2 000 m d'altitude, dans un paysage grandiose raviné par deux torrents, la Béonia et la Valmasque, et émaillé de nombreux lacs, a lieu une rencontre bouleversante avec l'homme préhistorique. Au pied du mont Bego, face au mont du Grand-Capelet et à la cime du Diable — hautes crêtes du massif du Mercantour —, la *vallée des Merveilles* fut en effet, à l'âge du bronze, le théâtre d'un culte voué par des peuplades de bergers ligures à on ne sait quelle divinité — selon d'aucuns, le mont Bego lui-même, pour l'eau qu'il dispense, permettant d'abreuver les troupeaux et d'arroser les pâturages, mais le fait que la racine indo-européenne

« beg » signifie « seigneur divin » ne l'explique qu'imparfaitement. Quoi qu'il en soit, cette présence humaine y est attestée par de nombreuses « inscriptions ». Il s'agit en fait d'images représentant des têtes de bovins, surmontées de cornes — les bovins avaient une signification religieuse (fertilité, fécondité) —, des armes et des outils (pointes de flèches, hallebardes, massues), des peaux d'animaux, des charrues, des sorciers, des mages, des figures géométriques à valeur symbolique.

De l'autre côté du mont Bego, le *vallon de Fontanalbe* possède aussi de ces « inscriptions » (laboureurs au travail, bœufs attelés à la charrue, enclos à l'intérieur desquels des points représentent des animaux ou des maisons), mais toutes gravées d'un trait plus profond, plus

descriptives et plus complètes. Elles datent de l'âge du fer, certaines même du haut Moyen Âge.

Mais comment ces peuplades ont-elles procédé pour graver ces « ex-voto » que l'on découvre aujourd'hui encore sur des rochers éboulés ou sur des blocs en place? Il semble que de grandes dalles plates d'anagénite, de couleur orangée ou verte, aient particulièrement attiré le ciseau du « scripteur », qui faisait éclater par de petites incisions la mince couche superficielle de la roche. La surface ainsi libérée, plus claire, dessinait l'image souhaitée, que le temps devait ensuite patiner, la rendant souvent peu lisible de loin.

Bien des générations de passants, assez rares il est vrai sur ces hauteurs, ne virent dans ces gravures que des accidents fortuits

Sentinelle du Paillon de Contes, Coaraze sur son éperon boisé. Au fond, la Rocca Sparviera
▼ *ou rocher des Éperviers.*

vallon du Faquin, paré de champs d'oliviers. Le site est austère, mais la bourgade, entourée de jardins fleuris, ne manque pas de pittoresque avec ses ruelles, ses escaliers, ses passages voûtés, ses placettes, ses arcades et ses vieilles portes de ferronnerie. Pour bien la visiter, il faut suivre la ruelle de la Sauterie jusqu'à la place du Mont-Agel, que rafraîchit une fontaine gothique et que bordent de vieilles façades moyenâgeuses. Au-dessus du village subsistent les ruines du château des comtes de Provence (XIIIᵉ s.). Le plus beau panorama se découvre du monument aux morts, dressé sur une éminence dominant la gorge du Faquin; on y jouit d'une vue incomparable sur le village et son église des XIIᵉ et XIIIᵉ siècles à clocher carré de style roman, sur la cime du Rastel et la vallée du Paillon, sur la baie de Nice et la côte jusqu'au cap d'Antibes.

À quelques kilomètres de Peille, dans la vallée du Paillon de L'Escarène, se trouve un autre village perché que l'on atteint après 3 km de chemin en lacet : *Peillon.* Comme pour Èze et tant d'autres

villages voisins, le choix d'un éperon rocheux pour bâtir les premières maisons a, sans conteste, été commandé par le souci de se protéger des incursions sarrasines. La situation particulièrement isolée de Peillon la préserva encore, quelques siècles plus tard, de l'invasion touristique. Les admirateurs de Jean Canavesi pourront s'attarder dans la chapelle des Pénitents-Blancs, devant de belles fresques représentant des scènes de la Passion.

Les villages perchés du Mentonnais

De l'autre côté du mont Agel, dans l'arrière-pays de Menton, de charmants villages se sont établis dans des sites pittoresques. Tel *Gorbio,* niché à 359 m dans une riante vallée, au milieu de pins et d'oliviers. Il offre au visiteur une église du XVIIᵉ siècle, et les ruines d'un château. Tel *Sainte-Agnès,* à 670 m d'altitude, accroché à une

▲ *Gravée sur un bloc rocheux de la vallée des Merveilles, l'image symbolique d'un sorcier.*

de la nature (érosion glaciaire notamment) ou des représentations sans conséquence. Et c'est à un Français, Émile Rivière, qu'il fut donné en 1877 de les « voir », pour la première fois, en tant que témoignages préhistoriques. De 1881 à 1918, l'Anglais Clarence Bicknell en entreprit l'étude systématique : il en dénombra 12 000. De 1923 à 1939, l'Italien Carlo Conti en releva 36 000, dont il prit des moulages; il crut pouvoir diviser la production en cinq périodes préhistoriques et une historique. Mais il fallut les travaux du professeur de Lumley pour en porter le nombre à 100 000 et pour pouvoir les dater avec précision.

En tout état de cause, c'est une visite passionnante dans un site impressionnant. Bien entendu, les vallons des Merveilles et de Fontanalbe sont classés. Il est interdit de s'y déplacer autrement qu'en sandales ou chaussures caoutchoutées et, bien plus encore, d'y prélever tout ou partie d'une gravure. Celles-ci se prêtent admirablement à la photographie en couleurs et, avec un filtre vert, au noir et blanc.

Ces sites méritent un ou deux jours de visite. Ils flanquent respectivement les versants ouest et nord du mont Bego. Pour y accéder, on peut partir de Saint-Dalmas-de-Tende et suivre la petite route des Mesches jusqu'au débouché des vallons de la Minière et de Castérine. Puis on gagne le refuge des Merveilles (2 111 m) — refuge du Club alpin français, gardé l'été —, sur la rive sud du lac Long supérieur. C'est là le point de départ de la découverte de la vallée des Merveilles.

Lucéram, le plus haut village de la vallée du Paillon de L'Escarène, dont les rues étroites
▼ *grimpent en escalier.*

falaise, au pied du mont Baudon : un village ancestral, à ruelles enjambées de voûtes. De sa vaste terrasse, on embrasse le golfe de Menton et les Alpes mentonnaises.

Toujours sur les hauteurs dominant Menton, entre la frontière italienne et la vallée du Careï, un chemin serpentant parmi les champs d'oliviers conduit au village de *Castellar,* juché sur un mamelon à 390 m d'altitude. Ici, la vue sur la Riviera, le cap Martin, Bordighera et la mer est admirable. L'ancien palais seigneurial des Lascaris est sans grand attrait; mais, dans l'église, une chapelle consacrée à la Vierge peut, avec ses 15 petits tableaux ronds inspirés par les mystères du Rosaire, retenir le visiteur.

Plus au nord, enfin, près de la source du Careï, sur la route qui mène à Sospel, *Castillon,* entièrement reconstruit après la guerre, s'offre comme un modèle d'urbanisme rural : ici, le passé n'est plus, la Provence s'ouvre au progrès.

En suivant les Paillons

Le modeste Paillon qui arrose Nice est, en fait, le résultat de trois torrents nés à 35 km de là. Le plus important est celui de L'Escarène, qui sourd au-dessus de Lucéram. Les deux autres jaillissent dans la Rocca Seira (Paillon de Contes) et à Levens (Paillon de Saint-André). Avant de confluer, les trois Paillons se sont frayé, au cœur de fraîches forêts, des gorges ombragées et verdoyantes. Des routes sinueuses, dont l'attrait ne se dément jamais, y conduisent le promeneur de bourgs en hameaux aux pierres patinées par le soleil.

Dans la vallée du Paillon de L'Escarène, *L'Escarène,* au pied du col de Braus, fut autrefois un relais entre Nice et le Piémont : les diligences y changeaient de chevaux avant d'entreprendre l'ascension du col. Du vieux pont enjambant le Paillon, on découvre les alignements étagés de maisons aux toits roses. L'église Saint-Pierre-aux-Liens (XVIIe s.) arbore une jolie façade de style Renaissance et possède deux chapelles des Pénitents noirs et blancs. En amont, *Lucéram* est le village le plus élevé de la vallée, sis au pied du massif de Peïra-Cava. Sous l'occupation romaine, ce bourg se trouvait sur une voie très fréquentée reliant La Turbie à la vallée de la Vésubie. Sa situation admirable, à flanc de montagne, lui valut d'attirer de nombreux voyageurs et tout particulièrement des religieux, qui y firent bâtir quatre chapelles et une église, celle-ci perchée sur une terrasse tout en haut du village. Après une promenade dans les ruelles qu'enserrent les fortifications et que dominent les ruines d'une tour médiévale, après s'être attardé devant de belles maisons gothiques, on ne manquera pas de pénétrer dans l'église Sainte-Marguerite qui doit son intérêt moins à son architecture (XVe-XVIe s.) qu'aux trésors

De la gastronomie azuréenne

Ces hauteurs, ces forêts, ces sentiers parfumés du comté de Nice, il serait impardonnable de les parcourir sans faire étape dans l'un de leurs villages perchés, pour y savourer les mets du terroir. Rapidement, les palais se déshabitueront de ces herbes dites de Provence — dont abusent souvent les cuisiniers sans imagination — pour distinguer les subtiles nuances de la cuisine au basilic ou à base de thym. Rapidement, ils sauront qu'il n'est pour cuisiner ici qu'une huile, celle de l'olive mûre et fraîche. Après l'avoir appréciée, les gourmets pourront succomber aux tentations des huiles aromatisées, au fenouil, au piment, au romarin, au thym, au laurier, à la marjolaine ou, tout

simplement, à l'ail. De cet ail que l'on trouve dans de nombreux plats, mais il s'agit de l'ail rouge, seule variété jugée digne de la cuisine azuréenne.

Aux tables de ces lieux haut perchés, on peut se régaler, tour à tour : de *soupe au pistou*, faite de légumes non passés et de basilic pilé avec de l'ail; de *pan bagnat*, pain imbibé d'huile d'olive et garni de tomates, de poivrons, de radis, d'oignons, d'œufs durs et d'olives noires; de *gnocchi*; de *cannelloni*; de *tian*, tourte composée de fèves, de petits pois, de fonds d'artichaut, d'épinards et de blettes; de *troucha de bléa,* omelette aux artichauts, aux petits pois et aux épinards; ou de *socca*, gâteau de farine de pois chiches. On apprend aussi à apprécier le *capoun*, chou farci agrémenté de riz, les *beignets de*

fleurs de courgette, le *cantareu*, ragoût d'escargots à la sauce tomate, et surtout l'*anchoïade*, pâte d'anchois à l'huile d'olive, garnie d'ail pilé, de câpres et de jaunes d'œufs.

De-ci, de-là, quelques spécialités locales. À Saint-Martin-de-Vésubie, la truite (fario et arc-en-ciel), qu'on pêche dans la Vésubie et les lacs montagnards, le fromage de la région, les *brousses* (au lait de brebis ou de chèvre). Sospel a fait du ragoût de chevreau son plat préféré; elle a également son *froumaï gras* (fromage gras), à base de lait de vache, qu'il convient de manger frais sur place. C'est de fromages aussi que s'enorgueillit La Brigue : un fromage fermenté au lait de vache, qui se présente sous forme de tommes, et la *tourmeta* (pâte de lait de brebis), en forme de cœur.

Pour accompagner cette cuisine des plus variées, la région de Nice a ses vignobles, dont la production est proche parente de celle du Var. Vins de Saint-Jeannet, de Mantaleine, de Villars, de La Gaude, de Menton et, surtout, de Bellet. Presque disparu au début des années 50, le vignoble de Bellet revit depuis peu au flanc des coteaux dominant la vallée du Var et dans le moutonnement de collines autour de Nice. Placé sous le régime de l'appellation d'origine contrôlée (A.O.C.), il donne des vins blancs, rosés et rouges, ces derniers généreux et ronds. Si le rendement est encore faible, la qualité est là, que la «Confrérie des comtés de Nice et de Provence», créée en 1966, a pour tâche de défendre en même temps qu'elle se charge de mettre en valeur la cuisine de la région.

Un clocher roman lombard,
une façade de style classique :
▼ *l'église Saint-Michel de Sospel.*

qu'elle protège. Six admirables retables de l'école de Nice, deux peints à la fin du XVe siècle et quatre au XVIe, sont remarquablement présentés : retable de saint Bernard de Menthon, exécuté en 1500, retable de saint Claude, qui date de 1566, retable de saint Antoine de Padoue, aux personnages de couleurs vives, attribué à Jean Canavesi, retable de saint Pierre et saint Paul, du XVIe siècle, et retable de Notre-Dame de Pitié, du XVIe siècle également, restauré par un Niçois au début du XIXe, toutes œuvres admirables. Mais le pur chef-d'œuvre est sans conteste le retable à dix compartiments de sainte Marguerite, que l'on doit très certainement à Louis Brea.

Les environs de Lucéram recèlent d'autres trésors pour l'amateur d'art : ainsi des fresques du XVe siècle, restaurées mais qui ont conservé un certain air de naïveté, de la chapelle Notre-Dame-de-Bon-Cœur, sur la route du col de Saint-Roch, et de la chapelle Saint-Grat, sur la route de Nice.

Mais peut-être le promeneur préférera-t-il monter à *Peïra-Cava* (1 450 m), la station d'altitude la plus proche de la côte, installée sur une crête entre la Vésubie et la Bévéra. Cet ancien poste militaire s'est métamorphosé, de nos jours, en une station de sports d'hiver, très appréciée également l'été pour la fraîcheur de son climat et la pureté de son air. De la table d'orientation de Pierre-Plate, le panorama est incomparable. D'un côté, le regard embrasse la longue chaîne des Alpes de Provence; de l'autre, la vue peut porter par temps clair jusqu'aux îles de Lérins, voire aux côtes de Corse. Et Nice est à moins de 40 km.

Au nord de Peïra-Cava s'étale l'admirable forêt de sapins et d'épicéas de Turini, aux sous-bois couverts de bruyères blanches. Du col de Turini, on peut soit rejoindre par La Bollène la vallée de la Vésubie, soit emprunter la route de l'Aution, ou bien encore atteindre Sospel par la vallée de la Bévéra. Ce dernier parcours, très pittoresque, épouse les caprices de la Bévéra, qui déroule ses méandres au milieu de défilés rocheux resserrés et abrupts : le plus sauvage d'entre eux est celui des gorges de Piaon, que l'on atteint par une route vertigineuse dominant à pic le torrent. Puis voici *Sospel*, située au centre du bassin formé par le confluent de la Bévéra et du Merlanson, entre les Alpes de Tende et les montagnes mentonnaises. Cette ancienne république gérée par des consuls, successivement sous la suzeraineté des souverains de Vintimille, de Provence et de Savoie, est aujourd'hui une charmante station estivale à 360 m d'altitude, en même temps qu'un centre de cultures maraîchères et d'élevage de vaches laitières. Un vieux pont à tour de péage, des maisons médiévales, des palais avec d'élégantes loggias — tel le palais Ricci —, des fontaines, une place à arcades, les ruines du couvent des Carmélites et les anciens remparts, qui possèdent une belle tour d'angle du XIVe siècle, font le charme de Sospel. Dans l'église

Saint-Michel, surmontée d'un clocher roman de style lombard, les admirateurs du peintre François Brea pourront se recueillir devant le retable de «la Vierge immaculée». Entourée de six angelots, la Vierge aux mains jointes est l'expression même de l'innocence et de la pureté. Un tendre paysage naïf sert de toile de fond.

Sur les traces des pénitents

Blancs ou noirs, les pénitents semblent avoir joué un rôle important dans l'ancienne Provence. En témoignent de nombreuses chapelles bâties par ces confréries, en particulier à Nice et dans son arrière-pays.

C'est au XIIIᵉ siècle, en plein Moyen Âge, qu'apparurent les pénitents. L'épidémie de peste qui ravagea alors les bords de la Méditerranée amena la création de groupements de laïcs chrétiens qui se fixèrent pour tâche d'ensevelir les cadavres, sources d'infection et de propagation du fléau. Ainsi se formèrent les confréries de pénitents, mues par un grand élan de foi et de charité. Univers très structuré, avec des officiers, des recteurs, des conseillers, des ⟶

▲ *Encore le Midi,*
déjà la montagne :
les maisons à balcons
de Saint-Martin-Vésubie.

À l'ouest du Paillon de L'Escarène, le Paillon de Contes a, lui aussi, ses villages perchés. Le plus important est *Contes,* qui domine la vallée d'une cinquantaine de mètres. Bourg romain et commune libre à partir du XVIᵉ siècle, cette petite cité est aujourd'hui, dans son environnement de collines aux cultures prospères, la vivante illustration des hauts villages azuréens. Dans son église, un retable de sainte Madeleine est attribué à François Brea. Aux portes de l'édifice, sur une petite place, s'élève une élégante fontaine de pur style Renaissance. À 4,5 km de Contes, dans la même vallée, *Châteauneuf-de-Contes* émerge, à flanc de colline, d'un écrin de vergers et d'oliveraies. C'est un ancien *castrum* romain, comme en font foi des inscriptions de l'époque; certaines sont encastrées dans les murs de l'église Sainte-Marie, et deux ont été recueillies au musée de Saint-Germain-en-Laye.

Plus au nord, dans un paysage boisé, planté d'oliviers qui font sa fortune, dominé par la cime de Rocca Seira (1 504 m), *Coaraze* apparaît, juchée sur un éperon que couronne son église de style baroque. Dans les ruelles à escaliers on peut voir de nombreux cadrans solaires, œuvres entre autres de Jean Cocteau et de Douking. Aux environs, d'humbles sanctuaires : la Chapelle bleue, au flanc du Férion; la chapelle Saint-Sébastien, en aval du village, décorée à fresque; la chapelle de Sainte-Eurosie, en amont dans la vallée, consacrée à la sainte que l'on prie pour obtenir la pluie, car Coaraze se prétend la commune la plus ensoleillée de France.

Pour achever cette exploration entre les Paillons de L'Escarène et de Contes, se trouve encore un nid d'aigle que l'on atteint par des chemins serpentant entre des collines plantées de splendides châtaigniers : *Berre-les-Alpes.* Aux alentours fleurissent d'innombrables mimosas et sont récoltés petits pois, pêches et cerises. De la place du village, on a un point de vue exceptionnel sur la Rocca Seira, le Mercantour, l'Argentera, les neiges des Gaisses, les bois de Peïra-Cava, la cime du Diable, le Gros-Braus et le mont Ours. À l'ouest, se dessinent le mont Chauve, les ruines de Châteauneuf et le mont Macaron. Au sud, on peut apercevoir la crête de la Grande Corniche, la trouée du col de Guerre et le mont Agel.

Au pays de la Vésubie

Formée par les torrents du Boréon et de la Madone de Fenestre, descendus du massif du Mercantour, la Vésubie décrit jusqu'à son confluent avec le Var l'une des plus belles vallées de l'arrière-pays niçois. C'est d'abord une longue entaille en montagne, à deux pas des neiges éternelles, avec de belles forêts, de verts alpages, de fraîches cascades, au pied de cimes déchiquetées qu'apprécient tout particulièrement les alpinistes; puis, de Lantosque à Saint-Jean-la-Rivière, elle est plus gaie et déjà marquée par l'influence méridionale : mélèzes et épicéas se mêlent désormais aux vignes, aux figuiers, aux plantes grasses et aux fleurs; enfin, elle entre, grandiose et sauvage, dans des gorges abruptes.

▲ *Fondé en 850, reconstruit
au début du XIXe siècle,
le sanctuaire de la Madone d'Utelle
est un lieu de pèlerinage fréquenté.*

greffiers, des maîtres des cérémonies... Leur rôle ne se limita bientôt plus à enterrer les pestiférés. Et porter assistance à tous les déshérités devint la raison d'être de ces organisations.

Organisations libres : y entrait qui voulait, sans distinction d'âge ou de métier. Et si les uns portaient un capuchon blanc, les autres un capuchon noir, cela ne correspondait pas à une opposition sociale. Chaque confrérie réunissait en effet à la fois notables et gens du peuple.

La Révolution n'épargna pas les pénitents. Leurs biens furent confisqués, leurs chapelles dévastées. Mais les dommages ne furent que matériels. Bien qu'ayant perdu certaines fonctions d'assistance, les pénitents conservèrent leur attribution première : les pompes funèbres.

Pour découvrir cette vallée au charme secret, il faut d'abord grimper jusqu'à *Levens,* en haut de la vallée du Riou sec (Paillon); la vue est superbe sur les Alpes vésubiennes, où se sont creusées ces gorges étroites. La route tantôt surplombe le gouffre, tantôt serpente dans ses profondeurs entre des parois escarpées. Un arrêt s'impose au lieu-dit «le Saut des Français», aux abords immédiats du village de Duranus. Outre sa sauvage beauté, cet endroit présente un intérêt historique; c'est là qu'en 1793 un détachement de soldats républicains fut précipité au fond des gorges par des rebelles niçois. Au-dessus des gorges, sur la rive droite de la Vésubie, s'élève *Utelle,* ancienne république libre, protégée par les comtes de Provence, puis de Savoie. Les armoiries des suzerains savoyards figurent sur la façade de la mairie à côté d'un très ancien cadran solaire. Sur la place, le promeneur se délassera à l'ombre de grands châtaigniers, tout en admirant la vue sur la haute vallée de la Vésubie et les montagnes de la Gordolasque. L'amateur d'art religieux ira visiter l'église Saint-Véran (XIe s.), remaniée au XIXe siècle et qui possède une belle porte ornée de bas-reliefs, une Annonciation du XVIe, évoquant l'art de Brea, et un retable en bois sculpté du XVIe.

D'Utelle, on peut grimper à 1 174 m d'altitude jusqu'au sanctuaire de la Madone, chapelle construite en 850 et totalement réaménagée en 1806. La vue est vaste sur les Alpes-Maritimes, mais c'est surtout un lieu de pèlerinage. En des siècles reculés, deux marins allaient sombrer, ballottés sur leur esquif par les vagues déchaînées du golfe de Nice, au cours d'une de ces tempêtes dont la Méditerranée a le secret, lorsqu'une colonne de lumière surgit au-dessus d'Utelle et leur permit d'aborder sans dommage. Les deux navigateurs, retrouvant l'emplacement où s'était élevée la lueur salvatrice, apprirent des bergers d'Utelle qu'ils devaient d'avoir évité le naufrage à l'intervention de la Madone; elle s'était également manifestée à eux sous forme d'une pluie d'étoiles, leur enjoignant de bâtir une chapelle à sa gloire sur les lieux mêmes du miracle. Ainsi fut fait. S'ensuivit un premier pèlerinage, suivi de beaucoup d'autres; aujourd'hui encore, de nombreux fidèles viennent prier la Madone d'Utelle. Peut-être, au hasard de leurs pas, retrouvent-ils les étoiles tombées du ciel selon le miracle de la Vierge... (il s'agit de pierres à cinq branches fossiles, ou calcaire marin ayant nom d'«entroques», bien en accord avec la géologie locale).

De toute la vallée de la Vésubie, c'est sans doute *Lantosque,* haut perchée sur une proue rocheuse, qui possède le plus de cachet. Au-dessus de la gorge déchiquetée par les eaux s'élèvent en paliers, épousant le relief de la roche, plusieurs étages de vieilles maisons. Au creux de la vallée, parmi les pâturages, se niche *Roquebillière,* à proximité du confluent de la Vésubie et de la Gordolasque. Détruit en 1564 et en 1926 par des glissements de terrain, le village s'est

reconstruit sur la rive droite autour d'une église gothique, dite des Templiers, qui recèle un retable du XVIe siècle, ainsi que de petits tableaux du Rosaire de la même époque. Sur la rive gauche, dans l'ancien village, subsiste une chapelle des Pénitents-Blancs à clocher Renaissance.

Ainsi, pour les pénitents blancs, le règlement de 1836 précise que : «la confrérie continuera, comme par le passé, de faire gratuitement tous les enterrements quelconques..., et se trouvera toujours exactement aux heures qui lui seront indiquées ». Le XXᵉ siècle et ses sociétés de pompes funèbres portèrent évidemment atteinte à ce charitable privilège. Et les confréries disparurent lentement. S'il existe aujourd'hui encore des pénitents dans le midi de la France, leurs activités ne relèvent plus que de la dévotion.

Les neiges d'Auron

L'air le plus pur, la neige la plus blanche, tel se présente Auron, à 97 km de Nice, dans la commune de Saint-Étienne-de-Tinée, entre 1 600 et 2 400 m d'altitude. Cette station, aujourd'hui très fréquentée, abrite l'École nationale du ski français. Les sportifs trouveront là à leur disposition le téléphérique de Las Donnes, aboutissant au point de départ de vingt pistes, parmi lesquelles celle du Chavalet en site découvert, celle de la Forêt, sinueuse et fort pittoresque, et celle de l'Olympique, très appréciée.

Deux remonte-pente assurent la montée jusqu'à 2 270 m : le téléski des Vallons, de 1 640 m à 1 840 m, et celui de la Chiogna, à partir de 1 860 m. Sans négliger un certain nombre de téléskis de moindre importance et de parcours plus limité, il convient de signaler le téléski du Colombier, assurant le service jusqu'à 2 100 m, dans la forêt de Blainon. D'autre part, un télébenne part du plateau pour

———▶

▲ *Les maisons à toit d'ardoise de Tende s'agrippent au flanc de la montagne dans la haute vallée de la Roya.*

Dans la moyenne vallée de la Roya, Breil-sur-Roya, ruinée au cours de la dernière guerre,
▼ *a été rebâtie dans le style du pays.*

Autre village encore bâti sur un nid d'aigle de 1 151 m d'altitude dominant la Vésubie, *Venanson,* d'où l'on découvre la belle conque de Saint-Martin-Vésubie. Au débouché de la route traversant la forêt du Tournairet, dans la chapelle de Saint-Sébastien, des fresques du XVᵉ siècle, attribuées à Baleison, sont étonnamment bien conservées.

Au pied des hauteurs des Alpes-Maritimes, tout près du massif de l'Argentera, *Saint-Martin-Vésubie,* à 960 m d'altitude et 64 km de Nice, dans un cirque majestueux où confluent les eaux du Boréon et de la Madone de Fenestre, est à la fois la station d'été et d'alpinisme de la région. D'imposants platanes ombragent sa grand-place, en terrasse au-dessus du torrent de la Madone de Fenestre, et des vergers plantés de pommiers lui font une couronne de verdure. Sur la rue centrale, fort abrupte — en son milieu coule un ruisseau rapide, pittoresque «gargouille» —, s'ouvrent une chapelle des Pénitents-Blancs, au clocher à bulbe argenté, et une église aux baies romanes, ornée d'un retable du XVIᵉ siècle de l'école de Brea, ainsi que d'une statue en bois de la Vierge de Fenestre, datant du XIIIᵉ siècle. Celle-ci fait l'objet d'un pèlerinage fréquenté. On la transporte au début de l'été dans un autre sanctuaire, à 1 904 m d'altitude, situé dans un cadre austère de cimes rocheuses déchiquetées, et on la redescend à l'automne. Au Moyen Âge, cette Madone était réputée assurer de sa protection les voyageurs qui empruntaient la route du col de Fenestre pour se rendre au Piémont.

Les villages à balcons

La vallée de la Roya, la plus orientale des vallées de l'arrière-pays niçois, eut une histoire particulière. Lors du rattachement du comté de Nice à la France, en 1860, elle demeura possession italienne, à la demande du ministre Cavour qui réclama ce privilège au nom de son souverain Victor-Emmanuel II, désireux de conserver la région du Mercantour pour y aller chasser. Il fallut attendre le 15 septembre 1947 pour que le traité de paix signé avec l'Italie rectifiât la frontière et fît entrer dans le giron français les hautes vallées de la Roya, de la Tinée et de la Vésubie, par plébiscite.

En remontant la vallée de la Roya, on découvre des villages aux rues en pente, souvent en escaliers, aux maisons serrées et étagées, aux passages voûtés. Entre la montagne et le fleuve, *Breil-sur-Roya* émerge de champs d'oliviers qui font sa richesse : pas moins de 46 000 arbres, qui fournissent une olive d'un type particulier (la caillette). Parmi les plantations, la chapelle de l'Assomption élève un curieux clocher lombard à lanternule. Dans le village même, la chapelle Sainte-Catherine présente, elle aussi, un clocher original avec dôme à tuiles multicolores, et l'église Sainte-Alba recèle un splendide retable du XVIᵉ siècle.

Peu après Breil, la Roya s'engage dans des gorges sinueuses et étroites, enserrées entre des parois en surplomb. À peine s'élargit-elle pour *Saorge,* agrippée à ses parois abruptes au-dessus des gorges et entourée d'oliviers, pour la plupart centenaires. C'est l'un des plus

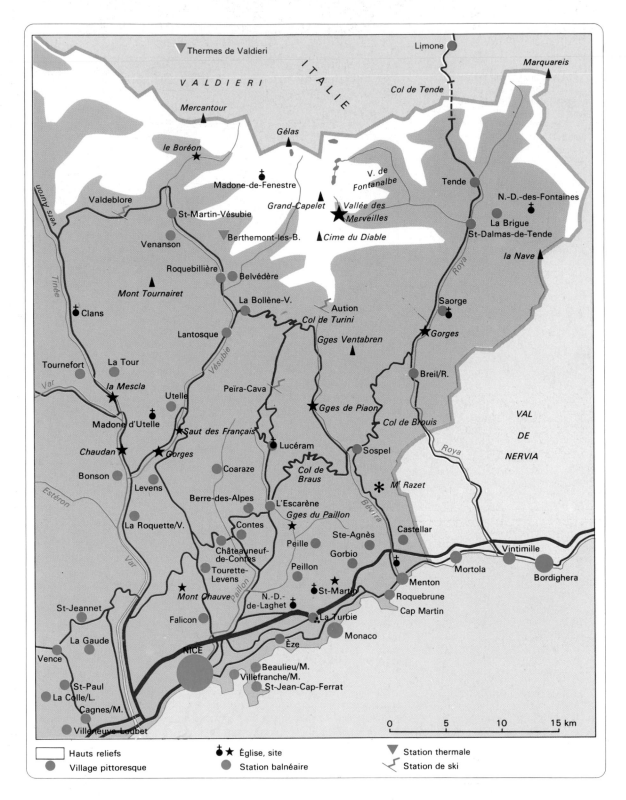

→

plonger dans le vallon d'Auron et atteindre 2 112 m au collet de Saume-Longue. De là, un téléski, dit de Haute-Plane, permet de gagner le sommet du Chavalet, tandis que la jonction entre le vallon et Saume-Longue s'effectue grâce au téléski de Bois-Gaston.

À Auron, l'amateur d'art a aussi sa place. La chapelle Saint-Érige, intéressante par son clocher roman quadrangulaire, l'est plus encore pour ses fresques, dont certaines datent de l'époque romane — tel un admirable Ange de l'Annonciation.

Routes et sentiers

Que de promenades s'offrent au visiteur dans l'arrière-pays niçois! Le territoire des Alpes-Maritimes dispose de quelque 250 km de sentiers balisés, qui se rattachent à la randonnée de montagne et exigent un certain entraînement. Il s'agit de deux itinéraires se recoupant à Saint-Dalmas-Valdeblore et pour lesquels la répartition des étapes peut être la suivante — sans tenir compte, pour les campeurs, du ralentissement inévitable causé par le port du matériel :

1. Pour le *sentier G.R. 5* (sentier international « Méditerranée-Hollande »), reliant, sur son tronçon Alpes-Maritimes, Larche à Nice (154 km) :
— Larche - Bouziéyas : 6 h 15.
— Bouziéyas - Saint-Étienne-de-Tinée : 5 h 10.
— Saint-Étienne-de-Tinée - Roya : 4 h 15.
— Roya - Saint-Sauveur-de-Tinée : 10 h 45.
— Saint-Sauveur-de-Tinée - Saint-Dalmas-Valdeblore : 3 h 50.
— Saint-Dalmas-Valdeblore - Utelle : 8 h 10.
— Utelle - Levens : direct 3 h 30; variante 5 h 35.
— Levens - Nice : 6 h 20.

2. Pour le *sentier G.R. 52*, reliant Saint-Dalmas-Valdeblore à Menton (95 km) :
— Saint-Dalmas-Valdeblore - Le Boréon : 7 h 20.
— Le Boréon - la Madone de Fenestre : 4 h.
— La Madone de Fenestre - refuge Nice : 3 h 15.
— Refuge Nice - refuge des Merveilles : 4 h 25.
— Refuge des Merveilles - Sospel : 8 h 20.
— Sospel - Menton : 6 h 20.

pittoresques villages des Alpes-Maritimes par sa situation et son dédale de rues voûtées, à escaliers. Ancienne possession des Grimaldi-Lascaris de Tende, ce bourg fut fortifié par les ducs de Savoie et mérita sa réputation de place imprenable. Les gorges de Berghe enferment de nouveau le fleuve dans leurs schistes rouges, avant le bassin riant de Saint-Dalmas-de-Tende. Non loin, c'est au sein de plantations de pêchers que *La Brigue* étale ses maisons en pierres verdâtres, dans le val d'un affluent de la Roya, la Levense. La source de Saint-Sébastien y procure des eaux thermales. Cet important village a conservé une couleur très italienne qui n'est pas son moindre charme. Sur la place, l'ancienne collégiale Saint-Martin, que surmonte un clocher lombard quadrangulaire, possède une fort belle porte en bois sculpté (1501), une Crucifixion attribuée à Louis Brea et un retable d'un primitif piémontais. À 4 km de La Brigue, une visite s'impose au sanctuaire de Notre-Dame-des-Fontaines, lieu de pèlerinage situé dans le vallon profond et désolé de la Levense, au-dessus des sources du vallon du mont Noir. Bâti vers la fin du XIVᵉ siècle, le sanctuaire peut s'enorgueillir d'un bel ensemble de fresques de Canavesi et de Baleison, admirablement conservé. Les scènes de la Vie du Christ sont représentées avec un réalisme saisissant et une étonnante minutie dans le détail.

Enfin, à 83 km de Nice, voici *Tende* avec ses venelles enchevêtrées et ses maisons étagées, aux toits débordants, aux multiples balcons. La dominent les ruines du château des comtes de Tende, qui commandait le passage du col, voie traditionnelle des invasions. On peut y admirer la majestueuse façade de l'église Notre-Dame-de-l'Assomption (1518), qui possède un remarquable portail à la fois roman et Renaissance et un clocher lombard intéressant.

les villages de Provence

▲ *Adopté par
une colonie d'artistes,
Oppède-le-Vieux
renaît lentement
de ses ruines.*

*Les maisons de Roussillon ▶
ont les chaudes
couleurs des ocres
sur lesquelles
le village est bâti.*

*A̶u nord de la Provence,
entre Luberon et Ventoux,
chacun des pitons
qui dominent le fertile
comtat Venaissin
est couronné d'un village
dont le prudent isolement
et les restes
de fortifications témoignent
de longs siècles d'agressions
et de pillages.*

◀ *Gordes s'accroche à un rocher,*

▲ *Le vieux beffroi de Lacoste*
surveille toujours Bonnieux,
à laquelle l'opposa
une longue rivalité.

Une citadelle huguenote : ▶
le château de Ménerbes,
perché sur un promontoire
du Luberon.

Après les Barbares,
les Sarrasins, les bandes armées
et les grandes compagnies,
la tornade des luttes religieuses
s'abattit sur les villages perchés,
et leurs remparts servirent
de protection aux hérétiques,
vaudois ou huguenots.

◄ *Un orme bicentenaire
ombrage la paisible
placette de Flassan,
au pied du mont Ventoux.*

*La fontaine du Cormoran,
une des 32 vasques
qui ont donné son nom*
▼ *à Pernes-les-Fontaines.*

*Aujourd'hui, le tumulte des combats s'est éteint,
les châteaux se sont écroulés,
les portes fortifiées ont perdu herse et pont-levis,
des fleurs poussent dans les interstices des vieux murs
des villages de Provence.*

C'est sur un éperon des Alpilles
que les fastueux seigneurs des Baux,
qui prétendaient descendre
du roi mage Balthazar,
édifièrent la place forte
la plus puissante de Provence.
Démantelée par Louis XI,
rasée par Louis XIII,
ce n'est plus qu'une ruine grandiose,
mais qui revit — trop? —
pour et par ses visiteurs.

◄ Aussi hiératiques
que leur socle
de pierre,
les vestiges
du château
des Baux.

Dans le village
des Baux-de-Provence,
une venelle étroite
mais bien vivante,
la rue des Fours,
▼ monte à la ville morte.

Derrière
les champs
de lavande
du plateau d'Albion,
la masse dénudée
du mont Ventoux.

▲ *Les maisons
de Saumane-de-Vaucluse
s'étagent au-dessus
d'un ravin.*

*Postée en sentinelle
au sommet d'un rocher,
la petite église*
▼ *de Saignon.*

A l'est d'Avignon, entre le Rhône, les Alpilles, le Luberon et le mont Ventoux, s'étend l'ancien comtat Venaissin, une partie de la Provence qui releva directement de l'autorité du pape jusqu'à la Révolution, un pays fertile, grand producteur de fruits et de primeurs, que nous appelons aujourd'hui le Vaucluse.

Dans la plaine, les mas roses ou blancs s'éparpillent sous le ciel bleu, au milieu des champs coupés de rangées de cyprès et d'écrans de cannisses pour freiner un peu l'ardeur du mistral qui dévale au grand galop la vallée du Rhône.

Sur les coteaux, dont les vignes disputent les pentes aux buis et aux chênes, de vieux villages perchés, couronnés d'un château en ruine et parfois ceints encore de remparts, semblent monter la garde. Avec leurs ruelles tortueuses, coupées d'escaliers, avec leurs placettes et leurs fontaines, avec leurs passages couverts et leurs hautes maisons étroites que l'on distingue à peine de la colline parce qu'elles sont faites de la même pierre, ils rappellent le Moyen Âge. Leur isolement témoigne de longs siècles d'agressions et de périls, quand Barbares, Sarrasins, bandes armées et grandes compagnies mettaient le pays en coupe réglée. Leurs murs, imposants comme des falaises, racontent qu'ils furent un lieu de refuge pour les hommes et suggèrent qu'ils pourraient bien les protéger encore.

Ces nids d'aigle n'ont pas tous une basilique romane ou un donjon altier à exhiber, mais tous possèdent des trésors. Ici, chaque pierre a son langage. Le visiteur ne le perçoit pas toujours d'emblée. Il lui faut prendre du temps, bavarder avec les habitants, partager le pastis en s'attardant à une terrasse, s'asseoir sur les dalles entourant le platane ou l'ormeau, suivre les discussions passionnées des joueurs de pétanque. Et, avant tout, abandonner sa voiture pour gravir à pied le chemin qu'empruntaient autrefois les pillards...

Le Luberon, tombeau des vaudois

Au sud du Vaucluse, la montagne du Luberon dresse sa barrière d'ouest en est sur 65 km, de Cavaillon à Manosque. Une barrière qui serait presque infranchissable si elle n'était coupée en deux par la combe de Lourmarin : à l'ouest, le Petit Luberon et sa forêt de cèdres, créée à titre expérimental en 1862 et maintenant pleine de vigueur ; à l'est, le Grand Luberon, qui culmine à 1 125 m et où, sur la rocaille laiteuse des cimes, poussent bouquets de plantes odorantes et rares touffes d'herbe. Au sommet, une ligne de crête étroite, rectiligne ou presque. Au sud, la montagne descend vers la Durance par une succession de pentes fertiles. Le versant nord, abrupt, raviné, auquel s'accrochent des villages serrés, domine la plaine d'Apt où serpente une rivière qui trompe son monde en s'appelant parfois Coulon et parfois Calavon. Partout le calme, le silence, la solitude. Un petit pays naguère préservé, mais déjà à la mode, ce qui justifie pleinement la création d'un parc naturel régional. On en parle depuis longtemps, mais ce n'est encore qu'un projet.

Ce décor serein vit se dérouler bien des drames, dont un particulièrement sanglant : l'extermination des vaudois en 1545. Les vaudois étaient des hérétiques assez voisins des cathares du Languedoc. À la fin du XIIe siècle, un marchand lyonnais, Pierre Valdo, avait prêché le retour aux sources en rejetant une bonne partie des rites catholiques. Excommuniés, ses disciples avaient essaimé, notamment vers l'Italie. À la suite d'achats de terres effectués par des nobles piémontais, certains de leurs descendants vinrent s'établir dans le Luberon. Le comtat Venaissin, fief pontifical, pouvait difficilement tolérer le voisinage de ces hérétiques. En 1540, la protection de François Ier leur évita de justesse les persécutions. Quelques années

L'ail, les herbes et les olives

Parlant de la cuisine provençale, Henri Bosco, chantre du Luberon, affirmait : « On croit que la cuisine provençale, c'est beaucoup d'ail et beaucoup d'herbes très parfumées. Non! Il ne faut qu'une herbe, la bonne, pour le bon plat. Sans oublier qu'elle est digestive (utile) autant qu'odorante (agréable). Quant à l'ail, on en mange davantage dans le Nord — et du fort! — qu'en Provence. »

Pourtant, c'est une soupe à l'ail que l'on sert aux malades des lendemains de fête : de l'ail écrasé, bouilli, que l'on verse sur des tranches de pain arrosées d'huile d'olive. On met une branche de laurier dans l'eau de cuisson, mais plus souvent de la sauge, bénéfique, car, selon le proverbe, « qui a de la sauge dans son jardin n'a pas besoin de médecin ». Frédéric Mistral, dans son « Trésor du félibrige », conseillait d'y ajouter de la noix de muscade râpée.

L'auteur de « Mireille » s'est aussi intéressé aux herbes de Provence et a dressé une longue liste des salades sauvages, de la chicorée au salsifis des prés. La salade servait autrefois, dans le comtat Venaissin, d'entrée au repas du soir; la soupe était servie à midi.

Une spécialité de Lacoste : les olives cassées. On leur donne un petit coup de marteau, de façon à les ouvrir sans les écraser, puis on les laisse macérer une semaine dans l'eau pure, en changeant l'eau tous les jours. On les met ensuite dans l'eau salée, avec du laurier, du fenouil, un zeste d'orange et une graine de coriandre. Elles prennent

→

▲ *Les fragiles corolles du ciste cotonneux, l'une des délicates parures de la garrigue provençale.*

plus tard, le baron d'Oppède devint président du parlement d'Aix : souhaitant agrandir ses terres à bon compte, il profita de ses pouvoirs pour faire raser les villages vaudois et massacrer leurs habitants. Deux mille personnes périrent, 600 hommes furent envoyés aux galères. Les rares survivants réussirent à gagner le Piémont, où ils firent souche dans les « vallées Vaudoises » : leurs descendants y sont 12 000 environ.

Apt au pied du Luberon

Au pied du Luberon, dans un amphithéâtre de collines que barrent les murettes de pierres sèches retenant les cultures, Apt coule des jours paisibles au bord du Coulon, à l'ombre de ses vigoureux platanes. C'est pourtant une ville active. Capitale des confitures, des fruits confits et de l'ocre depuis des siècles, elle vend aussi de la

lavande et des truffes, et fait vivre toute la région. *Apta Julia* à l'époque romaine, christianisée dès le IIIᵉ siècle, évêché jusqu'en 1810, elle a troqué ses remparts contre une ceinture de boulevards, ne conservant de ses défenses qu'un beffroi, une tour et une porte fortifiée. La rue commerçante, étroite et sinueuse, qui la traverse de part en part passe sous le porche du principal monument de la ville, l'ancienne cathédrale Sainte-Anne. Construite au XIᵉ siècle sur deux cryptes superposées (romane et préromane), celle-ci doit sa dédicace à une relique, le « voile de sainte Anne », qui aurait été rapporté de Palestine par un pèlerin, caché par Auspice, premier évêque d'Apt, et miraculeusement retrouvé en présence de Charlemagne, le jour de Pâques 776. Il semble, en fait, qu'il s'agisse d'un étendard musulman du XIᵉ siècle, offert par un calife fatimide à des croisés aptésiens. L'église, assez remaniée, a conservé de l'époque romane sa coupole centrale et son bas-côté sud. Dans le bas-côté nord, la chapelle Sainte-Anne, qui abrite un grand buste-reliquaire de la sainte, fut construite en 1660, l'année où Anne d'Autriche vint en pèlerinage à Apt; c'est pourquoi on l'appelle aussi « chapelle royale ».

Apt est un excellent centre d'excursions sur le versant nord du Luberon. L'une des plus belles conduit au cœur de la montagne par une pittoresque route en lacet qui s'élève de point de vue en point de vue. Dans le ravin de l'Aiguebrun, près du hameau de Buoux, une énorme falaise verticale porte les ruines d'une citadelle connue sous le nom de *fort de Buoux*. Le sentier qui y conduit est taillé à même le roc. Au sommet, après une terrasse couverte d'herbe rase, dominant de plusieurs centaines de mètres une gorge étroite, un petit bois de chênes verts dissimule les vestiges d'un village et d'un château fort. Dans ce site grandiose, on découvre des remparts, une chapelle, des caves, des citernes, des ouvrages de défense, la base d'un donjon accroché en plein ciel au-dessus du moutonnement des croupes boisées. Occupée par les protestants, la forteresse fut démantelée par Louis XIV.

Non loin de là, un campanile roman pointe comme un phare au-dessus du maquis, dans une solitude complète : c'est tout ce qui reste du *prieuré de Saint-Symphorien*, qui dépendait de l'abbaye marseillaise de Saint-Victor.

La parade des villages perchés

Une série de vieux villages se cramponnent aux promontoires du Luberon, sur les pentes boisées, entrecoupées de vignobles et de champs de lavande, qui dominent la vallée du Coulon.

À l'est d'Apt, dans le Grand Luberon, *Saignon* est si proche qu'elle fait presque partie de la banlieue aptésienne. Ses quelques maisons

▲ *Aujourd'hui désaffectée,
la vieille église de Bonnieux
a huit siècles d'existence.*

ainsi un petit goût amer très plaisant. Le classement de l'orange parmi les aromates, fréquent dans les recettes provençales, date du Moyen Âge, où l'on utilisait la « bigarade », orange amère que l'on ne trouve plus sur les marchés. ■

Les « dentelles » de Montmirail

À l'ouest du Ventoux, dont il semble être un dernier contrefort isolé, surgit de la plaine du comtat Venaissin un curieux massif qui, bien que culminant à 734 m, a un aspect réellement montagneux. Ses crêtes calcaires, d'un blanc éblouissant, se découpent en dents de scie, en arêtes et en aiguilles, et l'érosion les a si finement ciselées qu'on les a appelées les *dentelles de Montmirail*. À quelques kilomètres de l'animation de la vallée du Rhône et de l'autoroute du Soleil, c'est une oasis de paix et de silence.

Des falaises verticales — dont certaines ont près de 100 m de hauteur — pour distraire les amateurs de varappe, une flore très particulière pour attirer les botanistes, de multiples excursions pour séduire les bons marcheurs, des panoramas splendides, des pins, des chênes verts, des genêts : le massif recèle bien des richesses pour qui se donne la peine de le pénétrer.

Au pied, la vigne est reine. *Gigondas,* qui produit un vin rouge musclé et fruité, n'occupe plus qu'une faible partie de son enceinte médiévale. La ville haute tombe en ruine et s'enfouit lentement sous la végétation, comme les vestiges du

sont massées autour d'un énorme piton rocheux, feuilleté comme un gâteau, auquel s'agrippent des lambeaux de fortifications. La petite église est romane, mais il faut y pénétrer pour s'en rendre compte, car la façade est du XVIᵉ siècle et l'extérieur a été rhabillé au XVIIᵉ.

Vers l'ouest, dans le Petit Luberon, quatre villages se surveillent depuis des siècles, d'un éperon à l'autre. Le plus proche d'Apt, *Bonnieux,* est aussi le plus peuplé. Au fil des années, il s'est évadé de ses remparts, il a pris de l'ampleur. Pour en apprécier le charme, il faut gravir les trois étages qui, par d'agrestes et nombreux escaliers, mènent au belvédère. La construction concentrique des murailles, la raideur des ruelles pentues, les terrasses en gradins font penser à une tour de Babel issue de l'imagerie populaire. Au sommet de la colline, une vieille église, mi-romane, mi-gothique, monte la garde au pied d'un calvaire d'où l'on découvre tout le bassin d'Apt jusqu'au plateau de Vaucluse, avec le Ventoux en toile de fond.

En face de Bonnieux, *Lacoste* est perchée sur une butte. Si les deux bourgades furent jadis rivales, au point que les vaudois de Lacoste enlevèrent le viguier et les consuls catholiques de Bonnieux pour en tirer rançon, Lacoste paraît aujourd'hui tourner au ralenti. Les rues sont désertes, beaucoup de maisons sont inhabitées, des touffes de giroflées s'insinuent entre les pierres, et la voix fêlée de la cloche, que quatre colonnes de guingois et un fragile campanile de fer forgé hissent au sommet d'une tourelle carrée, ne suffit pas à mettre de l'animation.

Peut-être parce qu'elle vécut jadis trop intensément, Lacoste semble hantée par le souvenir de son dernier seigneur, Donatien Alphonse François de Sade, le « divin marquis ». Celui-ci s'était réfugié dans son château familial en 1771, après les quelques ennuis que lui avait valus, à Paris, une séance de flagellation. Il y séjourna jusqu'en 1778 (avec quelques escapades vers Marseille ou l'Italie) sans faillir à sa réputation, comme en témoigne une lettre adressée à son homme d'affaires : « Vos dames d'Apt sont charmantes; elles ont publié à Avignon que j'étais depuis le matin jusqu'au soir à courir toutes les villes des environs et que j'effrayais tout le monde. Je passe pour le loup-garou ici... »

La Révolution n'a pas laissé subsister grand-chose du château qui servit de modèle au marquis de Sade pour décrire la demeure de Silling dans « les Cent Vingt Journées de Sodome ». Seule la tour sud est à peu près intacte, mais des travaux de restauration sont en cours : un puits Renaissance et un souterrain ont été refaits, et les remparts derrière lesquels se retranchèrent jadis les vaudois retrouvent peu à peu leurs pierres.

À quelques kilomètres à l'ouest, allongée sur une étroite arête rocheuse, *Ménerbes* fut aussi une place forte hérétique. Semblable à un vaisseau de haut bord qu'une décrue subite aurait oublié au sommet d'une colline, elle abrita des huguenots durant les guerres de Religion. Là comme à Lacoste, l'intolérance et la folie des hommes transformèrent un paisible village en citadelle. De septembre 1577 à décembre 1578, 120 protestants, ravitaillés par de mystérieux souterrains, résistèrent à 12 000 catholiques disposant d'un soutien d'artillerie. Ils n'avaient pourtant à leur opposer qu'un seul canon, des arquebuses et des mousquets, mais le château, entouré de fossés, de tranchées, de bastions, était pratiquement inexpugnable : c'est l'eau qui finit par manquer.

Aujourd'hui, on n'entend plus parler la poudre dans les ruelles fraîches de Ménerbes. Les seuls éclats sont ceux des voix des artisans qui s'interpellent ou hèlent le chaland. Les environs du village recèlent une curiosité : sur la route de Bonnieux, on peut voir le plus beau dolmen de Provence, une table de pierre d'une dizaine de tonnes, recouvrant une chambre funéraire préhistorique.

Dernier des quatre villages perchés du Petit Luberon, *Oppède-le-Vieux* fut longtemps une ville fantôme. La végétation recouvrait les façades écroulées des maisons, et seule la silhouette carrée de l'église romane émergeait du fouillis de verdure et de vieilles pierres qui escaladait le flanc de la montagne jusqu'aux murs ruinés du château démantelé. Le fief du cruel baron d'Oppède était une cité morte et, dans l'enchevêtrement des buissons, du lierre et des amandiers, on n'entendait plus que le pépiement des oiseaux.

Mais la beauté du site attira une petite colonie d'artistes qui, depuis quelques années, a entrepris de redresser les belles façades des nobles demeures. Les ruelles sont débroussaillées, les vieux murs reprennent lentement vie et, comme les travaux sont effectués par des gens de goût, l'ensemble n'en est que plus pittoresque. En fait, il en est peu à peu ainsi de tous les villages perchés du pays d'Apt, « découverts » par ceux des Parisiens que n'attire plus Saint-Tropez.

En retournant à Apt par la vallée du Coulon, on passe à *Notre-Dame de Lumières,* centre de pèlerinage que l'on n'a pas craint de surnommer la « Lourdes provençale ». Un ruisseau, le Limargue, vient se jeter dans le Coulon au pied d'un énorme rocher, à l'ombre duquel une abbaye s'était installée au IVᵉ siècle. Au XVIIᵉ siècle il n'en restait qu'une chapelle en ruine, mais l'apparition de mystérieux feux follets, puis la guérison miraculeuse d'un vieillard y attirèrent à nouveau les fidèles. On rebâtit la chapelle, les oblats de Marie-Immaculée s'y établirent, et le site, agrémenté d'un beau parc, fut le théâtre de nombreuses guérisons.

Un peu plus loin, le Coulon est enjambé par le *pont Julien,* ouvrage de l'ancienne voie romaine. Construit en dos d'âne, il se compose de trois arches, complétées par des ouvertures destinées à faciliter l'écoulement en période de crue. Le système a du bon : depuis deux mille ans, le pont résiste aux caprices de la rivière.

▲ *Des collines au profil de hautes montagnes : les «dentelles» de Montmirail.*

château fort. Le muscat de *Beaumes-de-Venise* est réputé, tandis que *Suzette*, dernier bastion oriental de l'ancien domaine des princes d'Orange, se livre surtout à la culture des arbres fruitiers.

Montmirail, qui a donné son nom à la région et qui fut autrefois une seigneurie, n'est plus qu'un hameau. Au pied d'une vieille tour ruinée, près d'un vallon ombreux, planté de chênes séculaires, une grotte recèle une source saline dont les propriétés «rafraîchissantes» étaient autrefois renommées.

Seguret, bâtie à flanc de coteau, est plus vivante. Un noyau d'artistes a transformé l'ancienne chapelle Sainte-Thècle en salle d'exposition, et les ruelles étroites, l'église du XIIe siècle et les ruines du château ne manquent pas de pittoresque.

Le monument le plus intéressant du massif est la *chapelle Notre-Dame d'Aubune*, de style roman. Édifiée dans un site magnifique, elle possède un très beau clocher carré, d'inspiration romaine, orné d'élégants pilastres. ■

Les ocres de Roussillon

L'ocre brute est un mélange de sable argileux et d'oxyde de fer. Pour la commercialiser, on soumet le minerai à l'action d'un courant d'eau qui traverse une série de bassins, reliés par des canaux coupés de chicanes. Le sable se dépose d'abord; la «fleur», constituée d'oxyde de fer et d'argile, surnage et, entraînée par l'eau, va se déposer dans les derniers bassins de décantation, où elle constitue l'«ocre lavée», que l'on découpe en →

Une fois par an, la nuit de Noël, l'église abandonnée d'Oppède-le-Vieux
▼ *accueille à nouveau les fidèles.*

Les ocres de Roussillon

À l'ouest d'Apt, mais plus au nord, un petit village tout rouge domine la plaine, du haut de son piton empanaché de pins : c'est Roussillon la bien nommée, plantée au sommet d'un bloc d'ocre aux parois verticales. Le vert sombre des arbres ne parvient pas à dissimuler les vives couleurs du sol : du jaune safran au violet évêque, en passant par toute la gamme des rouges, la palette est étonnante : on y dénombre jusqu'à 17 nuances, dues à la présence dans le sable argileux de divers oxydes de fer.

Le village ne manque pas de pittoresque, avec son beffroi, son église romane et son point de vue du «Castrum», d'où l'on découvre

le mont Ventoux dans toute sa splendeur. Mais sa véritable attraction, ce sont les ocres du «val des Fées», qui composent, au pied du belvédère, le décor d'une extraordinaire promenade. Le ruissellement des eaux a sculpté là une architecture véritablement féerique, une succession de formes surprenantes, un bouillonnement pétrifié et multicolore. Au flanc de falaises striées comme des tranches napolitaines, on chemine dans cet embrasement froid, dans cette tornade immobile, jusqu'au cirque des Aiguilles, où d'étranges minarets mauves dressent leurs tours pointues vers le ciel bleu.

On n'exploite plus les ocres de Roussillon : il aurait fallu pour cela débiter le socle qui porte le village. Les carrières se sont déplacées vers l'est, entre Rustrel et Gignac, où toute une colline s'est

carrés. Après séchage à l'air libre, celle-ci est broyée et blutée. Elle devient alors la poudre utilisée comme pigment pour les peintures, principalement celles du bâtiment.

Le secteur d'Apt-Roussillon est une des principales régions d'extraction et de traitement de l'ocre en France. Les couches de minerai atteignent parfois 15 m d'épaisseur. Leur exploitation a débuté à la fin du XVIIIᵉ siècle, sous l'impulsion de Jean-Étienne Astier : il fut le premier à ouvrir des carrières et à traiter le minerai, qu'il expédiait ensuite jusqu'à Marseille par des convois de mules.

La découverte des colorants chimiques a porté un rude coup à l'industrie minière des ocres. D'une production de 36 500 tonnes en 1914 (année record), on est tombé, en 1975, à moins de 2 500 tonnes. ■

▲ *Près de Gordes, les « bories »,*
cabanes en pierres sèches,
forment un véritable village.

L'érosion a sculpté
d'étonnantes figures
dans les ocres
▼ *de Roussillon.*

L'énigme de la fontaine de Vaucluse

La résurgence de la fontaine de Vaucluse est probablement le débouché d'un immense réseau qui collecte les eaux de ruissellement du plateau de Vaucluse, du Ventoux, du Luberon et de la montagne de Lure. En période normale, son débit est de 2 500 000 m³ par jour, ce qui en fait l'une des plus grosses sources du monde. Les eaux de pluie ne peuvent suffire à assurer un tel volume. On suppose donc qu'il existe une importante rivière souterraine, collectant les eaux de tout un réseau hypogé, aux multiples ramifications, mais son tracé n'a pu être déterminé.

Plusieurs essais de coloration à la fluorescéine ont été tentés : à partir de la Nesque, près de Monieux; du

transformée en une succession de murailles, de défilés, de cirques et d'aiguilles chaudement colorés que l'on a surnommée, en exagérant à peine, le « Colorado provençal ».

Au bord du plateau de Vaucluse : Gordes

Comme elle est limitée au sud par le Luberon, la vallée du Coulon est fermée au nord par une barrière montagneuse, les monts de Vaucluse, un haut plateau calcaire sillonné de gorges, crevassé d'avens, qui s'étend sur quelque 170 000 ha au pied du Ventoux. C'est dans le sol fissuré de ce causse, au nord d'Apt, près de Saint-Christol, sur le plateau d'Albion, que l'armée a enterré les silos atomiques de la force de frappe. Il faut dire que le site s'y prête admirablement : les spéléologues y ont exploré plus de 200 gouffres naturels. Parmi les plus profonds, on peut citer « le Caladaire » (− 487 m), « Jean-Nouveau » (− 355 m, avec un à-pic de 163 m), « Jean Laurent » (− 130 m), le « Grand Gérin » (− 125 m). Tous ces gouffres collectent certainement les eaux de pluie qui alimentent la fontaine de Vaucluse; mais, jusqu'ici, les spéléologues n'y ont pas trouvé la moindre trace d'eau.

C'est à la lisière des monts de Vaucluse, sur un promontoire isolé, à l'ouest de Roussillon, que *Gordes* étage ses maisons anciennes jusqu'au sommet, qui porte une énorme église classique et un château Renaissance. Comment les bâtisseurs ont-ils pu accrocher des murs massifs et des tours rondes au flanc de cette colline dorée? Il faut croire que leur obstination était aussi farouche que la pente parsemée d'oliviers qui défendait l'accès du village.

Au XVIᵉ siècle, le seigneur du lieu, Bertrand de Simiane, voulut faire de Gordes un joyau. Il rebâtit la vieille forteresse — dont il subsiste deux tours et la porte de Savoie — pour en faire le château Renaissance que nous voyons aujourd'hui et dont la grande cheminée porte encore une date, gravée dans la pierre : 1541. La décadence fut rapide. Deux siècles après la mort de Bertrand de Simiane, sous la Révolution, l'inventaire du château délaissé ne mentionnait plus que « quatre mauvaises chaises garnies de paille, deux paires de mauvais chenêts, une mauvaise roue d'une poulie en fer et deux vieilles serrures »!

Mais Gordes trouva un nouveau seigneur. Ce ne fut pourtant pas Marc Chagall : amoureux de ce village abandonné, aux maisons croulantes, il s'y installa après la dernière guerre; mais, devant le flot de plus en plus important des touristes, sans doute attirés par sa renommée, il prit le parti de s'enfuir. C'est un autre peintre célèbre, Victor Vasarely, qui a fait de Gordes un endroit à la mode. Pour créer un musée consacré à ses œuvres et complémentaire de la fondation aixoise qui porte son nom, le maître de l'art cinétique a loué le

gouffre de Caladaire, près de Banon; dans l'aven Jean-Nouveau, près de Sault; dans le gouffre de Belette, près de Saint-Étienne-les-Orgues. Tous ont donné des résultats positifs, mais ils n'ont pas fourni de renseignements supplémentaires sur l'existence de cette mystérieuse rivière, pas plus que les nombreuses explorations (du scaphandrier marseillais Ottonelli, en 1869, aux tentatives plus récentes de l'équipe du commandant Cousteau).

En hautes eaux, le débit peut atteindre 195 m³ par seconde. Il est, en moyenne, de 120 à 150 m³, mais il suffit que le débit dépasse 22 m³ pour que les eaux débordent de la petite mare que forme la résurgence.

Au-dessus de cette mare, des figuiers s'accrochent aux rochers. Un poème de Frédéric Mistral explique leur vigueur, puisée chaque

▲ *Après un mystérieux
périple souterrain,
la Sorgue surgit de la
fontaine de Vaucluse.*

année dans les crues : « Vers ses racines, une fois l'an, vient clapoter l'onde voisine; et l'arbuste aride, à l'abondante fontaine qui monte à lui pour le désaltérer autant qu'il veut, se met à boire... Cela, toute l'année, lui suffit pour vivre. »

Un autre « ange du bizarre » fréquente les abords de la résurgence. À gauche, dominant la fontaine, une colline qui a vaguement l'aspect d'une tête bovine porte le nom de « Vache d'or ». Cette tête chauve recèle, paraît-il, un trésor inestimable, un monceau d'énormes lingots d'or gardés par un esprit jaloux. Selon la légende, si l'on tente de s'emparer de ces richesses fabuleuses, l'esprit pousse des mugissements, puis des cris menaçants qui se répercutent longuement dans les profondeurs de la montagne. ∎

*Un raide escalier de
terrasses verdoyantes
escalade le promontoire
▼ qui porte la forteresse de Gordes.*

château, dont la porte à fronton triangulaire, l'escalier à vis, les mâchicoulis et le chemin de ronde composent un cadre plein de majesté aux 1 500 pièces de sa donation.

Gordes a grandement bénéficié de la présence de l'artiste et de ceux qui l'ont suivi. On restaure à tour de bras. Malheureusement, les marchands du Temple ont suivi, et l'on s'attend à voir brader au détour des « calades » — ces petites ruelles pavées qui zigzaguent au flanc de la colline — des pierres que la beauté du site ne suffira peut-être pas toujours à sauver de l'exploitation commerciale.

À l'ouest du village, un vallon boisé abrite une concentration inhabituelle de bories, ces cabanes de pierres sèches que l'on rencontre dans toute la Provence, et notamment sur les pentes du Luberon. Construites en pierres plates (lauzes), disposées de façon à former, sans le secours d'aucune charpente, une voûte parfaite, ronde ou carénée, ces curieuses huttes n'ont, le plus souvent, ni fenêtre ni cheminée. Élevées par des bergers ou par des paysans travaillant loin de leur résidence habituelle, elles datent, pour la plupart, du XVIIe ou du XVIIIe siècle, mais il se pourrait que certaines d'entre elles soient beaucoup plus anciennes. Généralement éparpillées dans la nature, elles forment, près de Gordes, un véritable village, groupé autour d'une aire de roche affleurante, avec maisons, étables, four à pain et mur d'enceinte. Peu à peu, elles deviennent des « résidences secondaires », ce que, curieusement, elles furent jadis... avec une autre conception du confort.

La vallée close de Pétrarque

À l'ouest de Gordes, le petit village de *Fontaine-de-Vaucluse* recèle l'une des curiosités naturelles les plus spectaculaires de France. Après avoir partagé l'ombre tentatrice des platanes, fréquenté les restaurateurs, les marchands de souvenirs et les « artistes », jeté un coup d'œil à l'église romane toute simple et un autre à la colonne érigée à la mémoire de Pétrarque, une courte promenade au long des eaux vertes de la Sorgue, dans un vallon boisé, mène au fond d'un puits de plus de 200 m, au pied d'une haute falaise en arc de cercle d'où jaillit la rivière. « Vallis clausa », la vallée close : on est au bout du monde. Suivant la saison, la résurgence (une des plus importantes d'Europe) se présente comme une vasque aux eaux limpides ou comme un chaudron bouillonnant.

Accrochées au rocher, les ruines du « château de Pétrarque » dominent le chaos de pierres moussues où la Sorgue fait ses premières cabrioles. En fait, ce n'est pas dans ce château, propriété des évêques de Cavaillon, mais dans une maison du village, que résidait le poète italien lorsqu'il faisait retraite à Vaucluse. Pendant seize ans, de 1337

Le renouveau de la langue provençale

« La France est assez riche pour avoir deux langues! » décréta un jour Villemain, professeur de littérature à la Sorbonne au début du siècle dernier, en parlant du provençal. Et celui-ci, en effet, n'est pas un patois. On le sait surtout depuis que Frédéric Mistral et ses amis du félibrige ont retrouvé sa syntaxe, sa grammaire et son entité, tout entières projetées dans ce chef-d'œuvre de la langue provençale qu'est « Mireille ».

On oublie généralement que la langue d'oc, dont le provençal n'est qu'une version, fut (et est toujours en partie) parlée par la moitié de la France. Au XVIIe siècle, le voyageur qui arrivait dans le Midi entendait parler « étranger » : Racine l'avait découvert avec étonnement lors de son séjour à Uzès et, plus tard, Stendhal, débarquant à Avignon, crut se trouver... en Italie.

L'adoption de la langue d'oïl et l'obligation d'utiliser le français dans tous les textes officiels avaient effectivement relégué le provençal au rang de parler campagnard. Il fallut tout le talent de Mistral pour le tirer de l'ombre et le faire « monter » à Paris, jusqu'aux pieds de Lamartine ébloui.

En 1854, une poignée de jeunes poètes provençaux se réunit au château de Fontségugne, près d'Avignon, et fonda une société littéraire, connue sous le nom de « félibrige », dont le dessein était de restituer au provençal son rang de langue littéraire. Ils étaient sept : Frédéric Mistral, Joseph Roumanille, Théodore Aubanel, Anselme Mathieu, Paul Guiera, Jean Brunet et Alphonse Tavan. Mistral avait découvert le mot « félibrige » dans une ancienne cantilène où la Vierge raconte qu'elle a trouvé son fils Jésus « emé li sèt félibre de la lei » (parmi les sept félibres de la loi).

Dans un discours aux félibres catalans, en 1858, Mistral précisait ainsi les buts du félibrige :

« Que nos filles, au lieu d'être élevées dans le dédain de nos coutumes provençales, au lieu d'envier les fanfreluches de Paris ou de Madrid, continuent à parler la langue de leur berceau, la douce langue de leurs mères, et qu'elles demeurent simples, dans les fermes où elles naquirent, et qu'elles portent à jamais le ruban d'Arles comme un diadème; et que notre peuple, au lieu de croupir dans l'ignorance de sa propre histoire, de sa grandeur passée, de sa personnalité, apprenne enfin ses titres de noblesse, apprenne que ses pères se sont toujours considérés comme une race, apprenne qu'ils ont su, nos vieux Provençaux, vivre toujours en hommes libres, et toujours su se défendre comme tels. » ■

La flore du Ventoux : des Tropiques au Spitzberg

Les pentes du mont Ventoux constituent un terrain de choix pour l'amateur de botanique. Sortant de sa spécialité, le célèbre entomologiste Jean-Henri Fabre (1823-1915) en a donné une description précise dans ses « Souvenirs entomologiques » : « À la

À Fontaine-de-Vaucluse, un château en ruine domine la rivière jaillie des falaises. ▼

à 1353, il y vint régulièrement chercher l'inspiration dans la solitude. Il y vint aussi — ou surtout? — pour se rapprocher de la belle Laure, éternel objet de ses platoniques amours, qui fut vraisemblablement la femme d'Hugues de Sade. Le poète a raconté leur rencontre : « Laure, célèbre par sa vertu et longuement chantée dans mes poèmes, apparut à mes regards pour la première fois, au temps de ma jeunesse en fleur, l'an du Seigneur 1327, le 16 avril, à l'église Sainte-Claire d'Avignon, dans la matinée. »

Le château des marquis de Sade est tout près, à *Saumane-de-Vaucluse;* c'est une ancienne forteresse médiévale, parée intérieurement d'un escalier Renaissance et de décors du XVIIIe siècle. Aux environs, on visite *L'Isle-sur-la-Sorgue,* qui est effectivement une île, enserrée par les multiples bras de la rivière, et *Le Thor,* qui abrite l'une des plus belles églises provençales de la fin du XIIe siècle, avec ses porches d'inspiration antique, son abside polygonale et son gros clocher central.

Les capitales oubliées du plateau de Vaucluse

Sur le plateau de Vaucluse, *Pernes-les-Fontaines,* qui fut, jusqu'au XIVe siècle, la capitale du Comtat, est aujourd'hui bien assoupie. De sa grandeur passée, elle a conservé des vestiges de remparts et des portes fortifiées. La plus pittoresque est la porte Notre-Dame : étroite, flanquée de grosses tours rondes, elle est précédée d'un vieux pont à deux arches, sur l'une des piles duquel on a élevé, au XVIe siècle, une chapelle précédée d'un porche qui recouvre le pont. L'église Notre-Dame, bien que remaniée, a toujours sa nef romane, et la tour Ferrande, vieux donjon carré du XIIe siècle, est ornée intérieurement d'intéressantes fresques médiévales. Quant aux fontaines, il y en a dans toutes les rues, sculptées et décorées avec goût. La plus belle est celle du Cormoran, qui date du XVIIe siècle et est ornée des armes de la ville.

Si Pernes-les-Fontaines est une ville de plateau, la toute proche *Venasque,* qui donna son nom au comtat Venaissin, est un nid d'aigle perché au sommet d'un piton boisé. Ancien évêché, elle eut rang de capitale. Aujourd'hui, ce n'est plus qu'un village, enfermé par d'imposants remparts de pierres sèches dont les fondations sont romaines et dont les tours ont peut-être été élevées par les Sarrasins. On y admire l'un des plus anciens monuments religieux de France, un baptistère mérovingien (fin du VIe siècle), orné de colonnes de marbre et de colonnettes d'époque romaine. Au pied du promontoire, la chapelle du couvent des carmélites *Notre-Dame-de-Vie* contient un remarquable échantillon de sculpture mérovingienne : la pierre tombale d'un évêque mort en 604.

base prospèrent le frileux olivier et cette multitude de petites plantes demi-ligneuses, telles que le thym, dont les aromatiques senteurs réclament le soleil des régions méditerranéennes; au sommet, couvert de neige au moins la moitié de l'année, le sol se couvre d'une flore boréale, empruntée en partie aux plages des terres arctiques. Une demi-journée de déplacement suivant la verticale fait passer sous les regards la succession des principaux types végétaux que l'on rencontrerait en un long voyage du sud au nord suivant le même méridien. Au départ, vos pieds foulent les touffes balsamiques du thym qui forment un tapis continu sur les croupes inférieures; dans quelques heures, ils fouleront les sombres coussinets de la saxifrage à feuilles opposées, la première plante

▲ *Au pied du Ventoux, les gorges de la Nesque entaillent le plateau de Vaucluse.*

Le baptistère mérovingien de Venasque, orné ▼ *de colonnes antiques.*

Le nord du plateau de Vaucluse est un immense champ bleu : cultivée ou sauvage, la lavande y pousse partout. *Sault* est le centre de cette culture, qui s'est industrialisée depuis la fin du XIXᵉ siècle, avec le développement des savonneries et des parfumeries. Bâtie sur un rocher, Sault domine une rivière capricieuse, souvent à sec, qui, un peu plus loin, a pourtant creusé dans le calcaire du plateau les sauvages *gorges de la Nesque,* tapissées de maquis et bordées de falaises truffées de grottes. La partie supérieure de ces gorges est dominée par le beau ct curieux rocher du Cire, qui s'élève à plus de 200 m au-dessus de la route. Il doit son nom aux abeilles sauvages qui en ont fait un immense rucher. Autrefois, les jeunes gens de Sault et de Monieux se laissaient pendre dans le vide, au bout de longues cordes, pour s'emparer de leur miel. Ce fut d'ailleurs l'un des douze travaux de « Calendal », le héros herculéen de Mistral, qui arrachait les mélèzes du Ventoux pour les offrir à la fée Esterelle.

Un dieu tutélaire : le Ventoux

Le Ventoux est tout près, et l'on ne voit que lui. Sa majestueuse pyramide ferme l'horizon au nord du plateau de Vaucluse, balise fouettée par tous les vents, située à l'ouest des Alpes dont elle est le sommet (1 909 m) le plus occidental. Dans sa solitude blanche — de neige l'hiver et de caillasse l'été —, c'est le dieu tutélaire de la Provence, la montagne sacrée qui peut être grave ou souriante selon la saison, passant du rigide scintillement de la glace au moutonnement bleu tendre des champs de lavande.

Sur ses pentes où l'on aimerait pouvoir palper l'air, d'une pureté et d'une transparence sans égales, les forêts de hêtres succèdent aux oliviers et aux chênes verts pour faire ensuite place aux pins sylvestres et aux cèdres. L'été, les pâturages du sommet narguent ceux d'« en bas », alors desséchés, et offrent aux troupeaux transhumants leur herbe tendre et parfumée. L'hiver, les skieurs s'y donnent rendez-vous. Du point culminant, sur lequel se dresse l'antenne blanche et rouge du relais de télévision, on découvre les Alpes, les Pyrénées, les Cévennes et le Gerbier-de-Jonc; on aperçoit Marseille, Nîmes, Montpellier et là-bas, au loin, la mer qui scintille au-delà de la plaine d'Arles.

Au pied du géant provençal, les platanes du mail de *Malaucène* forment une oasis ombreuse. Le vieux bourg aux ruelles sinueuses est dominé par un beffroi carré et par les vestiges d'un château fort qui fut une citadelle calviniste. Bien qu'édifiée au XIVᵉ siècle par le pape Clément V, qui résida à Malaucène, l'église est du plus pur style roman provençal, avec sa voûte en berceau brisé et son portail à mâchicoulis.

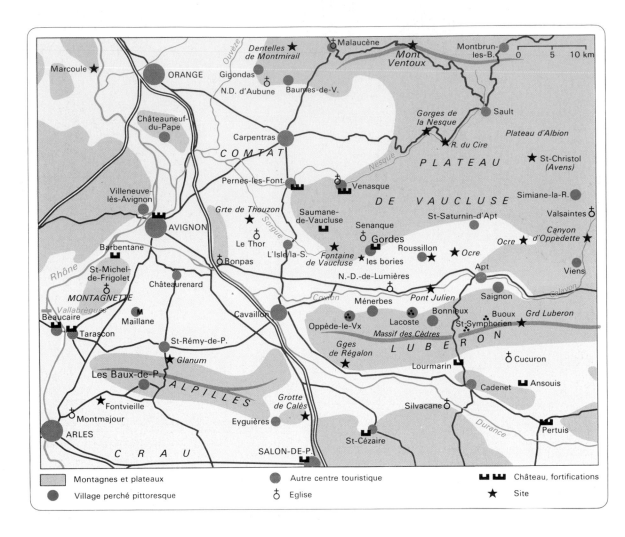

▲ *La saxifrage,*
une des plantes sauvages
qui fleurissent les
pentes du mont Ventoux.

qui s'offre au botaniste débarquant en juillet sur le rivage du Spitzberg. En bas, dans les haies, vous avez récolté les fleurs écarlates du grenadier, ami du ciel africain; là-haut, vous récolterez un petit pavot velu qui abrite ses tiges sous une couverture de menus débris pierreux, et déploie sa corolle jaune dans les solitudes glacées du Groënland et du cap Nord, comme sur les pentes terminales du Ventoux. » ■

Les Baux, seigneurs des Alpilles

Vers l'ouest, sur la rive gauche de la Durance, la montagne du Luberon se prolonge par la chaîne des Alpilles, plus courte (25 km), moins élevée (493 m à l'Aupiho), mais plus tourmentée. Crêtes déchiquetées, découpant leur dentelle blanche sur l'azur du ciel, les Alpilles paraissent posées sur un coussin de velours sombre, fait d'oliviers, d'amandiers, de chênes et de pins. L'air est léger, sec, embaumé par les plantes de la garrigue.

C'est au sud de ces montagnes en réduction, sur un promontoire abrupt dominant la plaine de la Crau par une falaise à pic, que s'élève le plus célèbre de tous les villages perchés provençaux. Quelle que soit la route que l'on emprunte pour s'y rendre (il y en a trois), l'impression qui se dégage des *Baux-de-Provence* est la même : il semble que l'histoire se soit figée dans la pierre. Le vieux village et les ruines du château se confondent avec l'éclatement des roches et prolongent la falaise. Ce mélange intime d'architectures naturelles et de constructions humaines est particulièrement saisissant lorsqu'on vient de Saint-Rémy-de-Provence par la route du Val d'Enfer, cet étonnant chaos calcaire, torturé par l'érosion et fouillé par les hommes, qui l'ont creusé de carrières semblables à de gigantesques et mystérieux temples souterrains. La légende prétend que c'est là que Dante trouva l'inspiration pour décrire les neuf cercles de la damnation.

Il y a deux manières de visiter les Baux. Guide en main, au pas de charge, comme les cohortes de touristes qui viennent chaque jour par cars entiers. Rassemblement Porte-Mage, puis safari-photo : en vrac, l'église Saint-Vincent, son portail roman et ses chapelles creusées dans le roc; la façade Renaissance de la maison des Porcelet; l'hôtel de Manville et ses fenêtres à croix de pierre; la rue du Trencat, taillée dans la roche à l'époque romaine; le buste de Charloun Rieu, chantre de la terre baussenque; les ruines du château; la maison du Roi et celles de Nicolas Martel, du tabellion Quenin, de Jean de Brion... Quelques minutes pour acheter des souvenirs dans l'une des

nombreuses boutiques, un temps de repos sous les ormes de la petite place Saint-Vincent, et c'est fini. Cela suffit sûrement à beaucoup, puisque le guide le plus vendu est intitulé « Une heure aux Baux »...

Le « seigneur des Alpilles » mérite pourtant mieux que cette visite rapide. Pour bien faire, il faut attendre la nuit, lorsque tous ceux qui passent trop vite sont partis, et rêver. Rêver que le clair de lune fait parler les pavés des rues bosselées et revivre la civilisation joyeuse et farouche d'autrefois.

Car, des Ligures, qui s'y réfugièrent pour fuir les colons grecs de Marseille, à Louis XIII, qui fit démolir les remparts, le site des Baux fut intimement mêlé à l'histoire régionale. C'est la féodalité qui a laissé l'empreinte la plus forte. « Race d'aiglons, jamais vassale, qui, de la pointe de ses ailes, effleure le sommet de toutes les hauteurs » : c'est ainsi que Frédéric Mistral a dépeint les seigneurs des Baux. Orgueilleux, ils faisaient remonter l'origine de leur famille au mage Balthazar. Puissants, ils tinrent tête durant des siècles aux comtes de Provence. Leur histoire est une longue suite de combats, de meurtres, de pillages. Mais à côté des guerriers vivaient les troubadours, et le château des Baux était une des plus fameuses cours d'amour du Midi.

Au XVe siècle, la famille des Baux s'éteignit, et Louis XI fit démanteler la trop puissante forteresse. Pendant la Renaissance, la ville connut un bref regain de prospérité sous la férule du connétable de Montmorency, gouverneur du Languedoc, puis elle tomba aux mains des protestants, et Louis XIII consomma sa ruine en rasant ses dernières défenses.

L'énorme donjon rectangulaire où les poètes venaient chanter la grâce des princesses est toujours debout, mais ce n'est plus qu'une carcasse éventrée. Alentour, dans un inextricable enchevêtrement de pans de murs et de constructions troglodytiques, on devine des appartements, un chemin de ronde, des tours de guet, un immense pigeonnier, des caves, une chapelle, un hôpital, des communs... Vestiges infimes d'une citadelle colossale, au pied de laquelle veille une ville morte, des fantômes de maisons souvent réduites à leurs assises taillées dans la pierre, à une citerne creusée dans le roc...

de vignes en villages
les trésors
du Languedoc.

*Entre le grand balcon des Causses
et la vaste plaine qui borde la Méditerranée,
dans le paysage tourmenté des garrigues du Languedoc,
les pentes rocailleuses et ensoleillées sont,
depuis vingt siècles, le domaine de la vigne.*

◀ *Gignac : une place commémore
la défaite des Sarrasins
qui attaquèrent la ville au VIIIᵉ siècle.*

◄ *Les ceps s'avancent jusqu'au bord
du canyon de la Cesse,
qui entaille à la verticale
les causses du Minervois.*

*Semblables aux ruines d'une citadelle,
les énormes blocs de pierre*
▼ *du cirque de Mourèze.*

*Ruelles tortueuses, passages voûtés,
vieilles maisons blotties autour d'une église
souvent appelée à faire office de donjon,
les pittoresques villages du Languedoc ont peu changé.*

4. Villages, vignes du Languedoc

▲ *Près de Montpellier,*
Vic-la-Gardiole se serre
autour d'une église romane
aux allures de forteresse.

◄ *Une des deux rues étroites*
le long desquelles
s'échelonnent les maisons
de Saint-Guilhem-le-Désert.

Villages, vignes du Languedoc. 5

La vigne prospéra si bien sous le ciel du Languedoc
qu'elle descendit des collines,
déferla sur la plaine et,
chassant des vallées prairies, céréales et oliviers,
supplanta toute autre forme de culture.

6. Villages, vignes du Languedoc

▲ *Cernées par la marée des vignes
dans un vallon isolé des Corbières,
les ruines encore imposantes du Castellas.*

◄◄ *Sucré, parfumé, gorgé de soleil,
le raisin du Languedoc.*

◄ *Le soir, à la fraîche,
le retour au village.*

Villages, vignes du Languedoc. 7

Double page suivante :
Dans un site sauvage et tourmenté,
une ancienne forteresse cathare :
Minerve, capitale du Minervois.

Tout au long de l'année,
un petit peuple de fidèles
soigne avec dévotion
les pampres
qu'il dépouillera à l'automne,
lors de la grande fête
païenne des vendanges.

Entouré de vignobles réputés, ▶
Azillanet, un village du Minervois.

Chacun participe,
selon ses forces,
▼ *à la tâche commune.*

8. Villages, vignes du Languedoc

▲ *Près de Saint-Guilhem-le-Désert,*
un des villages typiques
de la garrigue languedocienne :
Saint-Saturnin.

Du Rhône aux Corbières, la plaine du bas Languedoc, serrée entre la côte, qui fut longtemps le domaine des étangs et des moustiques, et les garrigues qui frangent le Massif central, est une voie de passage. Les Romains l'ouvrirent à leur civilisation en construisant la *via Domitia* et y introduisirent la culture de la vigne. Celle-ci connut un tel succès que, dès le Iᵉʳ siècle de notre ère, Rome était submergée par les vins de la Narbonnaise. Puis déferlèrent les Wisigoths, les Sarrasins, les Francs. Ce sont les moines industrieux du Moyen Âge qui reconstituèrent le vignoble. L'amélioration des moyens de transport — le canal du Midi d'abord, le chemin de fer ensuite — lui donna un prodigieux essor. Les ceps descendirent des coteaux, envahirent la plaine, supplantèrent toute autre forme de culture. Après les crises du phylloxéra, la surproduction fit son apparition et, dès le début du XXᵉ siècle, provoqua des troubles graves.

De la fontaine de « gros rouge » aux vins de qualité

Lorsqu'on parcourt aujourd'hui l'océan de vignes qui, des collines du Gard aux premiers contreforts pyrénéens, enchâsse d'un immense arc de cercle les eaux bleues de la Méditerranée, on comprend que la France dispose d'un stock de vin susceptible de poser des problèmes, et l'on se demande si ce paysage n'est pas appelé à se transformer. Verrons-nous le camaïeu de verts de cette palette rongé par les ocres et les gris d'une nature redevenue sauvage? Ou les parades de vergers bien alignés se substitueront-elles aux ceps bas et tordus? Sont-ils condamnés, ces petits villages charmants, perdus au milieu du vignoble dont ils tirent leur subsistance, avec leurs maisons aux tuiles rondes, aux murs gorgés de soleil, blotties autour des bâtiments proprets de la coopérative comme d'autres le sont autour d'une abbatiale?

Dans la plaine languedocienne, le cœur du village n'est pas l'église mais la coopérative, qui, en assurant la vinification et la vente du vin, permet aux petits propriétaires de subsister. Derrière ses murs blancs coule le sang du pays. Certes, l'aspect de ces bâtisses diffère. Certaines, telle celle de Murviel-lès-Montpellier, sont enjolivées de bas-reliefs symboliques. D'autres, comme celle de Bellegarde, sont plus fonctionnelles. Toutes, en tout cas, surprennent le visiteur, qui y découvre un étrange sanctuaire où s'alignent tuyaux, cornues, foudres, cuves et pressoirs, et dans lequel officient des prêtres vêtus de blanc. L'une des plus surprenantes de ces caves-coopératives est celle de Causses-et-Veyran, au pied des monts de l'Espinouse, dont l'architecture inattendue s'harmonise pourtant avec le relief tourmenté du cadre. Elle fut construite par les habitants du village,

hommes et femmes, qui, pendant des années, se privèrent de loisirs pour élever de leurs mains ce temple à leur dieu.

Mais le Languedoc n'est pas seulement une intarissable fontaine de « gros rouge », accolée à une immense plage de sable blond, mouchetée de parasols multicolores et baignée par une mer immuablement bleue, pailletée de voiles blanches. Pour s'en convaincre, il suffit, délaissant les complexes touristiques et leurs échafaudages de béton, de quitter un instant le ruban gris de l'autoroute. En pénétrant dans l'arrière-pays, on découvre que ce monde trop beau, trop neuf, trop moderne en cache un autre plus ancien, plus parfumé, plus traditionnel.

Au détour des collines odorantes, des villages au nom savoureux abritent derrière leurs vieilles pierres un petit peuple de vignerons aux traditions séculaires, produisant avec amour des vins de qualité. Ceux-là ne sont touchés ni par la crise ni par la concurrence. L'odeur de soufre et de moisissure qui est celle de l'alchimie vineuse n'a pas fini de se mêler aux parfums de la lavande et du romarin, et fitou, blanquette, clairette, muscat et autres corbières continueront longtemps encore à faire apprécier le bouquet ensoleillé des vins du Languedoc, l'une des premières régions françaises pour les vins de qualité.

Au seuil de l'Hérault, le muscat de Lunel

Si le département du Gard s'intègre géographiquement au Languedoc, une partie de ses vins, les robustes *costières,* corsés et bien charpentés, sont rattachés, sur le plan vinicole, au groupe des côtes-du-rhône. D'ailleurs, le décor dans lequel ils s'élaborent est encore très provençal. Mais, vers les limites du département de l'Hérault, on change de domaine. Aux plaines de gravier succède un paysage plus nuancé. Ce n'est plus la Provence, à peine le Languedoc; on ne peut pas dire que ce soient les Cévennes, encore moins la Camargue. L'Hérault tire la langue à l'Aveyron, domine le Gard, pousse une pointe vers les Bouches-du-Rhône, tourne le dos au Tarn et va se baigner les pieds dans la Méditerranée, qui lui offre la plus longue plage de France. Ses vins lui ressemblent : ils sont divers, beaux, parfumés, puissants, doux et colorés. Certes, l'Hérault est, avec l'Aude, le plus gros producteur français de vins de consommation courante; mais il n'en produit pas moins des vins de haute tenue, appellation d'origine contrôlée (A.O.C.) et vins délimités de qualité supérieure (V.D.Q.S.), ainsi que des « vins de pays » d'excellente réputation.

En venant de l'est, le premier joyau de cette production se présente à *Lunel,* une vieille ville médiévale dont les ruelles étroites sont

L'oppidum d'Enserune

Non loin de Béziers, la petite ville de *Nissan-lez-Enserune* — dont l'église de style gothique méridional et les nombreux objets d'art sacré qu'elle contient méritent une visite — doit son nom à la colline voisine, qui domine d'une centaine de mètres la plaine où moutonnent les vignes. Du sommet, on découvre un immense panorama circulaire allant des Pyrénées à la Camargue et des lointaines Cévennes à la mer toute proche. Au pied de la colline, les vignobles dessinent une gigantesque roue : c'est l'ancien étang de Montady, asséché au XIIIᵉ siècle par des drains rayonnants, se déversant dans un puisard central ; de là, un canal souterrain, long de plus de 1 km, conduisait les eaux à un autre étang, celui du Capestang, qui communiquait avec la mer.

Le sommet de cette butte était une position privilégiée, et nos ancêtres l'occupèrent depuis les temps les plus reculés. Des fouilles très poussées ont permis de retracer l'histoire de l'oppidum d'Enserune depuis le VIᵉ siècle av. J.-C. jusqu'au Iᵉʳ siècle de notre ère, où il fut abandonné. Au début, il semble qu'il ait surtout servi à stocker des vivres, entassés dans des cavités creusées en plein roc : c'est la « période des silos ». Si l'on y habitait, c'était dans des huttes de torchis qui n'ont pas laissé de traces. Vers l'an 500 av. J.-C., l'influence grecque commença à se faire sentir. On construisit des maisons de pierre et on entoura la ville de remparts. Deux cents ans plus tard arrivèrent les Gaulois, qui agrandirent la cité. Pour cela, il fallut démolir une partie

▲ *Les silos creusés dans le roc de l'oppidum d'Enserune, l'un des sites préromains, les plus riches de France.*

Vestige d'une puissante abbaye, l'église romane de Saint-Guilhem-le-Désert ▼ et son imposante abside.

coupées de nombreux passages voûtés. Son muscat fut le vin préféré du roi de Prusse Frédéric le Grand, de Michelet et même de Karl Marx, qui séjourna dans le pays. Issu, comme le frontignan, du raisin muscat doré, c'est un vin doux naturel fort ancien, délicat et élégant, qui évoque la chaleur et la beauté des collines rocailleuses sur lesquelles le soleil le distille.

Face à ces collines, les coteaux de *Saint-Christol*, au-delà de l'autoroute qui conduit à Montpellier, lui donnent la réplique avec un rouge fin et parfumé, que l'on dit « bourgeois », ou encore « de nuit », comme celui de *Saint-Drézery* — autre fief des moines augustiniens — que les chasseurs, au soir d'une dure journée, apprécient particulièrement.

Les extraordinaires villages de la garrigue

Vers Montpellier, la plaine languedocienne se resserre, étranglée par la garrigue qui s'avance en proue vers la mer. En remontant vers le nord, on aperçoit vite ses arides reliefs calcaires, creusés de cuvettes verdoyantes comme celle où se niche *Les Matelles*, un village surgi tout droit du Moyen Âge, avec ses remparts, ses tours de guet, ses ruelles tortueuses, ses passages ouverts et ses maisons étroites, et où l'on a fait des trouvailles préhistoriques (musée). Encore plus au nord, le *pic Saint-Loup* dresse au-dessus du causse vert et ocre l'étonnant profil cassé de son rocher, d'où l'on découvre aussi bien les Cévennes que la Méditerranée, le Canigou que le mont Ventoux.

▲ *Devant les coteaux du Salagou*
où mûrit un cru réputé,
une pyramide de basalte :
le rocher de Gibret.

de l'enceinte. Les habitations gagnèrent les pentes de la colline, et les nouvelles fortifications descendirent jusque dans la plaine. L'agglomération mesurait alors quelque 750 m de long sur 300 de large, et elle pouvait abriter près de 10 000 habitants. Puis — à la suite de quelles vicissitudes? — l'oppidum fut détruit, abandonné. Lorsqu'ils s'établirent à Narbonne, en 118 av. J.-C., les Romains occupèrent de nouveau la place et l'aménagèrent avec la technicité qu'on leur connaît : rues pavées, égouts, citernes, etc. Ils y restèrent moins de 200 ans, puis l'oppidum retomba dans le silence, et les pins recouvrirent les vestiges superposés de toutes les civilisations qui s'y étaient succédé.

Les fouilles, entreprises après la Première Guerre mondiale, ont mis

Fraîches rues en escalier, façades patinées, vieille tour et placette ombragée, *Saint-Martin-de-Londres* a conservé l'enclos de son ancien prieuré, enfermant une belle église romane en forme de trèfle, sobrement décorée d'arcatures en plein cintre. Tout près de là, accessible seulement aux bons marcheurs, et uniquement par temps sec, le profond *ravin des Arcs* creuse dans le calcaire une entaille sinueuse de 200 m de profondeur, longue de 11 km. Le Lamalou, un torrent à éclipses, vient y caracoler après chaque orage, sculptant les rochers, dressant des barrages, emplissant des gours insondables et forant des arcades, dont la plus spectaculaire est le *Grand Arc*, jeté comme un pont au-dessus du Grand Gour.

À l'ouest, c'est l'Hérault qui coule entre de grands escarpements, parmi les rochers et les marmites. Falaises multicolores, bouquets verts des chênes kermès : les gorges se resserrent jusqu'à devenir un étroit défilé, presque aussi sauvage que le canyon de son affluent, le Verdus, au confluent duquel le pittoresque village de *Saint-Guilhem-le-Désert* se plaque contre le rocher, sur une étroite corniche.

Lieutenant de Charlemagne, le vaillant Guilhem, comte de Toulouse et duc d'Aquitaine, se retira du monde après s'être couvert de gloire et fonda une abbaye dans un site farouche, sur la rive du Verdus, au pied d'une muraille de roc. On dit qu'au sommet de cette muraille vivait dans un nid d'aigle un Sarrasin géant qui terrorisait la contrée. Guilhem le tua en combat singulier et, après ce dernier fait d'arme, put se consacrer à la méditation. L'empereur à la barbe fleurie lui ayant fait don d'une inappréciable relique, un morceau de la Vraie Croix rapporté de Jérusalem, son abbaye acquit une grande notoriété et devint un lieu de pèlerinages. Il y mourut en 812 et fut enterré dans l'église abbatiale. Par la suite il fut canonisé, et le village qui s'était formé autour du couvent abritant sa dépouille prit le nom de Saint-Guilhem-le-Désert.

De l'abbaye, il ne reste que l'église. Encore n'est-ce pas celle que connut Guilhem. Construite en plusieurs fois au cours du XIᵉ siècle, elle permet de se rendre compte de l'évolution du style roman. Son énorme abside ronde, épaulée de contreforts et couronnée de dix-huit niches, est particulièrement remarquable. Le porche — que l'on appelle ici *gimel* — est plus jeune d'un siècle, et le clocher carré fut ajouté à la fin du Moyen Âge. Un cloître bordait autrefois l'église, mais les Américains en ont acheté la plupart des colonnes et des statues et l'ont remonté à New York. À l'intérieur de l'église, d'une émouvante sobriété, on remarque un autel de marbre blanc incrusté de verreries de couleur, des sarcophages anciens et de belles statues romanes.

Depuis les temps lointains où les pèlerins en route vers Saint-Jacques-de-Compostelle s'arrêtaient à l'abbaye pour y adorer le fragment de la Vraie Croix, Saint-Guilhem voit se dérouler chaque année, le soir du vendredi saint, une curieuse procession dont tous les participants portent une minuscule lampe à huile faite d'une coquille d'escargot.

Aux alentours du village, deux curiosités naturelles méritent une visite : sur le Verdus, le *cirque de l'Infernet*, un imposant amphithéâtre de falaises aux parois verticales; au débouché des gorges de l'Hérault, près du vieux *pont du Diable* construit par les moines de Saint-Guilhem, la splendide *grotte de Clamouse*, découverte en 1945, véritable palais souterrain, décoré d'un échantillonnage complet de tout ce que les concrétions peuvent produire de plus beau et de plus rare.

Au royaume de la clairette

Au sud-ouest de Saint-Guilhem-le-Désert, après avoir passé l'Hérault sur le *pont de Gignac,* un des plus beaux ouvrages d'art qu'ait édifié le XVIIIᵉ siècle, on pénètre dans le domaine de la *clairette du Languedoc.* Construit à l'orée de la plaine, à flanc de coteau, au pied des ruines de son château féodal, *Clermont-l'Hérault,* centre viticole important, est aussi un carrefour touristique. On visite ses ruelles escarpées et son ancienne cathédrale Saint-Paul, gothique et fortifiée; on pratique tous les sports nautiques sur les 900 hectares du lac de barrage du Salagou; on va admirer l'extraordinaire *cirque de Mourèze,* auquel un chaos de roches aux formes tourmentées donne l'aspect d'une ville en ruine, envahie par la végétation et peuplée de monstres pétrifiés. Clermont-l'Hérault est la véritable capitale du vin blanc languedocien, dont les vignobles crépus déferlent par vagues jusque sous les murs de Pézenas. Sur ce vaste territoire tourmenté, brûlé par le soleil, le cépage clairette produit chaque année un grand vin blanc à l'appellation d'origine contrôlée (A.O.C.), de couleur presque dorée, sec et corsé, avec un soupçon d'amertume agréable. Ce vin fut longtemps la base des vermouths français. Madérisé, il prend le goût de rancio avec l'âge et peut titrer jusqu'à 15° d'alcool.

Entre Clermont-l'Hérault et la mer, dans la plaine fertile, *Pézenas,* « Versailles du Languedoc », autrefois siège des États généraux de la province et résidence de ses gouverneurs, a su conserver intact le charme de ses vieux quartiers, où les échopes se mêlent aux hôtels particuliers du Grand Siècle pour composer un ensemble unique. On serait bien en peine d'énumérer les bâtiments anciens de la plus belle ville du Languedoc; du moins peut-on citer la maison des Consuls, flanquée d'un beffroi, qui abrite maintenant le tribunal de Commerce; l'hôtel de Lacoste, avec ses voûtes gothiques; l'hôtel d'Alfonce, avec ses loggias et son escalier à vis, où Molière vint jouer la comédie, et la maison du barbier Gély, où il habita; l'hôtel de Wicque et sa façade

au jour, en plus d'éléments de construction, d'importantes collections d'armes, de monnaies, de bijoux et surtout de céramiques. Elles sont exposées dans le Musée national d'Enserune, établi sur l'emplacement même de l'oppidum, dans l'ancienne villa de celui qui fut le premier à explorer ses trésors : Félix Mouret. Dans une vitrine, attendrissant de fragilité, trône un œuf de poule, retrouvé intact dans une tombe où il avait été déposé il y a 25 siècles. ■

Le Roussillon et les vins doux naturels

L'ancienne province du Roussillon occupe l'actuel territoire du département des Pyrénées-Orientales, mais aussi une partie de

▲ *De beaux balcons en fer forgé ornent la façade de l'hôtel Malibran, demeure aristocratique de Pézenas.*

celui de l'Aude, et la frontière entre Languedoc et Roussillon est si imprécise que les vins de ces deux terroirs sont généralement groupés sous l'appellation « Languedoc-Roussillon ». On trouve des corbières dans le Roussillon et d'authentiques rivesaltes dans l'Aude. Quant à la ville de Paziols, dernier village de l'Aude avant la montagne et jadis frontière entre les deux provinces, elle a résolu la question en ornant l'étiquette de son merveilleux côte-d'agly aussi bien de la croix du Languedoc que des barres sang et or du Roussillon.

Le prestige du banyuls est tel que l'on croit souvent que le Roussillon ne produit que des vins doux naturels. En fait, on y trouve des corbières supérieurs de très haute tenue, les côtes-du-roussillon. Ils proviennent de pittoresques villages

Dans la cour de l'hôtel de Montcalm, à Montpellier, la balustrade de pierre
▼ *d'un escalier Renaissance.*

Renaissance; l'hôtel Malibran et ses balcons de fer forgé; et, tranchant avec toutes ces nobles demeures, le sombre ghetto, inchangé depuis le XIVᵉ siècle.

Au sud-est de la ville s'étend, vers l'étang de Thau, le domaine du *picpoul-de-pinet,* un vin blanc sec provenant presque exclusivement du cépage picpoul blanc. Sans acidité, plutôt généreux, il constitue, au dire des connaisseurs, l'accompagnement idéal pour les délicieuses huîtres de Bouzigues, qu'on élève tout près.

Montpellier, ville d'art et capitale régionale

Première agglomération importante sur la route des vins du Languedoc, Montpellier, préfecture de l'Hérault et capitale régionale, est une vieille cité, chargée de souvenirs, qui a su rester étonnamment jeune. Sans doute est-ce à cause de ses étudiants, puisque son université, déjà suffisamment célèbre au XVIᵉ siècle pour que Rabelais vînt y terminer ses études médicales, est toujours prospère. Mais

disséminés dans les collines escarpées que sillonnent les gorges de l'Agly et du Verdouble : *Vingrau* et son «pas de l'Escale», taillé dans le roc par les Romains; *Estagel,* où naquit le grand savant François Arago; *Cases-de-Pène,* toute blanche sur fond de verdure; *Tautavel* et sa vieille tour dressée à 511 m d'altitude...

Les vins doux naturels sont obtenus par la fermentation du raisin frais de grenache, de malvoisie et de muscat, avec un appoint d'alcool de 5 à 10 p. 100 en volume. Ils doivent titrer 14° et bénéficier d'une appellation d'origine contrôlée. Banyuls, côte-d'agly, rivesaltes, côtes-du-haut-roussillon et grand-roussillon sont rouges, rosés ou blancs; banyuls grand cru et maury sont uniquement rouges; le muscat de Rivesaltes est toujours blanc.

Comme ils peuvent être secs, demi-doux ou doux, cela finit par faire une gamme fort étendue.

Le banyuls est une grande vedette : c'est sans doute notre meilleur vin doux naturel. Il ne peut provenir que de la côte rocheuse, et quatre communes se partagent l'honneur de le mettre au monde : Banyuls, Cerbère, Port-Vendres et Collioure, cette dernière produisant également un grand vin rouge A. O. C. La vigne n'y est pas facile à cultiver : les pentes sont fort abruptes et le sol est dur et sec. Il existe deux appellations contrôlées : banyuls et banyuls grand cru. C'est un vin chaud, puissant, racé et élégant, dont le grand Curnonsky reconnaissait «la cambrure et la chaleur sarrasines».

Maury, petite ville perchée au bord des Corbières, donne son nom

▲ *Montpellier : l'arc de triomphe élevé à la gloire de Louis XIV se dresse à l'entrée de la promenade du Peyrou.*

peut-être existe-t-il aussi «une vertu dans le soleil», comme disait Lamartine, qui empêche la pierre de vieillir. Si la vieille ville est un dédale de rues étroites, bordées de nobles demeures dont la façade parfois austère dissimule des cours intérieures joliment ornées et des escaliers à balustres, la ville moderne a de larges avenues et des jardins magnifiques. La vaste place de la Comédie, centre de l'activité citadine, doit à son terre-plein ovale d'être familièrement appelée «l'Œuf» par tous les Montpelliérains.

Ravagée par les guerres de Religion qui ensanglantèrent le Languedoc, Montpellier n'a pas de monuments très anciens, en dehors de la cathédrale Saint-Pierre, qui, bien que très restaurée, date pour l'essentiel du XIVe siècle. Son haut porche voûté, appuyé sur deux tourelles terminées en pointe, ne manque pas d'originalité.

L'ensemble monumental le plus intéressant de la ville est la remarquable promenade du Peyrou, réalisée à la fin du XVIIe et au début du XVIIIe siècle. Précédée d'un arc de triomphe enrichi de bas-reliefs, une grande terrasse, au centre de laquelle se dresse une statue équestre de Louis XIV, offre un vaste panorama sur le tapis de vignes qui se déroule depuis les garrigues jusqu'à la mer. À l'extrémité s'élève un charmant petit temple à colonnes corinthiennes. C'est en réalité un château d'eau, alimenté par un aqueduc de 880 m de long, haut de 22 m, dont les arcades superposées rappellent le pont du Gard — ce qui prouve que les constructions les plus utilitaires ne sont pas forcément disgracieuses. De larges escaliers descendent à une deuxième terrasse, ornée de bassins, où Paul Valéry aimait à rêver et où Verlaine, tout enfant, venait jouer.

Ville universitaire, Montpellier a un jardin des Plantes, où se côtoient plantes exotiques et essences méditerranéennes, et des musées : musée Atger, musée archéologique, musée anatomique et surtout musée Fabre, un des plus riches de France, qui abrite, au milieu d'une profusion de trésors, des œuvres exceptionnelles de Houdon, de Delacroix, de Greuze et de Courbet.

Aux alentours de la ville, les riches familles montpelliéraines ont construit, au XVIIIe siècle, de charmantes folies : *château d'O,* au parc peuplé de statues; *de l'Engarran,* dont les jardins à la française et la fontaine de rocaille s'abritent derrière une magnifique grille de fer forgé; *de Lavérune,* entouré d'arbres exotiques; *de la Mogère,* orné de gypseries et garni de meubles et de tableaux anciens; *d'Assas,* si précieux à côté des ruines d'une forteresse féodale.

Du côté du Gard, l'imposant *château de Castries* mérite une mention spéciale. Construit à la fin du XVIe siècle, incendié par les protestants, restauré au XVIIe siècle, c'est la plus belle réalisation que l'art classique ait édifiée en Languedoc. Pour alimenter les bassins de ses jardins à la française, un aqueduc de 7 km de long serpente dans la garrigue. Un peu plus loin, en remontant vers le nord-est, c'est enfin

le *château de Villevieille,* façade Renaissance et tours médiévales, qui, du haut de son éperon, surveille le pittoresque village fortifié de *Sommières,* son pont romain, sa porte de l'Horloge gothique, ses vieilles rues et ses maisons à arcades.

Plus près de Montpellier, vers l'est, le plateau de la Méjanelle est aussi appelé la «petite Costière», car il produit un magnifique vin rouge, puissant et généreux, le *coteau-de-la-méjanelle,* qui accompagne si joyeusement et fait si bien «descendre» les cagaroles (escargots) et le pélardon (fromage de chèvre). Un peu plus loin, vers le sud-ouest, sur les pentes ensoleillées de la montagne de la Gardiole, *Frontignan* se fait pardonner ses raffineries de pétrole grâce à un autre liquide plus savoureux, magnifié dans ses caves fraîches : le grand, le généreux, l'étonnant *muscat de Frontignan,* dont Voltaire, alors âgé de quatre-vingts ans, priait qu'on lui expédiât quelques bouteilles, destinées à «son extrême-onction» et, en attendant, «pour servir d'élixir de vie».

Éternelles rivales, Béziers et Narbonne

Émergeant comme des îles de l'océan de vignes, deux villes jumelles, éternelles rivales, se partagent le négoce du «gros rouge» : Béziers et Narbonne, bastions de la contestation viticole et pôles du rugby, autre objet des préoccupations languedociennes.

Littéralement assiégée par une armée de ceps, comme elle le fut jadis par les hordes barbares et par les milices de Simon de Montfort, qui, en 1209, y firent un effroyable carnage, *Béziers* est une ville gaie et active, construite sur un plateau dominant l'Orb. Ses origines se perdent dans la nuit des temps. Les Romains s'y établirent et la fortifièrent. Elle fut évêché jusqu'à la Révolution et a conservé de nombreux souvenirs du passé.

À celui qui n'aurait pas le temps d'admirer ses églises romanes ni de visiter ses musées (notamment le très intéressant musée du Vieux-Biterrois, consacré à l'histoire du vin et à celle de la ville, depuis la préhistoire jusqu'aux manifestations de 1907, qui réunirent 150 000 viticulteurs exaspérés par la mévente, en passant par la création du *Dépit amoureux* de Molière), Béziers offre trois «attractions» à ne pas manquer.

D'abord l'ancienne cathédrale Saint-Nazaire, plantée à l'extrémité du plateau, au-dessus de l'Orb. Incendiée par Simon de Montfort, elle fut rebâtie pour résister à une nouvelle attaque, avec tours fortifiées, créneaux et mâchicoulis surplombant une belle rose de 10 m de diamètre. De sa terrasse, on découvre un magnifique panorama sur toute la région biterroise.

Le plateau des Poètes, ensuite, ravissant jardin public où, parmi les

à un excellent vin doux naturel : elle a connu beaucoup d'invasions au cours des siècles sans que ses habitants se découragent jamais de cultiver leurs vignes, assurant ainsi la qualité de leur vin, fort apprécié par Louis XIV.

Les côtes-d'agly, recueillis sur le territoire de seize communes des Pyrénées-Orientales et de l'Aude, sont des vins doux naturels extrêmement capiteux, dont le parfum puissant rappelle celui des pierres chauffées par le soleil.

Rivesaltes a deux titres de gloire : le maréchal Joffre, qui y naquit en 1852, et son grand vin doux naturel, qui se prépare sur les terres rouges d'une douzaine de communes. Voltaire l'appréciait particulièrement, craignant même que « sa faible machine » ne fût pas « digne de cette liqueur ».

Enfin, le côtes-du-haut-roussillon voit le jour sur la terre sèche et pierreuse qui s'étend entre la Têt et le Tech, sur le territoire d'une quarantaine de communes situées au sud de Perpignan.

Les vins doux servent également à préparer des apéritifs, par addition de diverses substances végétales. À *Thuir*, au pied des premiers contreforts des Pyrénées, les caves et les immenses chais où s'élabore le Byrrh sont très intéressants à visiter. Tout près de là, l'extraordinaire village féodal de *Castelnou*, encore enfermé dans ses remparts du Moyen Âge, à l'ombre d'un puissant château, se dresse sur une butte boisée, dans l'un des paysages les plus caractéristiques du Roussillon, et l'église romane de *Camélas* est décorée de fresques datant du XIVᵉ siècle. ■

▲ *Une « folie » égayée*
de bouquets d'arbres et d'un bassin :
le château de la Mogère,
aux environs de Montpellier.

Au-dessus du Pont-Vieux
et de l'église Saint-Jude,
le palais de justice
et l'église Saint-Nazaire
▼ *dominent Béziers.*

bustes de poètes — dont l'inévitable Victor Hugo —, on trouve le monument de Jean Moulin, héros de la Résistance, et la statue de Pierre Paul de Riquet, les deux plus illustres Biterrois. Riquet, le génial créateur du canal du Midi, a d'ailleurs donné son nom aux vastes allées ombragées qui sont au cœur de la ville. Son œuvre

constitue la troisième attraction. Le canal traverse les faubourgs en acrobate, en sautant par-dessus l'Orb grâce à un curieux pont-canal, puis en escaladant la verte colline de Fonseranes par un monumental escalier d'eau, composé de neuf écluses successives, qui fait franchir aux péniches une dénivellation de 25 m.

▲ *Crénelés, flanqués de tourelles,*
les contreforts de l'ancienne
cathédrale fortifiée de Narbonne.

Les bons vins du Languedoc et du Roussillon

Vins délimités de qualité supérieure (V. D. Q. S.).

Hérault

minervois	R	B	r
picpoul-de-pinet		B	
coteaux-de-la-méjanelle	R	B	
saint-saturnin	R		r
montpeyroux	R		r
coteaux-de-saint-christol	R		r
saint-drézery	R		
saint-chinian	R		
faugères	R	B	
cabrières			r
coteaux-de-vérargues	R		r
pic-saint-loup	R	B	r
saint-georges-d'orques	R		
coteaux-du-languedoc	R		r

Aude

coteaux-du-languedoc	R		r
corbières	R	B	r
corbières supérieurs	R	B	r
quatourze	R	B	r
la clape	R	B	r

Pyrénées-Orientales

côtes-du-roussillon	R	B	r
côtes-du-roussillon-village	R	B	r

Vins d'appellation d'origine contrôlée (A. O. C.).

Languedoc

blanquette de Limoux	B mousseux
clairette de Bellegarde	B
clairette du Languedoc	B
fitou	R
muscat de Frontignan, ou frontignan	B

Au nord-ouest de la ville, les montagnettes des vallées de l'Orb et du Vernazobre font mûrir un vin fin, souple et d'une belle couleur grenat. On raconte volontiers dans le pays que le bouquet très particulier des côtes-de-l'orb est dû aux abeilles qui viennent déposer sur les graines de raisin le pollen des cistes, dont le pays abonde. Ces vins constituent les V. D. Q. S. des *coteaux-du-languedoc,* dont la vedette est le saint-chinian, un excellent vin rouge de couleur rubis, corsé et au bouquet délicat, produit dans un discret et ravissant village qui fut jadis le siège d'une abbaye réputée.

Si Béziers est la capitale vinicole de l'Hérault, *Narbonne* est celle de l'Aude. Construite au pied des derniers contreforts des Corbières, la ville est reliée à la mer par un canal. C'était déjà un centre important lorsque les Romains s'y installèrent et en firent la métropole de leur première colonie gauloise, la Narbonnaise. Longuement occupée par les Sarrasins, puis fief des comtes de Toulouse, elle fut peu touchée par l'hérésie cathare et n'eut pas à souffrir de la répression. On peut partir à la recherche de son passé au hasard de ses vieilles pierres, le long de ses larges boulevards balayés par le terrible vent de la montagne — le cers — ou par la brise venue de la mer toute proche.

Le monument le plus marquant de la ville est l'ancienne cathédrale Saint-Just, magnifique ébauche de ce qui aurait pu être l'une des plus belles cathédrales gothiques de France. Mais elle ne fut jamais terminée, les consuls ayant refusé d'abattre le rempart qui barrait la construction. Aussi se limite-t-elle à un chœur grandiose, entouré de treize chapelles et flanqué de deux tours carrées. Un cloître la sépare du palais des Archevêques, une véritable forteresse mi-romane mi-gothique, entre les grosses tours de laquelle Viollet-le-Duc a construit, au XIXe siècle, un hôtel de ville de style flamboyant.

Entre Béziers et Narbonne, trois belles églises jalonnent la frontière de l'Hérault et de l'Aude. Celle de *Capestang* est contemporaine de la cathédrale de Narbonne (fin du XIIIe et XIVe siècle) et ressemble à cette dernière : abside à sept pans, puissants contreforts et construction inachevée; elle a cependant un embryon de nef. L'église Sainte-Marie de *Quarante* est beaucoup plus ancienne; de style roman primitif, elle est voûtée en berceau, avec des absidioles en cul-de-four, et son abside ornée de niches semble avoir inspiré celle de Saint-Guilhem-le-Désert. Au pied des montagnettes du Minervois, à *Cruzy,* l'église fortifiée a, bien qu'elle soit gothique, une voûte en berceau brisé, et la largeur de celle-ci (17 m) est tout à fait exceptionnelle pour ce type de construction.

C'est près de là, à *Argeliers,* un bourg aujourd'hui bien oublié, que commença, au début du siècle, la grande révolution viticole connue sous le nom de « mouvement des Gueux ». En 1907, sept viticulteurs du village, irrités par la mévente et par la concurrence des vins

algériens qui les acculaient à la misère, constituèrent un comité de défense et prirent pour porte-parole le cabaretier Marcellin Albert. À l'appel de celui-ci, 500 000 manifestants, venus de quatre départements, envahirent Montpellier, Béziers et Narbonne. Clemenceau leur envoya la troupe, mais les soldats mirent la crosse en l'air et les pouvoirs publics durent faire des concessions. La création d'une Confédération générale des vignerons du Midi et le vote de lois déterminant des normes de qualité précises rétablirent le calme. On peut dire que, si le Languedoc produit aujourd'hui de bons vins, c'est en partie grâce aux révoltés d'Argeliers.

Minerve en Minervois

Au nord-ouest de Narbonne, au pied des pentes boisées de la Montagne Noire, un causse aride, profondément entaillé par des torrents fantaisistes — Argent-Double, Ognon, Vernazobre —, forme un pays dénudé, rocheux, de quelque 700 km²; au sud, il s'abaisse brusquement, les pentes des coteaux se couvrent de vignes, la vie réapparaît : c'est le domaine d'un vin réputé, le minervois.

La capitale historique du Minervois est un village de 125 âmes, *Minerve,* situé dans l'un des sites les plus pittoresques du Midi. S'il n'est pas plus connu, c'est qu'il se trouve à l'écart des grands itinéraires. Isolée par deux rivières capricieuses, la Cesse et le Briant, une plate-forme de roche nue, reliée au causse par un mince pédoncule que défendait autrefois un château, porte une ancienne place forte qui a conservé une partie de ses remparts. Les falaises sont si abruptes que l'on croirait voir un bateau échoué après quelque déluge, et l'extraordinaire impression que produit cette petite ville solitaire, tassée sur son perchoir, se double de l'émotion que l'on éprouve à contempler l'un des hauts lieux de l'histoire du Languedoc.

Après avoir servi de camp retranché à la 10e légion romaine, cantonnée à Narbonne, qui lui donna peut-être son nom en y édifiant un temple à la déesse de la Sagesse, elle subit de nombreuses invasions barbares avant d'être, au IXe siècle, le siège d'une juridiction royale, puis de devenir, vers l'an 900, une vicomté.

Au début du XIIIe siècle, Minerve, à cause de sa situation exceptionnelle, servit tout naturellement de citadelle à la contrée, convertie à la religion cathare : elle en devint la ville martyre. Simon de Montfort, qui savait que la chaleur avantage toujours l'assiégeant, l'investit le 24 juin de l'année 1210. La ville ayant la réputation d'être imprenable, Simon de Montfort décida d'employer les grands moyens et fit amener six énormes machines de guerre, dont l'une avait été baptisée « la Bible ». Mais il n'espérait pas venir à bout de la place par la force. Ses bombardes pilonnèrent systématiquement le puits

muscat de Lunel	B		
muscat de Mireval	B		
muscat de Saint-Jean-de-Minervois	B		
Roussillon			
banyuls	R	B	r	rancio
banyuls grand cru	R		
collioure	R		
maury	R		
côte-d'agly	R	B	r	rancio
rivesaltes	R	B	r	rancio
muscat de Rivesaltes	B		
côtes-du-haut-roussillon	R	B	r	rancio
grand-roussillon	R	B	r	rancio

R = rouge
B = blanc
r = rosé
rancio = vins ayant acquis, par un long vieillissement en fûts exposés au soleil, une madérisation bénéfique qui leur confère le goût des vins d'Espagne. ∎

Les corbières : le cru qui a de l'accent

C'est à l'est de Limoux, sur les coteaux ensoleillés qui frangent le massif montagneux des Corbières, que s'élaborent ces vins dont tous les Français — et bon nombre d'étrangers — connaissent le nom : les corbières. Sur ce vaste terroir, qui couvre la moitié du département de l'Aude, il n'y a pas de villes. Seule mériterait ce nom, mais elle est en fait à l'écart dans la plaine, *Lézignan-Corbières,* où se pratique la charmante coutume de la « caponnade » : lorsqu'une vendangeuse oublie une grappe sur un cep, le vendangeur qui cueille cette grappe a le droit de l'écraser sur la joue de la coupable et de prendre à celle-ci un baiser. Il paraît que certaines filles sont volontairement distraites... En revanche, on trouve à l'intérieur des Corbières maint village pittoresque, tel *Lagrasse,* autrefois siège d'une puissante abbaye dont les vastes bâtiments abritent maintenant un asile et un orphelinat, qui possède remparts, maisons anciennes, pont médiéval et église gothique; *Durban,* sommeillant au pied des ruines de son château féodal; *Tuchan,* blotti sous la verdure au pied de l'impressionnant mont Tauch, rocher nu et désert battu par le vent furieux, brûlé par le soleil et hanté par les légendes du pays audois.

C'est dans ce décor à la fois sauvage et humain que naissent les V. D. Q. S. bien connus, rouges (sombres et corsés), rosés (nerveux et fruités) ou blancs (clairs et gouleyants). Les corbières doivent titrer 10⁰, les corbières supérieurs 12⁰.

Les environs de Narbonne produisent un corbières modeste, mais bon, le côte-de-narbonne, vin de pays au bouquet intéressant. Plus fameux sont les corbières supérieurs qui viennent du sud de la ville, des collines bordant la mer, gamme somptueuse dont la vedette est le célèbre fitou d'appellation contrôlée, qui n'est autre que l'illustre « vin de Palme » (ou de La Palme), cher à Rabelais. Provenant, au moins pour les trois quarts, de cépages de grenache et de carignan, c'est un vin généreux et charnu, qui s'affine en vieillissant et acquiert un bouquet remarquable. ∎

La façade néo-gothique de l'hôtel de ville de Narbonne, œuvre de Viollet-le-Duc,
▼ *est accolée à un donjon médiéval.*

Saint-Rustique, alimenté par le Briant et relié aux remparts par un couloir fortifié. C'était le seul point d'eau de la ville et, lorsqu'il fut détruit, les assiégés durent capituler. L'histoire a retenu le nom des 150 habitants qui, refusant de renier leur foi, se jetèrent dans le bûcher avec la ferveur des martyrs.

À Minerve, tout est à voir, depuis les remparts, le chemin de ronde creusé dans le roc, la poterne et les tours de défense jusqu'à la maison des Templiers et la léproserie, en passant par les ruines du château et le puits Saint-Rustique. Mais deux édifices sont à visiter : l'église romane, toute simple, dont la table d'autel est peut-être la plus ancienne de France, puisqu'une inscription gravée précise qu'elle fut consacrée en 456 par saint Rustique; le musée, qui présente de façon attractive, grâce aux fossiles et aux vestiges dont les environs sont prodigues, un panorama de la vie depuis les origines jusqu'à l'apparition de l'homme sur la terre, puis des civilisations qui se sont succédé jusqu'à nos jours.

Dans le village même, la Cesse, s'infiltrant dans le calcaire du causse, a creusé dans le roc deux curieux tunnels. Baptisés « Petit Pont » et « Grand Pont », ils ont plus de 100 m de longueur chacun, et on peut les visiter à pied par temps sec. Plus en amont, le torrent s'est enfoncé dans un canyon dont les parois abruptes sont percées de nombreuses grottes. On a retrouvé dans celles-ci des squelettes d'hyènes, alors que ces animaux ont abandonné l'Europe depuis plus de 15 000 ans, et des empreintes d'hommes préhistoriques, conservées dans l'argile avec une surprenante netteté grâce à la couche de calcite qui s'y est déposée.

Le Minervois produit un V. D. Q. S. qui est un des meilleurs vins rouges du Languedoc. Issu de cépages variés — grenache, cinsault, carignan —, il est tendre, velouté, équilibré, et il vieillit bien. Pline le Jeune vantait déjà ses mérites, et le proconsul Fonteius, accusé de frapper le précieux breuvage de taxes illicites, dut recourir à Cicéron pour assurer sa défense. Depuis des siècles, il fait vivre bourgs et villages, dont plusieurs sont d'agréables buts de promenade.

Tout près de Minerve, *La Caunette,* étirée au bord de la Cesse, au pied de falaises criblées de trous, a une vieille porte fortifiée et une église romane dotée d'une jolie abside en cul-de-four. Vers l'ouest, le gros bourg de *Rieux-Minervois* possède une église très originale : construite au XIIᵉ siècle sur plan circulaire, c'est un petit chef-d'œuvre d'architecture, coiffé d'une coupole soutenue par sept arcades et surmontée d'une tour à sept côtés. Quant à *Caunes-Minervois,* au débouché des pittoresques gorges boisées de l'Argent-Double, dans un cadre nettement méridional, on y trouve des carrières de marbre rose d'où proviennent les colonnes du Grand Trianon, des maisons médiévales et une ancienne abbatiale, dont le transept, l'abside, le clocher et le porche sont romans, alors que la nef est gothique.

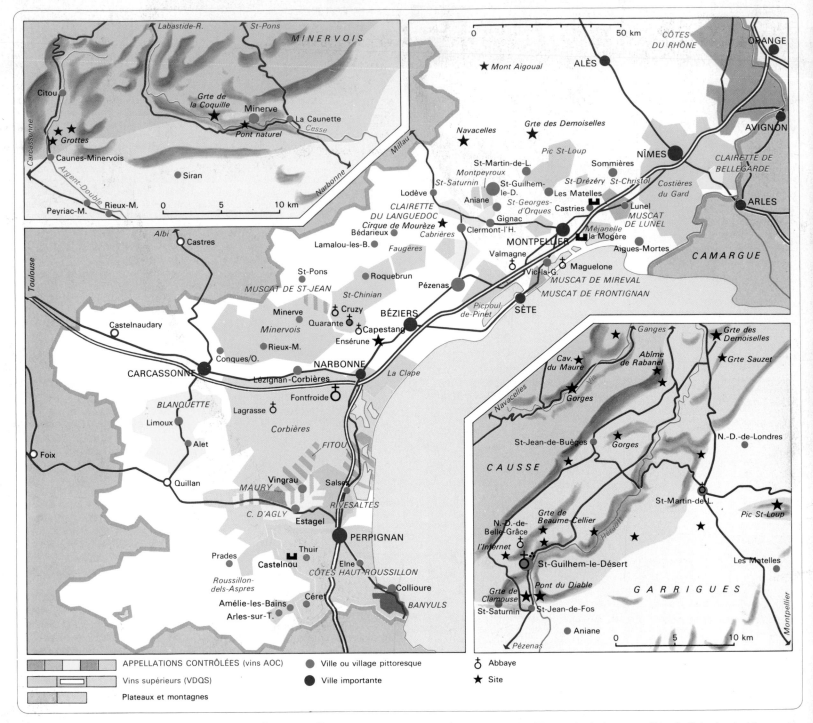

Le plus vieux mousseux du monde

Au sud-ouest du Minervois, à l'ombre des tours médiévales de Carcassonne, dans un bassin si fertile qu'on l'appelle le « jardin de l'Aude », une petite ville pittoresque produit un mousseux qui se dit le plus vieux du monde.

Bien groupée autour de l'active place de la République, entourée d'arcades, *Limoux* a quelques maisons anciennes et une église mi-romane mi-gothique. Cela n'aurait probablement pas réussi à rendre son nom célèbre s'il n'y avait pas eu la blanquette — ce nom vient du duvet blanc qui couvre le dessous des feuilles du cépage mauzac dont le vin est issu. Le premier document qui en fait mention date de 1349 : c'est une ordonnance royale interdisant d'introduire dans la blanquette des vins blancs autres que ceux du cru.

Au XVIᵉ siècle, François Iᵉʳ, qui avait reçu 31 chargements de mulet du précieux breuvage, en fut si content qu'il fit planter une treille de mauzac au château de Fontainebleau. Un autre document parlant de « flacons de vin de blanquette » date de 1544, donc bien avant l'invention de la champagnisation par dom Pérignon.

Produite par 42 villages de la haute vallée de l'Aude, la blanquette de Limoux est un vin blanc mousseux, d'appellation d'origine contrôlée. Il faut 150 kilos de vendange pour préparer 100 litres d'un vin léger, élégant, moelleux, doré, fruité. Le sucre naturel demeure dans le vin après la première fermentation et provoque la formation spontanée de la mousse. La blanquette de Limoux se consomme fraîche mais non glacée, dans des verres à pied « tulipes » ou « ballons ». On la boit à l'apéritif et au dessert, mais on peut aussi la servir avec les poissons et les fruits de mer. Elle existe en « doux », « demi-doux », « demi-sec », « brut », « spécial dry ».

Au sud de Limoux, dans un amphithéâtre de collines rougeâtres, la petite station thermale d'*Alet-les-Bains*, spécialisée dans le traitement des troubles digestifs, possède, en plus du charme de sa vieille ville, une ruine très belle et très émouvante, celle d'une cathédrale romane, détruite par les huguenots en 1577 et jamais rebâtie. Il reste des baies en plein cintre, des chapiteaux corinthiens, des tours éventrées, une abside à peu près intacte, des corniches sculptées, la salle capitulaire... Le ciel est si bleu et les pierres ont une si belle teinte cuivrée que ce n'est même pas triste.

telles qu'au Moyen Age
Rocamadour et Cordes

En pays quercynois, Rocamadour devint,
au Moyen Âge, un sanctuaire où, des siècles durant,
humbles et rois vinrent prier la Vierge miraculeuse.
Étagés sur une forte pente,
au-dessus du cours de l'Alzou, le vieux bourg,
la cité religieuse qui le domine et le château,
plus haut encore, attirent toujours les pèlerins,
mais surtout les touristes.

◄ *Le village accroche
ses maisons et ses sanctuaires
à une haute falaise
dominant le canyon de l'Alzou.*

▲ *Le portail de
la basilique Saint-Sauveur,
de style romano-ogival,
ouvre sur le parvis des églises.*

▲ *Au-dessus de l'autel*
▲ *de la chapelle miraculeuse
de Notre-Dame,
la statue-reliquaire de la Vierge.*

▲ *D'une fraîcheur étonnante,*
l'une des fresques médiévales
qui ornent, à l'extérieur,
la chapelle Saint-Michel.

L'âpre terre des causses,
entamée par de profondes vallées,
a imposé à l'habitat un style original.
Sur la surface ondulée
des plateaux calcaires
ou au flanc des à-pics rocheux
dominant les rivières,
les maisons s'organisent
selon un rythme souvent vertical,
avec des murs en belle pierre
et des toits à forte pente,
couverts de tuiles patinées.

▲ *Le vieux moulin
de Cougnaguet
veille sur l'Ouysse,
sage affluent
de la Dordogne.*

*Au pied de la cité religieuse
de Rocamadour,
le quartier de la Louve
avec ses nombreuses
maisons anciennes.* ▶

▲ *Penne-du-Tarn,*
pittoresque village perché
dans un site boisé
au-dessus de la rive gauche
de l'Aveyron.

Aux confins troublés du Quercy,
de l'Albigeois et du Toulousain,
on s'entasse sur des buttes ceintes de remparts;

*les temps difficiles
ont laissé là
d'étonnants villages perchés.*

*Ancienne place forte, ▲
Puycelci, sur un plateau de
la verdoyante vallée de la Vère,
conserve bien des souvenirs
de son passé.*

Façade gothique ▶
percée d'arcades en ogive
et de baies géminées :
la maison du Grand Veneur.

Au bout d'une rue
bordée de vieux logis,
le clocher de l'église Saint-Michel,
▼ doublé d'une tour de guet.

◀ Sculptée en haut relief
sur la façade de la maison
du Grand Veneur :
une scène de chasse.

De ces cités féodales, Cordes est l'un des plus beaux exemples,
avec ses enceintes, ses demeures gothiques, ses rues étroites et escarpées.

Vue du village des Cabannes, ▶
Cordes, habilement restaurée,
a gardé son aspect d'autrefois.

▲ *Vue depuis l'Hospitalet,
Rocamadour, avec ses sanctuaires
et son château.*

Accotés contre le Massif central, Quercy et Albigeois ouvrent vers le Midi aquitain un large hémicycle de plateaux. Pays de transition entre la montagne et la plaine, ils revêtent mille aspects, à la fois âpres et riants.

Au nord-est, la Châtaigneraie (ou Quercy châtaignial) est encore auvergnate par son relief et par la rudesse de son climat. Séparé d'elle par le fertile Limargue, le *haut Quercy* est d'une plus grande originalité, avec ses causses tabulaires dans le calcaire desquels les rivières ont creusé de pittoresques vallées, souvent en gorges ou en canyons. C'est le pays des grottes et des gouffres, des vastes étendues solitaires où, parmi la pierraille, des troupeaux de moutons cherchent leur pâture. Les champs se cantonnent au creux des dépressions *(cloups)* où se concentrent les meilleurs sols.

Comparé au haut Quercy, le *bas Quercy,* qui s'étale entre le Lot et l'Aveyron, a des allures de riche contrée. L'Agenais n'est pas loin; proches aussi sont les plaines alluviales de la Garonne et du Tarn. Les horizons s'adoucissent, les vallées s'élargissent et accueillent cultures et prairies, l'habitat se fait méridional. Enfin, prolongeant le bas Quercy vers le sud-est, l'*Albigeois* est plus varié encore; de molles ondulations, d'amples vallées, de petits causses y composent un cadre harmonieux où se sont installées des cités actives et des villages pittoresques.

Ceux-ci, fréquemment fortifiés et massés au sommet d'une butte calcaire *(puech),* ont été associés à un prestigieux destin. Car ni le Quercy ni l'Albigeois, situés à la limite du royaume de France et de l'Aquitaine anglaise du Moyen Âge, n'ont été tenus à l'écart de l'histoire. Ils vécurent douloureusement la croisade contre les albigeois, la guerre de Cent Ans, puis les guerres de Religion et la Révolution. C'est dire que bien des merveilles architecturales disparurent au cours de ces temps troublés. Mais ce qu'il en reste suffit à recréer le passé.

Le Quercy des « maisons des champs »

Le Quercy est faiblement peuplé. Quelques cabanes de pierres sèches *(garriottes* ou *cazelles),* où les bergers trouvaient abri, émaillent les espaces arides des causses. L'habitat permanent prend la forme de maisons isolées, de hameaux épars. Il est le reflet d'une civilisation paysanne qui devait trouver sur ce sol peu fertile, aux terroirs discontinus, la totalité de ses moyens de subsistance. Aussi la maison fait-elle surtout office d'« instrument de travail » et accueille-t-elle aussi bien l'outillage et le petit cheptel que l'homme.

« Les maisons du Quercy sont extrêmement bien construites », déclarait Arthur Young en 1787. Il ne faut y chercher aucun souci du décor car cela coûte cher; mais la technique de construction est parfaite et répond à la volonté du Quercynois de « bâtir solide ». En ce pays de pierres, le matériau ne fait pas défaut. La roche affleurant à la surface du sol, la maison ne possède ni fondations profondes ni caves souterraines. Elle s'élève sous un toit de pierre à forte pente que perce parfois une lucarne triangulaire *(outeau),* destinée à aérer le grenier. Cette toiture peut être faite de tuiles plates à crochet, et possède alors quatre pentes. Dans le bas Quercy, elle prend un aspect méditerranéen : la pente est réduite, la tuile canal remplace la pierre ou la tuile plate, les ouvertures sont pratiquées dans le haut du mur porteur *(fenestrous).* Ce qui caractérise la demeure quercynoise, c'est, d'une part, un escalier extérieur qui conduit au premier étage et débouche sur un perron d'accueil *(balet),* souvent abrité par un porche non clos et, d'autre part, un pigeonnier, souvent monté sur le balet, parfois tourelle placée à l'angle d'un bâtiment, parfois isolé. Cette maison, des plus rustiques, abrite, au rez-de-chaussée, une bergerie ou un cellier, un bûcher et un chai. Au premier étage, le perron ouvre sur la pièce principale, la « chambre à feu », avec le foyer, sa hotte, et un recoin voûté *(souillarde)* où se trouve l'évier. Sur cette salle, qu'éclairent des cuivres de cuisine et dont une pendule rythme la vie, donnent les chambres. Au-dessus, se trouve le grenier où sont entassées les réserves. Près de la ferme, un puits à jolie margelle de pierre et à élégante couverture en encorbellement. La propriété est close de murets de pierre sèche. Ormeaux, chênes, tilleuls, platanes et micocouliers y apportent une note de verdure.

Le « deuxième site de France »

Villages et bourgs quercynois ont généralement choisi de s'établir dans les vallées qui, par leur végétation, font oublier les plateaux à taillis et à pauvres pâtures. Pourtant, c'est sur le causse de Gramat, au flanc des escarpements rocheux surplombant le canyon entaillé par l'Alzou, que *Rocamadour* s'est édifiée, « le deuxième site de France, après le mont Saint-Michel », affirment les Quercynois.

Avant d'aborder Rocamadour, il faut faire une halte au bord du plateau, à *l'Hospitalet,* hameau bâti pour recevoir les pèlerins, au Moyen Âge. Un belvédère en terrasse permet de découvrir l'impressionnante gorge de l'Alzou, large d'environ 350 m, profonde de 150 et au fond tapissé de prairies. Le lit de la rivière est à sec, car celle-ci s'est perdue dans le calcaire et chemine sous terre. Sur la rive droite, à quelque distance, se profile la cité de Rocamadour. Maisons et sanctuaires, dominés par le château, s'accrochent à l'énorme rocher abrupt, s'imbriquant les uns aux autres comme pour mieux se soutenir. Le matin, sous le soleil, le spectacle est saisissant.

Les pigeonniers du Quercy

Aujourd'hui, les fermes quercynoises sont recherchées par les amateurs de résidences secondaires, car on dirait des gentilhommières. Leur noble apparence provient surtout du pigeonnier que possède chacune d'elles.

Pigeonnier-tour, pigeonnier-pignon, pigeonnier-porche, lucarne incluse dans le bâtiment ou tourelle isolée, ces colombiers, caractéristiques de l'habitat local, sont une conséquence indirecte de l'omniprésence du calcaire. Jadis, lorsque les agriculteurs caussenards exploitaient méthodiquement les minces sols du plateau, il leur fallait fumer les emblavures de ce terroir trop alcalin. Dans ce pays sans élevage, le seul engrais possible était la colombine : le guano de pigeon. Les comptabilités agricoles du temps révèlent l'importance de cette colombine dans les rapports économiques. Au XVIIᵉ siècle, les contrats de mariage précisaient souvent les quantités de fiente desséchée, donc d'engrais, que la future conjointe apporterait en dot.

Le droit de construire un pigeonnier fut longtemps un privilège envié. Après la nuit du 4 août 1789, chaque propriétaire fut libre de bâtir à son gré, et les pigeonniers se multiplièrent. Leur taille reflétant l'importance de l'exploitation, ils se rangèrent parmi les signes extérieurs de richesse. Et ces constructions, qui avaient été une nécessité, devinrent un luxe. À l'heure actuelle, elles ne sont plus qu'un agrément pour les yeux. ■

▲ *Un pigeonnier bâti sur colonnes, avec volière à colombage et lanterneau pyramidal.*

Le Grand Escalier de Rocamadour, qui mène à la cité religieuse,
▼ *est emprunté par pèlerins et touristes.*

On gagne Rocamadour par une route agrippée à la falaise. La porte du Figuier donne accès à la vieille place forte. C'est l'une des cinq portes qui subsistent des anciennes fortifications élevées au XIIIᵉ siècle. Étroite, encombrée de restaurants, de boutiques de souvenirs, la rue principale conduit à l'hôtel de ville, installé dans le logis de la Couronnerie (XVᵉ s.), où sont exposées deux remarquables tapisseries de Jean Lurçat. La rue pénètre ensuite dans un quartier pittoresque qui descend jusqu'à l'Alzou et au moulin de Roquefrège, ancienne tour carrée de défense qui changea d'affectation.

À quelques pas de l'hôtel de ville, se trouve la place de la Carreta d'où le Grand Escalier grimpe vers la cité religieuse.

Un pèlerinage ancestral

Sans doute le val de l'Alzou était-il déjà lieu sacré aux périodes préhistoriques. Plus tard, les premiers ermites chrétiens s'installèrent dans ses grottes et ses cavernes. Mais la destination mystique du site fut précisée en 1166 lorsque, enterrant un habitant du village sous le seuil d'une chapelle dédiée à la Vierge, on mit au jour le corps intact d'un ermite : on le baptisa Amadour (« aimant » le rocher), et on en fit un saint. Des miracles ne tardèrent pas à se produire. Dès lors, Rocamadour devint l'un des lieux de pèlerinage les plus fréquentés de la chrétienté. Il n'était pas rare de voir 30 000 pèlerins, volontaires ou pénitents (les tribunaux imposaient le pèlerinage aux hérétiques), gravir à genoux le Grand Escalier. Les visiteurs illustres s'y succédèrent, des rois, des princes, de futurs saints, d'autant qu'on se trouvait sur l'une des routes des grands pèlerinages.

Mais les richesses dont le sanctuaire fut gratifié provoquèrent des convoitises, et les déprédations causées par les routiers, les guerres de Religion et la Révolution ruinèrent peu à peu le sanctuaire. Au siècle dernier, les évêques de Cahors remirent en honneur le pèlerinage et firent restaurer les bâtiments. Recouvrant sa grandeur d'antan, Rocamadour redevint foyer de ferveur.

De nos jours, les pèlerins affluent en septembre, montant à genoux les 216 marches — ou empruntant l'ascenseur qui transporte au parvis de l'enceinte sacrée. Cent quarante et une marches mènent à un premier terre-plein où les anciennes demeures des chanoines ont été transformées en hôtels et en magasins. À droite, au-delà de la porte du Fort (ouverte dans l'ancien palais des évêques de Tulle qui se dresse sur la place des Senhals, au pied de la falaise), on accède, par un escalier de 75 marches, au cœur de la cité religieuse, sur le parvis (ou place Saint-Amadour) cerné par les sanctuaires.

La basilique Saint-Sauveur, d'architecture romano-ogivale, est un large vaisseau à deux nefs : elle abrite un christ en bois du XVIᵉ siècle

▲ *De modestes cultures,*
des fermes isolées, un peu d'élevage,
le Quercy rural.

Au sud de la vallée du Lot, à l'ouest et au sud du causse de Limogne, le *bas Quercy* (aussi appelé *Quercy blanc*) offre des paysages sensiblement différents de ceux du haut Quercy. Un relief moins heurté, plus vallonné, arrosé par les affluents de l'Aveyron, du Tarn et de la Garonne qui y découpent des plateaux allongés, séparés par de larges vallées parallèles. Dans ce pays de bastides, l'habitation délaisse la pierre pour la brique et la tuile canal et, par conséquent, les toits sont moins inclinés. Il est rare que la maison, sans étage, ne possède pas un pigeonnier, parfois intégré, parfois à l'écart. Jadis, « on se battait à coups de pigeonniers », en les édifiant tous près des terres du voisin : on avait

qui, curieusement, porte la trace du coup de lance sur le côté droit. Sous la basilique, la crypte de Saint-Amadour (1160) renferme les trois châsses contenant les reliques du saint (le corps fut brûlé par les huguenots au XVIᵉ siècle). À droite du parvis, voisinent les chapelles Saint-Jean-Baptiste, Saint-Blaise et Saint-Joachim-et-Sainte-Anne.

À gauche, 17 marches conduisent à une petite esplanade où s'élève la chapelle miraculeuse de Notre-Dame, appuyée au roc. Elle ne date que du XIXᵉ siècle; reconstruite après la chute d'un rocher, au XVᵉ siècle, elle avait été saccagée par les protestants, puis par les révolutionnaires de 1793. La statue-reliquaire de Notre-Dame de Rocamadour (XIIᵉ s.?) a été mise à l'abri et épargnée; c'est une Vierge à l'Enfant, en noyer, haute de 75 cm et recouverte de lames d'argent très minces qui ont noirci au cours des siècles. Murs et voûte de la chapelle sont tapissés d'ex-voto, parmi lesquels de nombreux bateaux offerts par des marins que Notre-Dame sauva de la noyade. Car, bien qu'ancrée en pleine terre, cette Vierge a la réputation d'avoir accompli ce genre de miracles. Accrochée à la voûte, une cloche de fer du VIIᵉ ou du VIIIᵉ siècle soutient cette croyance : elle sonnait toute seule, dit-on, lorsque des croyants, en péril sur la mer, invoquaient l'aide de Notre-Dame-de-Rocamadour.

La chapelle Saint-Michel est surélevée de quelques marches. Ce petit sanctuaire roman, logé dans une excavation du rocher, se signale par deux fresques extérieures bien conservées : une Annonciation et une Visitation que l'on date du XIIᵉ siècle et dont la facture laisse apparaître une influence byzantine.

Toujours en grimpant, mais par le chemin de Croix en lacet qui débute près de la basilique Saint-Sauveur, on atteint le château construit au plus haut de la falaise. C'est la résidence des chapelains de Rocamadour, édifiée en 1850 dans le style du XIVᵉ siècle, sur les vestiges du château fort qui défendait le bord du plateau. Si l'architecture n'en est guère intéressante, le chemin de ronde offre une vue étonnante sur le village, son site et le causse.

Pour compléter cette visite de Rocamadour, reste le musée d'Art sacré qui, dans l'ancien palais épiscopal, réunit un bel ensemble d'objets religieux.

De par le causse de Gramat

« Immédiatement au-dessus de la Vallée de l'Alzou et contrastant avec elle par sa nudité, s'étend le grand causse du Lot où, sauf les entonnoirs, les tertres funéraires et les dolmens, [...] le voyageur n'a rien à visiter; mais du moins, quand le temps est clair, peut-il, du haut des éminences du plateau, distinguer un immense horizon, du puy de Dôme au Canigou, et de cette cime au Vignemale », affirmait Élisée

Reclus. Le paysage n'a pas changé. Seulement, peut-être trouvera-t-on aujourd'hui plus d'attrait à ce plateau, que la vie paraît avoir abandonné, car, en raison de sa pauvreté, le causse a conservé toute sa sauvage beauté. Entre les murs de pierre élevés par des générations de paysans, on ne rencontre plus que des troupeaux de moutons et de chèvres qui broutent une herbe rare parmi genévriers et chênes verts.

Pourtant, autour de Rocamadour, les buts d'excursions ne manquent pas : gouffre de Padirac, grottes de Lacave, moulin fortifié de Cougnaguet sur l'Ouysse qui, vieux de six cents ans, est amoureusement maintenu dans son état originel par son propriétaire. Et de petites villes aussi, qui concentrent la vie caussenarde. La plus proche de Rocamadour est *Gramat* qui, avec ses quelque 3 800 habitants, se prétend capitale du causse. Au-dessus de la rive droite de l'Alzou naissant, elle n'offre, en dehors de ses maisons de pierre blanche, qu'une caractéristique notable : celle d'être amarrée sur le plateau telle une île, ouverte à tous les vents. Foires et marchés l'animent régulièrement. L'ont aussi rendue célèbre les courses hippiques et le chenil qu'y a installé la gendarmerie.

Autre bourgade-oasis du causse, au sud-ouest de Gramat, *Labastide-Murat* est édifiée sur un point haut du plateau. Autrefois appelée Labastide-Fortunière-en-Quercy, elle a pris pour nom celui de son plus illustre enfant, Joachim Murat, fils d'un modeste aubergiste, dont l'épopée napoléonienne et une bravoure légendaire ont fait le « sabreur » de l'Empire et le beau-frère de Napoléon, avant de le mener au trône de Naples. Sa fin fut le revers de cette fulgurante ascension : en 1815, à quarante-huit ans, cherchant à recouvrer son royaume perdu à la suite du retour des Bourbons, il tomba sous le feu d'un peloton d'exécution. Sa ville natale préserve son souvenir. La petite auberge du XVIIIᵉ siècle où Joachim vit le jour est transformée en musée, et, sur le point le plus élevé du causse, se dresse le château qu'il fit construire pour son frère André.

L'une des villes les plus importantes de la région est *Gourdon*, au nord-ouest. Son site, moins spectaculaire, est quand même surprenant : le paysage y est plein de douceur, noyers et châtaigniers y sont nombreux. Nous sommes toujours en Quercy, mais aux confins du Périgord, en Bouriane, contrée vallonnée, parée de prairies et de bois, dont Gourdon est la capitale. Blottie contre une butte rocheuse, jadis couronnée par un château fort et ceinturée de remparts rasés sur ordre de Louis XIII, Gourdon a retrouvé depuis peu son aspect traditionnel. Tout y évoque le Moyen Âge : des ruelles étroites, des portes à arcades, des maisons anciennes ornées de fenêtres à meneaux ou flanquées de tourelles. La rue Majou — ou grand-rue d'autrefois —, que bordent d'élégantes maisons à encorbellement, aboutit à l'église Saint-Pierre, datant du XIVᵉ siècle, qui a un double clocher carré typiquement quercynois et un chœur flanqué de

l'engrais, mais les pigeons se nourrissaient à côté.

En bordure du causse de Limogne, *Puylaroque*, juchée sur une colline dominant les vallées de la Lère et de la Cande, est l'une de ces bastides qui contrôle la campagne quercynoise jusqu'à Caussade. Comme *Lacapelle-Livron*, où subsistent des vestiges d'une commanderie des templiers, commande la vallée de la Bonnette; le village a conservé ses vieilles maisons aux toits de lauzes. Non loin, *Caylus* a choisi de s'établir dans un cirque naturel. Sous les ruines du château fort se serre le bourg autour d'une église fortifiée (XIVᵉ-XVᵉ s.) où l'on ne manquera pas d'aller voir un christ moderne sculpté dans le bois par Zadkine.

Au sud-ouest de ces bourgades féodales, pointe la flèche en brique rose du clocher « toulousain » de *Caussade*. Sise sur la Lère, cette petite cité fut place forte protestante au cours des guerres de Religion. Ses fortifications ont cédé la place à des boulevards, mais demeurent des logis anciens (XIIIᵉ-XIVᵉ s.). À proximité, *Montpezat-de-Quercy* se souvient également de sa splendeur passée. Des vestiges de fortifications, des maisons à pans de bois, une jolie place « à couverts » en témoignent, tout comme l'ancienne collégiale Saint-Martin, où on peut admirer de précieuses tapisseries flamandes, offertes au XVIᵉ siècle par Jean IV Des Prés, évêque de Montauban.

Enfin, au-delà de Montpezat, le bas Quercy annonce l'Agenais voisin par ses vallées profondes séparant les « serres » orientées vers le sud-ouest. Dans un paysage de coteaux

▲ *Nichée dans le vallon de la Sève, l'ancienne abbaye cistercienne de Beaulieu-en-Rouergue.*

Figeac : tourelle en encorbellement et balcon ouvragé de la maison Cistéron,
▼ *demeure de l'armurier de Louis XIV.*

puissants contreforts. Au-dessus de l'église, sur l'emplacement de la forteresse disparue, une terrasse offre une belle vue sur la Bouriane. Gourdon connaît chaque été l'affluence grâce à son Festival international de musique.

Au pays du Lot

En quittant le causse, on aborde les paysages austères qu'offre la vallée du Lot. Celle-ci décrit à travers le Quercy un parcours sinueux, encaissé entre de hautes falaises où ne se plaît que le châtaignier. De vieux villages sont juchés sur les promontoires de ses versants escarpés, de paisibles bourgades s'abritent dans ses méandres.

Figeac, aux confins du Cantal et de l'Aveyron, sur la rive droite du Célé, est la ville natale de Jean-François Champollion, l'orientaliste qui décrypta les hiéroglyphes. Elle a conservé un cachet très médiéval, avec ses rues étroites et tortueuses, ses logis à pans de bois et à encorbellement. Elle propose la visite de son vieux quartier aux maisons portant de gracieuses « soleilho » (terrasses ou loggias), l'hôtel de la Monnaie, beau bâtiment gothique, témoin du temps où la cité était siège d'un bailliage royal, l'église Saint-Sauveur, ancienne abbatiale restaurée au cours des siècles, ou l'église Notre-Dame-du-Puy, sanctuaire roman fortement transformé.

Pour rejoindre le Lot, cet affluent de la Garonne qui a su rester le moins pollué des grands cours d'eau français, il suffit de faire les quelques kilomètres qui mènent à *Capdenac*. Dans le bourg, perché sur un promontoire rocheux ceinturé par un « cingle » (boucle) de la rivière, de vieilles maisons en encorbellement, égayées de pans de bois, des vestiges de remparts évoquent un passé actif et une position stratégique. La moyenne vallée du Lot, grasse, opulente, ponctuée par les hautes silhouettes des séchoirs à tabac, s'élargit autour de la rivière bordée d'une double haie de peupliers. À chaque méandre, le calcaire blanc ou gris — parfois rose — du causse plonge dans les eaux. *Larroque-Toirac*, agrippé à la falaise, ne dresse plus qu'à 8 m son énorme donjon (il faisait 30 m de hauteur mais fut tronqué en 1793). Cette forteresse du XIIᵉ siècle fut l'un des foyers de la résistance quercynoise, au cours de la guerre de Cent Ans : prise et reprise par les Anglais, elle fut incendiée à la fin du XIVᵉ et relevée de ses ruines par Louis XI. Plus loin, dans une boucle du Lot, surgit le château ruiné de *Montbrun* face à une imposante falaise. Le site a pour nom « saut de la Mounine ». La légende veut, en effet, que le seigneur des lieux ait ordonné de précipiter sa fille du haut de cet abrupt pour la punir d'un amour qu'il condamnait; mais un ermite charitable substitua à la jeune personne une guenon aveugle (mounine). Au-delà de Cajarc, beau village niché dans un cirque de

et de vallons, le petit bourg de *Montcuq* est massé à mi-pente autour d'une éminence dominant le cours de la Petite Barguelonne et portant un puissant donjon, seule survivance de son château. Bien que fondée sans doute dès l'époque gallo-romaine, *Castelnau-Montratier*, telle qu'elle apparaît sur son promontoire, ne date que du XIIIe siècle. Elle fut construite par Ratier Ier, seigneur du lieu, qui rebâtit le village anéanti en 1214 par Simon de Montfort. De son château ne restent que des ruines.

Pour achever ce périple en bas Quercy, gagnons *Lauzerte,* elle aussi position forte médiévale, élevée sur une butte isolée dont elle couvre les pentes. Elle possède encore de vieux logis et des couverts. Groupées autour de l'église Saint-Barthélemy, les maisons cubiques ont des toits presque plats. Nous sommes déjà dans le bassin de la Garonne puisque le Lendou, qui coule au pied de la bastide, se jette dans la Barguelonne, affluent du fleuve. ■

Le plus beau pont de France

Tout le monde connaît la fière silhouette du *pont Valentré* qui, en trois tours carrées chapeautées de rouge et six arches gothiques à avant-becs pointus, enjambe le Lot à sa sortie de Cahors. C'est le plus beau pont fortifié que nous ait laissé le Moyen Âge.

En dos d'âne, long de 138 m, il présente des arches de 16,50 m d'ouverture et ses tours s'élèvent à 40 m au-dessus de la rivière. « Le pont était merveilleusement organisé au point de vue militaire, nous dit Jean Fourgous, écrivain lotois. De ses trois tours, fermées de portes et de herses, les deux extrêmes, plus fortes que celle du milieu où était le poste d'observation, ont encore leurs mâchicoulis, et ses avant-becs, percés de créneaux, donnent au tablier un air de courtine. Du côté de la ville, il était jadis précédé d'une barbacane, remplacée malencontreusement en 1879 par la porte actuelle.

« Ainsi disposé, le pont constituait pour la ville une défense isolée commandant non seulement le cours du Lot, mais aussi la plaine...

« Aucune attaque n'est mentionnée dans son histoire. Il en imposa aux Anglais et à Henri de Navarre. »

On a beaucoup de détails sur le début de sa construction (elle fut décidée par les consuls en 1306, et Géraud de Sabanac posa la première pierre le 17 juin 1308), mais on ignore quand elle s'acheva. On sait seulement que les travaux durèrent longtemps (un demi-siècle?), ce qui donna naissance à la légende du diable empêchant un malheureux architecte d'achever son travail. Après un marché conclu avec le Malin, le constructeur du pont aurait demandé à ce dernier d'aller lui chercher dans un crible, aux sources du Lot, l'eau nécessaire aux ouvriers. Malgré sa célérité, Lucifer dut déclarer forfait. Fort mauvais joueur, il jeta un sort à la pierre d'angle du sommet de la tour centrale : sitôt mise en place, elle retombait dans le Lot. Cinq siècles plus tard, le diable était sans doute apaisé puisque, en 1878, l'architecte Paul Gout, chargé de la restauration du pont, parvint à sceller la pierre

Sur un escarpement de la vallée du Lot,
Saint-Cirq-Lapopie
   serre ses vieilles maisons
▼ *au pied de l'église du XVe siècle.*

falaises rouges, s'élève le château de *Cénevières,* perché sur un rocher en surplomb : à la rudesse de l'architecture médiévale, la Renaissance a apporté une note raffinée.

Après le vieux village de Calvignac, accroché à un éperon, il faut franchir la rivière à Tour-de-Faure pour découvrir dans son ensemble le site admirable de *Saint-Cirq-Lapopie* qui, de son éminence rocheuse, domine la vallée. Un emplacement stratégique que l'histoire ne négligea pas. Louis XI et Henri de Navarre sont les responsables du démantèlement de la forteresse, mais « le plus beau village de France » présente encore un bel ensemble architectural. Il a su se préserver de tout modernisme, ce qui ravit cinéastes et artistes. Il faut se promener au long de ses rues en pente, parmi les maisons à pans de bois, ornées de fenêtres gothiques ou de baies à meneaux, serrées autour de l'église (XVe s.) au massif clocher-tour. Face au village, le méandre enserre, au pied des falaises, un paysage de cultures et de prairies où pointent les hautes têtes d'une ligne de peupliers.

▲ *Pont fortifié médiéval,
avec ses arches ogivales
et ses tours à mâchicoulis :
le pont Valentré de Cahors.*

Cahors, cœur du Quercy

Au rythme des cingles du Lot, on découvre *Conduché,* où se jette le Célé, Notre-Dame-de-Vêles, une humble chapelle romane, lieu de pèlerinage, puis la tour perchée de Laroque-des-Arcs qui annonce *Cahors,* l'ancienne capitale du Quercy. Enfermée dans une boucle presque parfaite du Lot, la ville a une allure de presqu'île et il lui faut trois ponts pour communiquer avec l'est, le sud et l'ouest. L'un d'eux est le remarquable pont Valentré qu'aucun visiteur ne peut manquer d'aller voir. Mais Cahors se souvient de l'opulence que marchands, banquiers lombards et templiers lui apportèrent au Moyen Âge. La cathédrale Saint-Étienne se dresse au cœur de la vieille cité, étagée à l'est. Cet édifice, qui évoque une forteresse, est l'œuvre du XIe siècle et d'époques ultérieures. Les trois tours juxtaposées de la façade occidentale, le tympan du portail nord (XIIe s.), dont le style se rattache à l'école languedocienne, la nef couverte de deux coupoles à pendentifs, les riches sculptures du cloître flamboyant en font un joyau de l'art religieux. Autour du sanctuaire, au hasard de ruelles tortueuses, on découvre des tours et de vieux logis, étonnants vestiges du Moyen Âge et de la Renaissance.

Au nord de la ville, au bout de la rue principale ou boulevard Gambetta, une barbacane monte la garde depuis six siècles. Ce charmant ouvrage est flanqué, sur sa droite, de la tour des Pendus, carrée, crénelée, plutôt massive, qui domine le Lot. Il faut voir aussi à Cahors la très belle maison de Roaldès datant du XVe siècle dont la façade sud est à pans de bois et la façade nord à décoration flamboyante; la tour octogonale du lycée, en brique (XVIIe s.), qui évoque le style toulousain; la tour de Jean XXII, haute de 34 m, vestige du palais de Pierre Duèse, frère du pape.

En aval de la cité cadurcienne, la vallée, plus large, se fait plantureuse. C'est le pays vigneron où est produit le fameux et trop rare vin de Cahors. Plaine et coteaux portent les longs alignements des plants, parsemés de villages et de châteaux. D'abord le château de *Mercuès* (XIIIe-XVIe s.), ancienne résidence des comtes-évêques de Cahors, devenu luxueux hôtel. Quelques kilomètres plus loin, c'est le bourg de *Luzech,* qui serre ses vieux logis au pied de son donjon, sur l'isthme formé par un méandre du Lot. La presqu'île, qui n'atteint pas 200 mètres de largeur, fut au XIXe siècle coupée par un canal, aujourd'hui comblé. En descendant encore la rivière, c'est *Prayssac* où une statue rappelle qu'y naquit le maréchal Bessières dont Napoléon dit : « Il vécut comme Bayard et mourut comme Turenne. » On peut aussi voir *Puy-l'Évêque,* sur la rive droite : au bas de l'église, les maisons de pierre ocre, coiffées de toits de tuile brune, s'étagent harmonieusement, dégringolant jusqu'au ras de l'eau. Enfin, *Duravel,* où l'église qui abrite les corps de trois anachorètes mérite visite.

manquante qu'il orna d'un petit diablotin sardonique. ■

Une « liqueur forte et savoureuse »

Ainsi Clément Marot qualifiait-il le vin de Cahors ou, plus exactement, des coteaux de la vallée du Lot, vin historique entre tous. L'empereur Domitien, au Ier siècle de notre ère, en fit arracher les plants pour punir les habitants d'avoir été les derniers à s'opposer à l'invasion romaine. L'interdit fut maintenu deux siècles durant. Au Moyen Âge, le cahors s'imposa comme vin de messe dans toute l'Europe (il supportait fort bien de voyager). Plus tard, François Ier l'apprécia tant qu'il fit venir à Fontainebleau le meilleur vigneron du Lot, Jehan del Rival, dit *Prince,*

pour y planter un vignoble avec des cépages de son pays. La célèbre Treille du Roy vient de là. Henri IV compta aussi parmi les illustres amateurs de ce vin.

Lorsqu'il fut ravagé, à partir de 1870, par le phylloxéra, le vignoble du Lot couvrait plus de 50 000 ha et produisait des vins rouges à haute teneur en alcool (13^0 et même 13,5^0). Il a été presque entièrement reconstitué à partir de cépages français (surtout le malbec, ou « auxerrois » du Lot) greffés sur des plants américains, immunisés contre la maladie, et il s'étend aujourd'hui sur les deux rives de la rivière, de Cahors à Soturac.

Ce vignoble produit des vins rouges, blancs et rosés. Le cahors rouge est le plus remarquable, classé A. O. C. (appellation d'origine contrôlée). C'est un vin corsé, ferme

$\longrightarrow$

*La cathédrale Saint-Étienne de Cahors,
avec son abside à deux balustrades
et son lourd clocher à beffroi,
▼ ressemble à une forteresse.*

Cordes en Albigeois

L'Albigeois, à l'est du Bassin aquitain, fut une terre riche en conflits, comme l'attestent maints villages perchés, bâtis sur les buttes de petits plateaux calcaires d'aspect caussenard. Commandant de larges horizons occupés par les bois et les friches, ces citadelles conservent l'empreinte des temps où suzerain et vassaux étaient en perpétuel conflit. La croisade contre l'hérésie cathare couvrit la région de ruines. Mais il demeure d'attachants vestiges dont aucun assaut ne vint à bout. Dans les fermes aux larges greniers, dans les villages aux maisons ocrées couvertes de toits plats et roses, la vie respecte encore un rythme ancestral. Et même, depuis quelques années, y renaissent les traditions artisanales.

Les artisans pouvaient-il d'ailleurs imaginer cadre plus adapté que celui de la bastide de *Cordes* dont ils occupent les vieilles demeures? Cette petite ville, aussi appelée « Cordes-sur-Ciel », car, quand on arrive par la route, ses maisons agglutinées se profilent nettement, à l'horizon, au sommet du puech de Mordagne.

Comme bien d'autres, Cordes doit sa naissance à la croisade contre les albigeois : à la suite de la destruction par Simon de Montfort de la place forte de Saint-Marcel, le comte de Toulouse, Raymond VII, décida de créer une bastide dans un lieu facile à défendre. Avec ses pentes rapides et ses à-pics, le puech de Mordagne, dominant la vallée du Cérou, présentait les qualités stratégiques requises. En 1222, trois

mais sans dureté, participant à la fois aux qualités des bordeaux par son bouquet, sa bonne tenue, son corps, et aux bourgognes par sa chaleur, son moelleux et sa finesse. Les meilleurs crus sont ceux de *Parnac*, de *Luzech*, de *Castelfranc*, de *Belaye* et d'*Albas*.

Depuis le 12 août 1966, la *Confrérie du vin de Cahors*, qui a son siège dans le château féodal de Grézels, «rassemble sous bannière d'Olt en plaisante et noble accointance hors l'esprit de politique, de religion ou de profit, toutes gens de qualité qui, par leurs attaches avec le Quercy et son vignoble, connaissent et honorent les hautes vertus du vin de Cahors et de son terroir; unissent leurs efforts pour défendre ardemment et mettre en valeur comme il le mérite ce patrimoine quercynois; ...». ■

▲ *Cordes : la belle façade gothique, ornée de chevaux en gargouilles, de la maison du Grand Écuyer, transformée en hôtel.*

Gaillac et ses vins

À une vingtaine de kilomètres au sud de Cordes, *Gaillac* annonce, par ses constructions de brique, le Toulousain. Des rues étroites, des maisons anciennes, des places à fontaines — telle la place Thiers, bordée d'arcades et rafraîchie par la belle fontaine du Griffon (fin XVIe s.) —, les jardins du parc de Foucaud, dessinés par Le Nôtre : c'est une petite cité pleine de charme. Elle se développa autour de l'abbaye bénédictine Saint-Michel, fondée au VIIe siècle, et devenue... cave vinicole. À l'entrée du pont suspendu sur le Tarn, on peut voir l'abbatiale (XIe-XIVe s.) et sa tour fortifiée; elle abrite une Vierge à l'Enfant en bois polychrome du XIVe. Plus enfoncée dans la ville, l'église Saint-Pierre, fortifiée (tour carrée et

puissantes enceintes furent édifiées, avec fossés, tours, ponts-levis et barbacanes. Pour inciter les habitants de la région à s'y installer, Raymond VII les exempta d'impôts et de péage, et s'inspira du nom célèbre de Cordoue : Cordes devint rapidement un lieu de refuge pour les «parfaits» qui avaient embrassé la religion cathare, avant que l'Inquisition ne s'y déchaînât. Il fallut attendre le XIVe siècle pour que la bourgade prospérât réellement avec le commerce du cuir et celui du drap qui utilisait le chanvre et le lin cultivés au bord du Cérou. Ce furent ensuite les dévastations provoquées par les guerres de Religion et la peste. Après un regain d'activité, dû aux métiers à tisser du XIXe siècle, Cordes retomba dans une profonde léthargie jusqu'à ce que, au cours de la dernière guerre, le peintre Yves Brayer y attirât artistes, artisans... et touristes.

«On peut faire un cours complet sur l'architecture du Moyen Âge à Cordes», affirmait Élisée Reclus. À chaque détour, en effet, une porte, une fenêtre attire l'attention. Cette cité féodale, étirée sur un promontoire oblong, a gardé cinq portes de ses fortifications. Franchie la porte des Ormeaux flanquée de trois tours, les deux rues principales divergent et cheminent presque parallèlement avant de se retrouver à la porte de Rous. De là, des ruelles abruptes serpentent entre de hautes maisons de grès rose et gris. Cordes est riche de demeures des XIIIe et XIVe siècles dont beaucoup portent un nom (maisons du Grand Fauconnier, devenue hôtel de ville, du Grand Veneur, du Grand Écuyer) qui ne correspond nullement à la qualité de leurs premiers propriétaires, mais à l'interprétation de leurs sculptures par Prosper Mérimée. Toutes ces maisons sont conçues de façon identique. Au rez-de-chaussée, les boutiques s'ouvrent en ogive sur la rue. Au premier, des fenêtres à double ogive, sculptées et groupées par deux ou trois, donnent la lumière. Même disposition mais simplifiée, au second étage; sont souvent scellées, à la hauteur de cet étage, des barres de fer dont l'angle droit se termine par un anneau : peut-être y suspendait-on des rideaux pour se protéger du soleil, ou simplement des oriflammes les jours de fête. Maisons à arcades, portes en ogive, fenêtres à meneaux, chapiteaux ornementés, cours intérieures composent un très bel ensemble gothique.

Également remarquable, la halle de 1352 où se tenaient les marchés de tissus et de cuirs. Vingt-quatre piliers de pierre portent la toiture. Un puits de 114 mètres de profondeur est creusé dans le calcaire. On peut aussi visiter le musée Yves Brayer, dans l'hôtel de ville, l'église Saint-Michel (XIIIe-XIVe s.) au clocher octogonal surmonté d'une tour de guet, la petite chapelle de la Capelette (XIVe s.) pour laquelle Yves Brayer composa fresques et vitrail. Après un temps de repos sur un banc de la Bride, cette place ombragée qui, au point le plus haut de la cité, domine le cours du Cérou, on pourra compter les marches de l'escalier du Pater Noster (autant de marches que de mots dans la

prière). Ne pas oublier non plus de faire la promenade des chemins de ronde, les lices du sud ou Planol, bordés de jardins, d'où l'on découvre sous la douce lumière de l'Aquitaine orientale, une campagne aux molles ondulations, composée de champs, de pâturages et de bois.

À l'entour et au fil de l'Aveyron

Cette campagne offre d'innombrables promenades. À une douzaine de kilomètres au sud-ouest de Cordes, le château du *Cayla* est un lieu de pèlerinage pour tous ceux qui conservent le souvenir du poète romantique Maurice de Guérin (1810-1839), né et mort ici, et de sa sœur Eugénie (1805-1848), connue pour son *Journal* et pour ses *Lettres* (ils reposent au cimetière d'Andillac où un médaillon porte leurs deux profils). Le département du Tarn, propriétaire du château depuis 1937, y a installé un musée où plusieurs pièces ont été remises dans leur état originel.

Au sud-ouest, *Castelnau-de-Montmiral* est le premier d'une série de villages directement issus du Moyen Âge. Orgueilleusement perché sur une colline qui domine la vallée de la Vère, il offre, à l'intérieur de ses remparts, de fort belles maisons des XIVe et XVe siècles. Louis XIII passa quelques jours dans l'une d'entre elles. Avant de gagner Puycelci, faisons un détour par l'admirable forêt de la Grésigne, qui, entre la Vère et l'Aveyron, couvre de chênes et de charmes plus de trois mille hectares. L'altitude de ce massif, qui varie de 220 à 500 m, alors que les deux rivières qui coulent à ses pieds ne sont qu'à 100 m, lui donne une allure presque montagnarde. *Puycelci* est d'ailleurs construit à plus de 300 m, sur une énorme table rocheuse, à pic au-dessus de la verdoyante vallée de la Vère. Ce pittoresque village a conservé une partie de ses remparts, flanqués de tours, et de belles maisons anciennes.

Au confluent de l'Aveyron et de la Vère, *Bruniquel* étage ses vieilles maisons au flanc d'un vallon escarpé, surmonté par un château qui domine de plus de 100 m les deux vallées qu'il commande. Le nom de Bruniquel rappelle celui de Brunehaut qui, d'après le chroniqueur Grégoire de Tours, aurait fondé la forteresse au VIe siècle. Mais les parties les plus anciennes de l'actuel château ne semblent pas antérieures au XIIe siècle.

En remontant vers le nord, on longe les profondes gorges que l'Aveyron a entaillées dans le calcaire blanc du causse de Limogne. Sur un piton rocheux surplombant la rive gauche de la rivière, voici *Penne*, un de ces extraordinaires villages où le temps a une autre valeur, et qui vaut bien Les Baux-de-Provence. On ne s'étonnera pas que ce site d'intérêt stratégique ait été commandé par un château, bâti

▲ *Le marché couvert
et la tour flanquant
la maison Malric à Gaillac,
dans l'Albigeois.*

chemin de ronde), arbore une haute façade de brique avec portail de pierre.

Dès le Moyen Âge, Gaillac établit sa prospérité sur la vigne.

Aujourd'hui, celle-ci produit encore des vins de bonne renommée, qui ont droit au label A. O. C. (appellation d'origine contrôlée). Particularité : les vignobles de la rive droite du Tarn, au sol calcaire, donnent des vins moelleux, richement bouquetés (en grande partie blancs); ceux des terrasses alluviales de la rive gauche, des vins secs, nerveux (surtout rouges). Au total, une production de l'ordre de 800 000 hl pour une superficie de 20 000 ha.

Le plus connu est sans conteste le gaillac mousseux, préparé selon la méthode traditionnelle (aucune addition de sucre, fermentation arrêtée par des filtrations successives). Ce vin, fruité, possède un arôme délicat. Mais le gaillac perlé, léger et frais, a aussi du caractère. ■

Randonnées en Quercy

Le Quercy se prête, par la clémence de son climat et la variété de son relief, à de longues randonnées pédestres.

Le sentier *G. R. 6* traverse cette région de nord-ouest en sud-est, reliant Souillac à Figeac par Rocamadour et Gramat. Ce parcours permet de découvrir la vallée de la Dordogne avec les châteaux de La Treyne et de Belcastel, le canyon de l'Ouysse et les grottes de Lacave, la profonde vallée de l'Alzou, le causse de Gramat et le Ségala qui annonce ⟶

*Aux confins du Quercy et du Rouergue,
dominant un méandre de l'Aveyron :
Najac, une forteresse oubliée*
▼ *et un bourg tout en longueur.*

sur un rocher en surplomb au-dessus du vieux bourg aux toits roses presque plats. Du côté non protégé par la falaise de l'Aveyron, Penne est défendue par un ravin très profond.

La route continue en corniche avant de descendre rapidement vers une vallée plantureuse et riante, orientée à l'est, où s'est construit *Saint-Antonin*, au confluent de la Bonnette, face au rocher d'Anglars. Saint-Antonin s'est, il y a quelques années, baptisé « Noble-Val », reprenant ainsi le nom que portait son ancêtre gallo-romain (Nobilis

Vallis). La noblesse de ce petit bourg n'a rien à envier à ceux des environs. On y verra nombre de maisons médiévales avec fenêtres gothiques, l'ancien hôtel de ville roman flanqué d'une tour carrée, et la très belle halle.

Toujours en suivant l'Aveyron maintenant bordé de peupliers, on gagne rapidement *Varen*, village fortifié installé dans un cirque de la rivière, bien massé autour de l'église romane Saint-Pierre, vieille de neuf siècles. Un angle droit vers le nord pour contourner l'éperon de

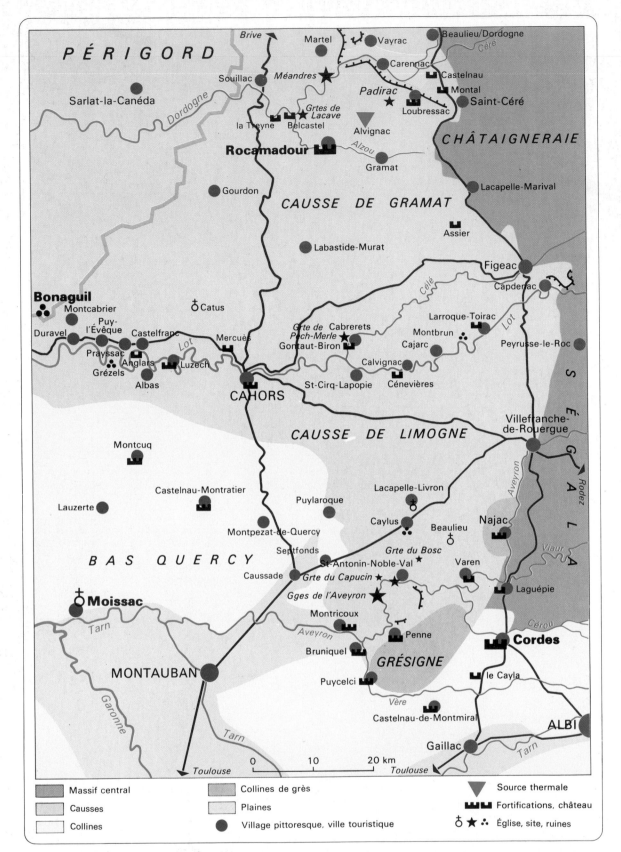

le Cantal. Les étapes peuvent être les suivantes :
— Souillac-Pinsac : 6 km (1 h 30);
— Pinsac-Lacave : 4 km (1 heure);
— Lacave-Rocamadour : 14 km (3 h 30);
— Rocamadour-Gramat : 12 km (3 heures);
— Gramat-L'Hôpital Beaulieu : 7 km (1 h 45);
— L'Hôpital Beaulieu-Thémines : 4 km (1 heure);
— Thémines-Rudelle : 7 km (1 h 45);
— Rudelle-Lacapelle-Marival : 4 km (1 heure);
— Lacapelle-Marival-Saint-Bressou : 5 km (1 h 15);
— Saint-Bressou-Cardaillac : 4 km (1 heure);
— Cardaillac-Figeac : 10 km (2 h 30).

Sur ce G. R. 6 vient se greffer, près de Rocamadour, le *G. R. 64* qui, d'est en ouest, gagne le rebord occidental du causse de Gramat, descend vers la Bouriane et quitte la contrée quercynoise non loin de Groléjac pour se diriger vers Sarlat et Les Eyzies. Du pont de la Peyre à Saint-Cirq-Madelon, 4 haltes :
— Pont de la Peyre-Reilhaguet : 9 km (2 h 15);
— Reilhaguet-Le Vigan : 10 km (2 h 30);
— Le Vigan-Gourdon : 8 km (2 h);
— Gourdon-Payrignac : 5 km (1 h 15);
— Payrignac-Saint-Cirq-Madelon : 8 km (2 heures).

De Saint-Cirq-Madelon à Groléjac, le trajet n'est plus ensuite que de 5 km (1 h 15).

Enfin, il faut aussi mentionner le *G. R. 36* qui accompagne la basse vallée du Lot — il relie Bonaguil à Cahors —; le *G. R. 46* qui passe à Martel, à Montvalent, à Rocamadour avant de rejoindre le Lot à Vers par Labastide-Murat; le *G. R. 65* qui, venant du Puy, gagne Figeac, Cajarc, grimpe sur le causse de Limogne et atteint Cahors avant de s'orienter vers le sud à travers le Quercy blanc et de pénétrer dans le Tarn-et-Garonne au niveau de Lauzerte; et le *G. R. 651* qui, à l'ouest de Figeac, part de Beduer, emprunte la vallée du Célé, permettant de découvrir les grottes de Pech-Merle, et qui rejoint le *G. R. 36* à Bouziès. ■

Légende :

- Massif central
- Causses
- Collines
- Collines de grès
- Plaines
- Village pittoresque, ville touristique
- ▼ Source thermale
- Fortifications, château
- Église, site, ruines

Najac, et c'est un village-forteresse juché sur ce piton. Le château, édifié en 1100 par Bertrand de Saint-Gille, comte de Toulouse, reconstruit en 1253 par le frère de Saint Louis, est maintenant ruiné : pourtant, avec ses trois enceintes, il comptait parmi les chefs-d'œuvre de l'architecture militaire médiévale. Restent encore quelques imposantes tours rondes, et un superbe point de vue sur les gorges de l'Aveyron.

Au nord de Najac, *Villefranche-de-Rouergue* est presque l'archétype de la bastide. Elle fêtera ses neuf cents ans en 1979. Construite par Raymond IV, au confluent de l'Aveyron et de l'Alzou (homonyme du ruisseau de Rocamadour), elle fut étape sur le chemin des pèlerinages de Rocamadour, de Saint-Jacques de Compostelle et de Notre-Dame du Puy, et connut une vie commerciale extrêmement active. De Villefranche, revenant vers l'ouest, on peut se rendre à l'abbaye de Beaulieu et à Septfonds. *Beaulieu* (ou *Belloc*), ancienne abbaye cistercienne dépendant de Clairvaux, fut construite au milieu du XIIe siècle. Fait exceptionnel, tous les bâtiments conventuels ont été conservés. L'église, édifiée entre 1275 et 1300, est à nef unique, du style gothique le plus pur. Quant à *Septfonds,* c'est une bastide datant de 1271, qui a été, jusque dans les années 1935, la capitale française du chapeau de paille. Malheureusement, la disgrâce du « canotier » et du « panama » a causé sa ruine.

au cœur de la Gascogne
les bastides d'Armagnac

*A*u XIIIe
et au XIVe siècle,
pour attirer
sur leurs domaines
de Gascogne
des sujets qui pourraient
éventuellement
faire des soldats,
les rois de France
et d'Angleterre,
les seigneurs locaux
et les moines
des grandes abbayes
édifièrent
des villes fortifiées,
les bastides,
qu'ils rendirent
attrayantes en les dotant
de privilèges
et en les baptisant
de noms prestigieux.

Enroulée ▶
autour du
bouquet d'arbres
qui a remplacé
sa halle,
Fourcès,
une des très
rares bastides
à plan circulaire.

◀ Derrière la
place à arcades
de Fleurance,
ornée de
gracieuses fontaines,
pointe le campanile
à pans coupés
de l'église.

2. Bastides d'Armagnac

*Construites sur un plan géométrique,
les bastides ordonnent leurs rues rectilignes
autour d'une place centrale
dont les galeries couvertes offrent un agréable abri,
aussi bien contre les pluies éventuelles
que contre l'ardent soleil du Midi.*

L'élégant colombage d'une des maisons anciennes de Masseube. ◀

Égayés par un rosier, les piliers de bois séculaires ▼ de Bassoues.

Dans la bastide ronde de Fourcès, les arcades de pierre renforcent les « couverts »

Au centre de la place, cœur de la bastide,
se dressait l'édifice qui faisait vivre la ville :
la halle, sous le vaste toit de laquelle se tenaient
— et se tiennent souvent encore — des marchés animés,
drainant vendeurs et acheteurs
de toute la campagne environnante
et attirant des marchands venus parfois de fort loin.

◄◄ *Complexe et harmonieuse,*
la charpente enchevêtrée
de la halle de Grenade.

◄ *Au-dessus de la halle*
carrée de Lombez,
le clocher octogonal
de l'ancienne cathédrale.

La halle ronde d'Auvillar
s'inscrit dans
une place triangulaire,
▼ *bordée d'arcades.*

Déchirée par la longue rivalité entre la France
et l'Angleterre maîtresse de l'Aquitaine,
la Gascogne médiévale ne se contenta pas
d'entourer ses bastides de remparts :
elle se hérissa de châteaux, transforma le moindre village
en bastion et fortifia jusqu'à ses églises.

8. Bastides d'Armagnac

*▲ Avec ses tours d'angle
en surplomb,
le château de Lavardens
paraît plus large
au sommet qu'à la base.*

*◄ L'église de Simorre
est le seul vestige
d'une abbaye
détruite pendant
la Révolution.*

*Citadelle en miniature, ▶
le village fortifié
de Larressingle
autour de son imposant
château fort.*

▲ *L'énorme donjon élevé*
par les archevêques d'Auch
monte toujours la garde
à l'entrée de Bassoues.

Au pied des Pyrénées cen-
trales, le plateau de Lannemezan débouche sur un éventail de vallées,
limité à l'est par la boucle de la Garonne, à l'ouest par le Béarn et les
Landes, au nord par l'Agenais : c'est l'Armagnac, cœur de la
Gascogne. Un pays verdoyant, fertile, où la densité humaine est si
faible que la présence d'un toit y revêt la même importance que celle
d'une voile sur la mer. Dans cette nature déferlante où la houle des
collines ne se heurte qu'au môle éclaboussé de neige des Pyrénées, la
route va droit son chemin, par monts et par vaux, dans une campagne
vide où le départ des hommes a agrandi les champs jusqu'aux limites
de la prochaine colline et, bien souvent, au-delà. Les prairies, le blé
et le maïs s'y déploient sur de telles distances qu'une églisette,
expropriée de son cimetière, semble se jeter à genoux sous le ciel
pour conjurer l'encerclement. Le Gers, dont les limites correspondent
à peu près à celles de l'Armagnac historique, est le plus agricole des
départements français, et 51 p. 100 de la population active y travaille
encore la terre (record absolu).

Si les « bordes » (fermes) sont sur les hauteurs — une borde par
colline, une colline par borde —, les bourgs se trouvent plus souvent
dans les vallées qu'arrosent de maigres rivières. Des vallées dissymétriques, avec une pente longue exposée au levant et une pente
abrupte, boisée, du côté opposé, vers cet occident d'où le vent
atlantique roule des nuées grosses de telles tempêtes que, d'un
commun accord, tout l'habitat gascon lui tourne le dos. Aussi l'ouest
s'appelle-t-il ici *darré* (derrière), et l'est *daban* (devant).

La grande culture n'est pas tout. Chacun a sa vigne, ses volailles,
ses légumes et ses fruits. L'élevage, très diversifié, est une tradition,
et foires et marchés ont toujours tenu une place essentielle... tout
comme l'art du bien-manger, qui découle naturellement de la variété
et de la qualité des produits. La table gasconne est si riche que, jadis,
il fallait la pressante nécessité d'un « établissement » pour révéler aux
cadets des familles nobles qu'ils étaient pauvres. Contraints de
s'expatrier pour assurer leur subsistance, ils ne pouvaient se tourner
que vers la robe ou l'épée, et, généralement, ils choisissaient
l'aventure. C'est de là que d'Artagnan, immortalisé par Alexandre
Dumas, partit avec 10 écus en poche à la conquête de la gloire : sous
Louis XIII, 24 des 32 compagnies de gardes-françaises étaient
commandées par des cadets de Gascogne.

La guerre des bastides

Si l'Armagnac appartient à la Gascogne, la Gascogne fit longtemps
partie de l'immense duché d'Aquitaine. Au XIIᵉ siècle, Aliénor, fille
unique du duc d'Aquitaine, l'apporta en dot (avec la Guyenne, le
Périgord, le Poitou et autres lieux voisins) à son second mari, le comte
d'Anjou et futur roi d'Angleterre Henri Plantagenêt. Les Anglais
s'implantèrent si solidement en Gascogne que Philippe Auguste ne put
les en déloger lorsqu'il les bouta hors de leurs autres possessions
continentales (1205). Mais l'hérésie cathare et la sanglante croisade
contre les albigeois qu'elle suscita permirent néanmoins aux Français
de prendre pied dans le pays. Jusqu'à la guerre de Cent Ans, au XIIIᵉ
et au XIVᵉ siècle, croisés du « Nord » et Occitans, Église et seigneurs
anglais et français s'efforcèrent de renforcer leurs positions respec-
tives en jalonnant leurs frontières de villes nouvelles, réservoirs de
sujets et, éventuellement, de soldats : les bastides.

Dès le XIᵉ siècle, avant que ne commence la grande aventure des
bastides, les monastères, pour assurer le défrichement des forêts,
avaient déjà entrepris de créer artificiellement des agglomérations, les
« sauvetés ». Celles-ci n'offraient à leurs habitants ni donjon ni
remparts, mais « l'asile et la paix de Dieu » sous la seule protection de
la Croix. Quiconque s'engageait à y élever une maison recevait des
terres et le statut d'homme libre.

Les bastides (de l'occitan *basti*, bâtir), ceintes de murs et souvent
flanquées de tours, fournissent une protection plus efficace. Les
premières sont créées par le comte de Toulouse Raimond VII, au
lendemain du traité de Paris (1229) qui ampute ses États de tout le
Languedoc, pour reprendre en main et relancer économiquement son
comté, tout ce qui lui reste. Par la confiscation et le détournement, il
s'approprie, sur la rive droite du Tarn, les terres nécessaires à la
construction d'une quarantaine de bourgades nouvelles, les aînées des
400 à 500 bastides qui, de l'Atlantique à la Méditerranée, s'élevèrent
en cent vingt ans dans tout le Midi.

Après 1250, Alphonse de Poitiers, frère de Saint Louis, ayant
épousé la fille de Raimond VII, poursuit l'opération à son compte,
mais dans un tout autre esprit. Depuis 1259, il partage avec le roi
d'Angleterre la suzeraineté sur l'Agenais et espère faire des bastides
une arme pour lutter d'influence avec son rival. Les marches
gasconnes en font autant dans toutes les zones « de contact et
d'enjeu », s'attirant chaque fois une réplique anglaise. Les moines
cisterciens, qui cultivent eux-mêmes leurs terres, élèvent à leur tour
des bastides, et les grands seigneurs sont bien obligés de suivre le
mouvement pour éviter que leurs fiefs ne se dépeuplent. Si bien que,
de tous côtés, on voit éclore une floraison de villes neuves.

D'autre part, en cette période d'insécurité générale, les particuliers,
tout comme les villes, ont le droit de se fortifier, et le duché se couvre
de forteresses « privées ». Il n'y avait que 110 châteaux en 1200, en
voici plus de 1 000 entre 1235 et 1337. Telle est la toile de fond sur
laquelle se joue la rivalité franco-anglaise dans cette guerre des
bastides qui précède celle de Cent Ans.

Au pays des Terreforts

À l'est de la Gascogne, le couloir du Lauragais, royaume des vents qui y soufflent, dit-on, trois cent trente jours par an, relie l'Aquitaine au bas Languedoc. C'est le pays des fertiles Terreforts, que le vieux canal du Midi traverse, parmi les champs de céréales et les collines coiffées de villages aux églises fortifiées : *Montgiscard* et sa chapelle Notre-Dame-de-Roqueville, but d'un important pèlerinage; *Baziège*, où Raimond VII battit les croisés de Simon de Montfort en 1219; *Villenouvelle*, une ancienne bastide.

Villefranche-de-Lauragais, la capitale, est également une ancienne bastide, fondée en 1270 par Alphonse de Poitiers; la façade de son église de brique est surmontée d'un beau clocher-mur à deux rangs d'arcades, élevé vers la fin du XIIIᵉ siècle dans le plus pur style gothique toulousain.

Bastides encore que *Montgeard*, modeste village qui a gardé d'un passé plus fastueux les ruines d'un château et l'une des plus belles églises fortifiées du Midi, *Avignonet-Lauragais*, postée en sentinelle au-dessus du canal dans son enceinte de remparts, *Revel*, au pied de la Montagne Noire, édifiée en 1332 sur plan hexagonal, et dont la place centrale, entourée de couverts, est occupée par de vastes halles de bois, dominées par un beffroi.

Saint-Félix-Lauragais est plus ancienne : en 1167, les cathares y tinrent leur premier concile. Le bourg, bâti dans un joli site, au sommet d'une montagnette, a vu naître le compositeur Déodat de Séverac (1873-1921), dont la

▲ *Briques roses, créneaux et mâchicoulis : l'église fortifiée de Montgeard, en Lauragais.*

Les constructions changent, mais le plan demeure : la géométrie en damier
▼ *de Grenade-sur-Garonne.*

Mais qu'est-ce qu'une bastide?

Une bastide, c'est une agglomération nouvelle, souvent fondée sur une association destinée à exploiter en commun un territoire donné, quitte à s'en partager équitablement les charges et les bénéfices. Deux parties, rarement trois, y sont engagées. L'une est le donateur des terres — généralement un monastère —, l'autre le roi (de France ou d'Angleterre) ou le seigneur local : l'association est un paréage — l'une des bastides d'Ariège s'appelle justement Villeneuve-du-Paréage. Afin d'y attirer de la main-d'œuvre, on offre aux paysans qui viennent s'y établir, avec le terrain à bâtir et à cultiver, le statut d'homme libre. Pour débaucher les gens du voisin, on fait de la publicité en annonçant par crieurs publics de nouveaux avantages et en dotant la bastide du nom d'une cité prestigieuse : Valence, Florence (Fleurance), Bologne (Boulogne), Cologne, Pavie, Cordoue (Cordes), Barcelon(n)e, Grenade, ou d'un nom engageant comme Plaisance, Beaumont, Villefranche. Ou encore, on lui donne le nom du fondateur : Marciac, Beaumarchés. De Rivabella à Merlin-Plage, les promoteurs du XXᵉ siècle n'ont rien inventé...

C'est que la bastide, en plus de sa fonction économique, joue un rôle stratégique, et qu'elle a sur le château, dont la garnison coûte cher, l'avantage énorme de rapporter : la vie collective suscite des bâtiments, des prestations, des services de toutes natures qui sont matière à droits et redevances. (Les terres toulousaines de Rai-

▲ *Surmonté d'un
chemin de ronde,
l'énorme clocher inachevé
de Beaumarchés.*

musique, disait Debussy, « sentait bon ». À l'église, il touchait « divinement » les orgues du XVIIIe siècle.

Au sud du Lauragais, entre Ariège et Garonne, les Terreforts prennent le nom de Volvestre. L'ancien chef-lieu, *Montesquieu-Volvestre*, sur l'Arize, a été rebâti à la fin du XVIe siècle sur le plan régulier des bastides, avec une place centrale cernée de galeries couvertes. L'église, antérieure à cette reconstruction, est un bel édifice fortifié du XIVe siècle, doté d'un portail Renaissance et d'un clocher gothique polygonal, qui paraîtrait circulaire si ses 16 pans n'étaient soulignés par des boudins.

Non loin de là, dans un frais méandre de l'Arize qu'enjambe, creusant le ventre comme un chat, un vieux pont du XVIIe siècle, *Rieux*

compose un merveilleux ensemble rose et vert, brique et eau. Du début du XIVe siècle à la Révolution, la ville fut un évêché, ce qui lui vaut, parmi ses pittoresques maisons à colombage, un ancien palais épiscopal à tour crénelée et une église de brique qui fut cathédrale et qui, si elle a perdu la plupart de ses statues durant les guerres de Religion et la Révolution, a conservé un très beau clocher octogonal de 43 m de haut. ■

Une eau-de-vie qui a du panache

En Gascogne, tout le monde vous dira que l'armagnac est la plus ancienne eau-de-vie française : elle était déjà d'une vente courante au XVe siècle, alors que le calvados

*Ancienne collégiale,
l'église de Barran
et sa curieuse flèche
▼ en spirale.*

mond VII, qui ne valaient pas 300 livres, en rapportèrent, bon an mal an, 1 500 quand il y eut fait construire des bastides.)

Bâtie d'un seul jet, la ville a un plan géométrique, bien différent du fouillis de ruelles des bourgades qui ont mis des siècles à s'édifier. Ce plan est le plus souvent carré ou rectangulaire, mais, étant adapté à la configuration du terrain, il peut être triangulaire, pentagonal, hexagonal ou même, exceptionnellement, circulaire. Les rues se croisent à angle droit. Au centre, une place que des maisons à encorbellement entourent, conformément à l'usage du pays, d'une rangée de galeries couvertes, excellente protection contre la pluie en hiver et le soleil en été. Deux éléments fondamentaux : l'église (un peu à l'écart) et les halles (qui trônent sur la place centrale); ces dernières sont le meilleur gage de succès, grâce à l'attribution d'un marché hebdomadaire que jalousent férocement des villes plus importantes ou plus anciennes. Autour de l'agglomération, une enceinte de remparts, flanquée de tours et percée de portes fortifiées.

Si l'enceinte et l'église sont en pierre ou en brique, les halles centrales et toutes les maisons sont, à l'origine, en bois. Plus tard, lorsque les forêts furent épuisées, on répara et on rebâtit avec d'autres matériaux, souvent empruntés aux remparts devenus inutiles. Cela modifia quelque peu l'aspect des bastides, mais non leur disposition. Disposition si commode que les « couverts », autour de la place, jouant aujourd'hui le rôle pour lequel ils furent conçus, abritent toujours le commerce local, et que, depuis quelque sept cents ans, les gens vivent dans ce décor sans en paraître incommodés.

Les bastides de l'Astarac

Des bastides, il y en a dans toute la Gascogne, formant un collier autour d'Auch, la capitale. Les plus belles sont peut-être celles qu'Eustache de Beaumarchés, sénéchal de Toulouse et commissaire royal, fonda dans l'Astarac, entre Armagnac et Pyrénées, une des parties les plus verdoyantes du Bassin aquitain.

Voici, dans un cadre de coteaux verdoyants, *Mirande*, qu'il créa en 1285, au bord de la Grande Baïse, sous le nom de Lézian. Il reste des vestiges des remparts sur les boulevards ombragés qui la ceinturent, les maisons y composent toujours un damier parfait (7 rues dans un sens, 7 rues dans l'autre, mais on a doublé leur nombre en donnant deux noms à chacune), et la place centrale est entourée de galeries couvertes. L'éphémère évêché qu'elle fut au XVe siècle a valu à la ville une fort audacieuse cathédrale qui enjambe la route par un énorme porche latéral, à partir duquel le clocher, épaulé par de solides contreforts, s'élance à plusieurs dizaines de mètres avec une couronne de clochetons. Quarante-trois tableaux ont malheureu-

n'est apparu qu'au XVIᵉ, et le cognac au XVIIᵉ.

Depuis des temps immémoriaux, il y avait ici des coteaux de sable fauve, exposés au grand soleil du Midi, et des forêts de chênes. Les Romains importèrent la vigne, les Gaulois inventèrent le tonneau, indispensable au vieillissement des eaux-de-vie. Lorsque Louis XI, pour avantager les Bordelais, décida que les viticulteurs de l'arrière-pays ne pourraient exporter leur récolte avant le mois de novembre, toutes les conditions furent remplies pour que les Gascons s'orientent vers la distillation.

Jusqu'au XVIIIᵉ siècle, la consommation de l'armagnac resta principalement locale, mais, lorsque les « insurgents » d'Amérique boycottèrent les whiskies anglais, les barriques, transportées par l'Adour à Bayonne ou par la Garonne à Bordeaux, prirent le chemin du Nouveau Monde. Au XIXᵉ siècle, le dramatique épisode du phylloxéra faillit anéantir le vignoble, qui ne fut reconstitué qu'après la Première Guerre mondiale. Après les années de mévente dues à la Seconde Guerre mondiale, la production a retrouvé un rythme satisfaisant.

Pour avoir droit à l'appellation contrôlée « armagnac », une eau-de-vie doit être issue de vignobles situés dans une aire délimitée (essentiellement dans l'ouest du département du Gers, ou bas Armagnac; le haut Armagnac, autour d'Auch, est moins viticole); provenir de vins blancs obtenus à partir de cépages déterminés; être distillée dans des conditions strictement définies. Lorsqu'elle sort de l'alambic, l'eau-de-vie est incolore et

▲ *Personnages Renaissance dans un décor flamboyant : les admirables stalles de la cathédrale d'Auch.*

La masse imposante de la cathédrale d'Auch
▼ *couronne la colline qu'escaladent les « pousterles ».*

sement disparu du musée dit « des Petits Maîtres », cambriolé en 1971, mais il y reste de belles toiles des écoles italienne, flamande et française du XVIIᵉ siècle.

À l'est, la très ancienne *Masseube* a une halle sur sa place centrale, de vieilles maisons à colombage et des restes de fortifications. Au sud, *Trie-sur-Baïse,* qui a conservé une de ses tours de défense en brique, est située au fond de la vallée, tandis que *Miélan,* fondée en 1284 par Beaumarchés, est perchée sur une crête de l'Astarac, ce qui lui vaut un magnifique panorama; important marché de porcs depuis le XVIᵉ siècle, le bourg bénéficie maintenant des agréments d'un lac artificiel de 75 ha; non loin de là, le point de vue des *Puntous de Laguian* (319 m) offre 150 kilomètres de Pyrénées, avec le pic du Midi de Bigorre au centre.

À l'ouest de Mirande, *Tillac,* prise dans l'étau de deux portes fortifiées, dont l'une a été murée, est antérieure aux bastides, et les maisons à cornières qui bordent son unique rue sont si vieilles que l'on croit entendre craquer leurs piliers de bois. *Marciac,* dans sa large vallée, est au contraire une bastide typique, fondée en 1298 par Philippe le Bel; les couverts qui entourent son énorme place mêlent les arcades de pierre aux piliers de bois, et sa belle église gothique est précédée d'un clocher-porche haut de 70 m. Bastides encore à *Beaumarchés,* qui porte le nom de celui qui la fonda en 1288, à *Plaisance-du-Gers,* d'abord baptisée La Bastide-d'Armagnac par les moines qui la fondèrent en 1322, à *Barcelonne-du-Gers,* sur l'Adour.

Au nord de Mirande, *Bassoues* est construite au sommet d'une colline, et son donjon est visible de fort loin, comme il sied à la forteresse des évêques d'Auch; entre cette puissante tour de pierre, qui s'élève d'un jet à 40 m de haut, et un puits, aujourd'hui comblé, profond de 38 m, leurs éminences ont fait construire, au XIVᵉ siècle, un palais à trois échauguettes dont le plan s'harmonise très bien avec le donjon. Derrière le château s'étend la bastide, sur laquelle on sait peu de chose : seule la date de 1515, bien postérieure à sa fondation, se lit sur le linteau d'une des vieilles maisons à piliers de bois qui se pressent autour de la halle en charpente. On révère encore, dans la crypte de la basilique Saint-Fris, la mémoire d'un neveu de Charles Martel, tué par les Sarrasins à la bataille de Poitiers.

Barran, charmante petite bastide de la vallée du Rhône (il s'agit d'un mince affluent de la Baïse!), possède, en plus de sa porte fortifiée et de ses halles de bois à piliers de pierre, une curiosité : le clocher hélicoïdal de son église du XVᵉ siècle, fantaisie voulue ou, comme le pensent certains architectes, résultat d'une défaillance des étrésillons qui, sous la poussée des vents d'ouest, n'ont pas résisté à la torsion de la flèche. Entre Bassoues et Barran, *Montesquiou* n'est pas une bastide. Juchée sur une colline, elle a des allures de burg, avec sa porte fortifiée et les ruines de son château (XIIIᵉ et XVIᵉ s.).

Celui-ci nous est présenté comme le berceau du maréchal Pierre de Montesquiou (1645-1725), « fils du fameux d'Artagnan » : ce n'est pas certain, celui-ci ne s'étant marié (1650) que postérieurement à la naissance du maréchal.

Les stalles d'Auch, « chœur de la Gascogne »

À la lisière septentrionale de l'Astarac, en plein cœur de la Gascogne, *Auch,* la capitale, coiffe sa colline d'une telle accumulation de pierres et de tuiles roses, déploie sa cathédrale avec une telle ampleur, dresse sa tour d'Armagnac avec une telle verticalité que l'on dirait un accident géologique. Effet de permanence d'une ville ancienne, rayonnant sur toute une province, tandis qu'en bas les « pousterles », voies tortueuses, coupées de marches, drainent vers le Gers et les quartiers modernes une foule de gens affairés. C'est en remontant ces ruelles séculaires, parallèlement à l'escalier monumental au milieu duquel trône la statue de d'Artagnan, qu'on prend le mieux le pouls de la cité. Arrivé sur le terre-plein de la cathédrale, dont la façade massive est parée de tous les fastes des styles Renaissance et classique, on n'en est que plus frappé par tout ce qui s'est dépensé ici de goût et de talent.

Plus française que gasconne, la cathédrale Sainte-Marie, qui s'adossait jadis aux remparts, fut construite en deux cents ans. Fin du

titre entre 58 et 63 ⁰GL. Elle vieillit alors dans des pièces en bois de chêne du pays qui lui donne sa couleur, son moelleux velouté et son degré alcoolique légal (40⁰GL). C'est la raison pour laquelle la fabrication des fûts revêt une importance primordiale. Il faut que le bois provienne d'une futaie éloignée de tout point d'eau, afin que son grain soit le plus fin, qu'il soit taillé par des spécialistes, séché longuement loin de tout résineux susceptible de lui donner une odeur, travaillé et monté à la main. La mystérieuse alchimie grâce à laquelle l'esprit de l'eau-de-vie et la sève du bois se combinent intimement se produit dans des chais à température constante et dure des années. Une partie de l'alcool s'évapore : c'est « la part des anges ».

En plus du contrôle permanent de

▲ *Tauzia, un petit « château gascon »*
dans lequel on pénétrait
par le premier étage
à l'aide d'une échelle.

XVᵉ siècle : la crypte. Première moitié du XVIᵉ : elle s'élève jusqu'au triforium. Seconde moitié du siècle : les trois porches de la façade occidentale. Début du XVIIᵉ : voûte du chœur sur les stalles déjà en place, voûtes de la nef et du transept. Fin du XVIIᵉ : montée de la tour du Nord et de la tour de l'Horloge, qui ne reçut qu'au XIXᵉ siècle l'énorme bourdon qui donne sa voix à la ville.

En dépit de leurs fioritures flamboyantes, les deux chefs-d'œuvre — les stalles et les vitraux — que contient l'immense chœur de la cathédrale appartiennent au style Renaissance. Pour les stalles, on ne connaît le nom (Dominique Bertin, de Toulouse) que du dernier des huchiers qui, en cinquante ans, sculptèrent dans le chêne les quelque 1 500 personnages de ce que l'on appelle « le grand œuvre du chœur d'Auch en Gascogne ». C'est un ensemble prodigieux, parfaitement cohérent et intégré, qui défie la description. Renaissance également la clôture de pierre et de marbre, due à Pierre Souffron, qui ferme le chœur côté abside; son retable corinthien porte de belles statues provenant de l'ancien jubé.

Les vitraux des chapelles qui entourent l'abside sont d'Arnaud de Moles, peintre et sculpteur landais de génie, dont le dernier panneau — une Résurrection — est daté de 1513. L'artiste exécuta d'un seul élan cette impressionnante série, que son harmonie, son réalisme et la vigueur de ses coloris classent parmi les œuvres maîtresses de son époque. C'est également à Arnaud de Moles qu'est attribuée la belle « Mise au tombeau » de la chapelle du Saint-Sépulcre.

Troisième trésor de la cathédrale : les grandes orgues de Jean de Joyeuse, terminées en 1694. Par une chance insigne, elles ont échappé aux attentions de Mᵍʳ de Salinis (qui fit démonter le jubé du XVIIᵉ s.) et ont trouvé un maître restaurateur en la personne de Victor Gonsales : depuis 1960, les meilleurs organistes du monde consacrent chaque année la valeur de son travail.

Derrière la cathédrale, la préfecture occupe l'ancien archevêché du XVIIIᵉ siècle; devant, un vaste parvis conduit à l'hôtel de ville (1777), qui contient un charmant petit théâtre, et aux frais ombrages du cours d'Étigny. Aux environs, le château médiéval de Montégut, le manoir de Saint-Cricq (XVIᵉ s.), centre de loisirs de la ville d'Auch, les églises romanes de Montaut-les-Créneaux et de Pessan, enfin la bastide de Pavie sont d'agréables buts de promenade.

Parmi les vignes où naît l'armagnac

À l'ouest d'Auch, les remparts ruinés du vieux bourg fortifié de *Biran* dominent un profond ravin. Des anciennes défenses, il reste deux portes et un assez beau donjon. Au mas de Biran, une pile romaine est probablement un ancien monument funéraire.

Étagée à flanc de coteau au-dessus de l'Osse, *Vic-Fezensac* occupe un site agréable, mais ses monuments ont été maltraités par le temps, les huguenots et les restaurateurs de toutes les époques. La ville n'en attire pas moins beaucoup de monde grâce à un édifice moderne : des arènes de 6 000 places où se déroulent de brillantes corridas.

La ville ronde d'*Eauze*, qui fut la capitale de la Novempopulanie, ancêtre gallo-romaine de la Gascogne, est restée celle du bas Armagnac... et de l'armagnac. On y visite la cave coopérative, quelques chais et l'église gothique en brique dont le clocher octogonal est flanqué d'une tourelle ronde. La maison dite « de Jeanne d'Albret » est de la même époque, et ses poutres richement sculptées méritent attention.

Au sud d'Eauze, les pignons aigus du *château de Castelmore*, où naquit, dit-on, Charles de Batz, comte d'Artagnan, pointent sur une crête où subsistent les vestiges de quelques moulins à vent, tandis que *Nogaro*, bien connue des fervents du sport automobile à cause de son magnifique circuit, est une ancienne sauveté, fondée en 1060 par saint Austinde, évêque d'Auch. L'intérieur de la belle église Saint-Nicolas, bien qu'assez sombre, livre la perspective grandiose de ses trois nefs romanes. Sur le tympan du portail nord, un Christ en gloire. Dans le jardin qui borde le flanc sud restent cinq arcades d'un cloître qui fut l'une des dernières manifestations du style roman dans la région.

Au nord-ouest d'Auch, le formidable château de *Lavardens*, plus étroit du bas que du haut, jaillit comme un bouquet de pierre à la pointe d'un promontoire rocheux. Fondé au Moyen Âge, rebâti au XVIᵉ siècle, démantelé, reconstruit dans son état actuel au XVIIᵉ siècle, il a abandonné son donjon à l'église du village, qui s'en est fait un puissant clocher-porche.

Sur un autre promontoire, au confluent de la Baïse et de l'Auloue, nous retrouvons les bastides avec *Valence-sur-Baïse*, fondée au XIIIᵉ siècle par les moines cisterciens de la toute proche abbaye de *Flaran*. Bien qu'assez abîmée, cette abbaye conserve d'intéressants éléments du XIIᵉ siècle. Certains détails architecturaux de son église — les ogives, à l'intersection de la triple nef à trois travées et du transept saillant — situent la construction « à l'extrême fin du roman et à l'aube du gothique ». La nef, qu'éclaire une rosace monolithe, se termine par de belles absidioles. Le cloître n'a plus qu'une seule de ses galeries, dont les arcades reposent sur des colonnettes géminées, mais la salle capitulaire, avec ses neuf travées d'ogives retombant sur quatre piliers en carré, est d'une exceptionnelle beauté. À quelque distance se dressent les ruines du *château de Tauzia*, spécimen représentatif des petits « châteaux gascons » à plan rectangulaire, généralement flanqués aux extrémités de deux tourelles carrées (Tauzia n'en a qu'une), qui fleurirent, à partir du XIIIᵉ siècle, aux alentours de Condom.

toutes les opérations de distillation, l'armagnac n'est commercialisé qu'après avoir été soumis à un comité d'experts dégustateurs. Consommé surtout comme digestif, il peut également être bu « on the rocks », additionné ou non d'eau plate ou gazeuse, en grogs, dans la cuisine dont il parfume sauces et entremets, sous forme de pruneaux à l'armagnac ou de « pousse-rapière », préparation récente, composée de vin mousseux et d'une liqueur à base d'armagnac et d'essence d'orange. ■

Le clocher-mur, campanile du pauvre

Solution économique, le clocher-mur est au clocher classique ce que la maison paysanne est au palais. Au

▲ *Sobre et harmonieux,*
le clocher-mur d'une chapelle
de campagne,
près de Mauvezin.

Don d'un prince de l'Église
à son village natal,
la collégiale de La Romieu,
▼ *flanquée de deux énormes tours.*

lieu de construire une tour, on se contente de surélever le mur de façade de l'église, en perçant sa partie supérieure, avec une infinie diversité, de baies destinées à recevoir les cloches. Simple et peu coûteux, il répond, depuis des siècles, aux besoins des campagnes, car un habile maître maçon peut le concevoir aussi bien qu'un architecte. On le trouve à plus de 1 600 exemplaires en France, dont 524 pour le seul Sud-Ouest.

Né à l'époque romane, le clocher-mur n'a guère évolué. Éprouvé par les guerres de Religion, il est rarement antérieur au XVIe s., sauf dans les contrées reculées.

Les plus beaux spécimens, faits de briques roses dorées par le temps, jalonnent les collines du Lauragais, autour de Villefranche-de-Lauragais ou de Baziège. ■

Châteaux méconnus du Gers

Petits « châteaux gascons » du XIIIe siècle, sans donjon ni douves; puissantes forteresses carrées de la fin du Moyen Âge; bastions rectangulaires, à tour-belvédère, de la Renaissance; manoirs classiques; somptueuses demeures du XIXe siècle... le Gers est une pépinière de châteaux, les uns habités, les autres en ruine, la plupart méconnus.

Autour d'Auch, *Orbessan* (XVIIe s.), avec sa cour d'honneur, ses deux tours carrées, ses jardins et sa fontaine de rocaille envahie par les broussailles, est transformé en H. L. M., alors que *Marsan* (XVIIIe s.), dont les 30 fenêtres de façade s'ouvrent entre deux tours à toit pointu, est resté la propriété de la famille de Montesquiou et a

⟶

Sous-préfecture, *Condom* est une ville agréable, aux ruelles pittoresques, qui se mire dans la Baïse. Son monument le plus marquant, l'ancienne cathédrale Saint-Pierre, aurait sûrement été rasé en 1569 par les bandes de Montgomery, chef protestant et iconoclaste distingué, si les habitants ne s'étaient pas cotisés pour le sauver, moyennant paiement de 30 000 livres. Commencée en 1507 par l'évêque Jean Marre et terminée par son successeur en 1531, c'est l'une des dernières réalisations du style gothique méridional, et sa nef unique amplifie puissamment le jeu de l'orgue construit en 1605. À l'extérieur, les énormes contreforts qui enserrent les chapelles latérales, le portail flamboyant et la haute tour carrée qui domine à l'ouest ne manquent pas d'allure. Sur le flanc nord, un vaste cloître,

très éprouvé par les guerres de Religion, mais bien restauré, dessert les bâtiments de l'ancien évêché, maintenant occupés par l'hôtel de ville, le musée de l'Armagnac, dédié à l'eau-de-vie, et le palais de justice, dont le vestibule est constitué par l'ancienne chapelle épiscopale. En ville, de nombreux hôtels particuliers du XVIIIe siècle rivalisent d'élégance, avec leurs nobles escaliers, leurs balustrades de pierre et les ferronneries de leurs balcons.

À l'ouest de Condom, sur un coteau, le minuscule village de *Larressingle* se proclame — en toute modestie — la « Carcassonne du Gers ». Il faut dire que le décor de ses remparts, bardés de tours crénelées, est assez exceptionnel. Forteresse des évêques de Condom, Larressingle était si magistralement défendue par ses hautes

▲ *Epaulée par de solides contreforts,*
la tour carrée
de l'ancienne
cathédrale de Condom.

conservé sa majestueuse élégance. À Roquelaure, *Rieutort* (XVIIe s.), dont la longue façade couronnée de motifs de terre cuite est séparée d'un petit lac artificiel par un labyrinthe d'allées bordées de buis taillés, est surtout connu pour avoir appartenu au comte du Barry, complaisant mari de la maîtresse de Louis XV.

Au nord-ouest, autour de Valence-sur-Baïse, *Léberon*, à Cassaigne, est un ancien « château gascon » si remanié qu'on ne le reconnaît plus : trois tours rondes ou polygonales flanquent son noyau carré, des baies ont été percées à tous les étages, et une grande salle a été ajoutée au XVIe siècle ; n'ayant jamais reçu de plafond, elle est couverte d'une charpente en carène de toute beauté. Également « gascon », *Mansencôme*, bien que restauré au XVIIIe siècle, est beaucoup plus caractéristique : un

rectangle de 18 m sur 15, flanqué de deux tours carrées en diagonale. Son proche voisin, l'immense château du *Busca* est un imposant exemple de l'architecture un peu compassée du début du XVIIe siècle. *Lagardère* est en ruine ; position stratégique sur un monticule, murs massifs, deux tours carrées, étages inférieurs presque aveugles, c'est le « château gascon » type. Également en ruine, *Pardeilhan*, à Beaucaire, est d'une autre ampleur : c'était une véritable forteresse, avec douves, pont-levis, remparts, bastions, tours rondes et carrées. Il n'en reste que des vestiges, mais combien grandioses! *Bonas* est au contraire en parfait état : il est vrai qu'il ne date que du XVIIIe siècle ; vaste demeure plutôt que château, il appartint au marquis de Bonas, distillateur avisé, qui y installa la première chaîne en

courtines et la profondeur de ses fossés qu'elle ne fut jamais attaquée, ce qui lui permet de nous offrir, à peu près intact, un raccourci de l'architecture du Moyen Âge : militaire avec l'enceinte polygonale, la porte fortifiée et le château fort (dont l'escalier à vis est l'élément le mieux conservé); religieuse avec l'église romane, qui occupe le rez-de-chaussée de l'ancien donjon.

En passant par le *château de Beaumont,* où les grâces de la marquise de Montespan, trop appréciées par Louis XIV, firent reléguer le marquis, nous retrouvons les bastides avec *Montréal* et *Fourcès*. La première, bâtie à l'emplacement d'un ancien oppidum, a conservé une partie de ses remparts, une porte fortifiée et sa place entourée de couverts; la seconde présente la très rare particularité d'être construite sur plan circulaire, autour d'une place ronde.

À l'est de Condom, sur le chemin de Saint-Jacques-de-Compostelle, le cardinal Arnaud d'Aux, ami du pape Clément V, a élevé en sept ans, dans le village qui l'avait vu naître, le prodigieux ensemble de *La Romieu*. On ne voit plus le village : il disparaît sous la stature et la patine six fois séculaire d'une énorme collégiale à deux tours. Le cloître, qui avait deux étages, n'en a plus qu'un, et le palais épiscopal se réduit à la svelte tour du Cardinal.

Entre Gers et Garonne, la Lomagne

Au nord d'Auch, sur le plateau du Lectourois, commence la Lomagne. Si l'on y trouve encore quelques vignes et de bons vins de table, le pays est surtout fier de ses céréales, de l'ail de Saint-Clar et de Beaumont, des melons de Lectoure, des fruits du Fézensaguet, des oies et canards gras de Fleurance.

Fleurance, petite cité active, est une ancienne bastide cistercienne, fondée en 1272 par les moines de l'abbaye de Bouillas et par Eustache de Beaumarchés. Le plan d'ensemble est triangulaire, ce qui n'empêche pas les rues de se couper à angle droit, ni la place centrale, dont les arcades surbaissées entourent une vaste halle à étages, d'être carrée. L'église gothique possède trois magnifiques vitraux d'Arnaud de Moles.

Saint-Clar, bâtie sur une colline, au-dessus d'une rivière, est également une ancienne bastide, fondée en 1289 par le duc d'Aquitaine et l'évêque de Lectoure. La vieille église, désaffectée depuis le XIXe siècle, est certainement antérieure à cette date et semble avoir fait partie d'un monastère.

Capitale de la Lomagne, *Lectoure,* édifiée sur un promontoire qui domine de 110 m la vallée du Gers, fut l'une des neuf cités de la Novempopulanie et, si la vue s'y étend jusqu'aux Pyrénées, les perspectives historiques ne sont pas moins lointaines. En 1540, en

reconstruisant le chœur de la cathédrale, incendié en 1473 par les troupes de Louis XI, on découvrit 21 autels païens, destinés au sacrifice expiatoire de taureaux et datant des Lactorates, dont la ville était autrefois la métropole. Exposés quelques années plus tard, ces autels constituèrent, en 1547, le premier musée français. L'église Saint-Gervais-Saint-Protais, ancienne cathédrale, fut élevée à la fin du XIIe siècle, mais elle fut si malmenée à plusieurs reprises qu'il fallut la remanier. Le chœur, notamment, fut refait au XVIe siècle, de sorte que l'édifice, méridional par la nef, est français par le chœur, séparé de la nef par un arc triomphal d'une épaisseur prodigieuse. Les ogives de la nef, destinées à porter une file de coupoles qu'elles n'ont jamais reçues, sont d'une ampleur tout à fait inusitée.

La tour du Bourreau, où les condamnés étaient précipités dans un puits garni de pointes acérées, est du XVe siècle; la fontaine de Diane du XIIIe, comme la tour d'Albinhac, et l'ancien évêché (qui abrite l'hôtel de ville et le musée lapidaire) de la fin du XVIIe. Au nord de la ville, le *château de Lacassaigne* recèle un mémorial unique : la réplique exacte de la salle du Grand Conseil des chevaliers de l'ordre de Malte, détruite en 1798, lorsque Bonaparte bombarda La Valette.

Plus loin vers l'est, *Beaumont-de-Lomagne* est encore une ancienne bastide à plan régulier. Les vastes halles de bois, qui datent de la fin du XVe siècle, ne couvrent pas moins de 1500 m², et leur énorme charpente repose sur 36 poteaux de chêne. L'église, également du XVe, a une abside rectangulaire, et son clocher octogonal s'élève à 47 m de hauteur.

Les bastides, on en trouve d'ailleurs dans toute la Lomagne. À la limite orientale du pays, sur la rive gauche de la Garonne dont la large avenue aère le paysage, voici *Auvillar* et *Grenade*. La première, vieille ville fortifiée, plantée sur une colline, se souvient qu'elle eut l'une des faïenceries les plus réputées du Sud-Ouest et nous présente dans son musée, parmi bien d'autres richesses, un échantillonnage de ses productions. Et avec quel art discret ses halles rondes s'inscrivent dans le triangle bordé de couverts de la place! La seconde, fondée par des moines en 1290, devait héberger quelque 3000 âmes, mais dut se contenter de la moitié environ. Ce n'en fut pas moins une réussite. Les siècles suivants lui ont apporté quelques retouches, mais, dès l'origine, les îlots — qui s'étendaient fort loin, tantôt carrés, tantôt rectangulaires — définissaient les rues perpendiculaires. Le centre de la place, qui semble avoir été entouré autrefois de cornières, est occupé par des halles du XVIe siècle, dont l'immense toit à quatre pans s'effile en pyramide; il est soutenu par des piliers de brique et une charpente d'une extraordinaire puissance. L'église de l'Assomption, en briques roses, fut édifiée en même temps que la bastide, mais dotée ultérieurement d'un portail flamboyant et d'un clocher octogonal dans la meilleure tradition toulousaine.

continu que l'Armagnac ait connue.

Au nord, *Flamarens*, construit en 1469, fait la transition entre la forteresse médiévale et le château Renaissance : mâchicoulis et chemin de ronde, mais les fenêtres ne sont plus des meurtrières. Très éprouvé par les siècles, incendié en 1944, il est malheureusement en triste état.

À l'est, *le Bartas*, à Saint-Georges, fut construit en 1569 par le père du poète huguenot Guillaume de Salluste du Bartas; c'est un très typique château à tour-belvédère; cette dernière, polygonale, abrite un escalier à vis, tranchant nettement avec les tours rondes qui flanquent la construction cubique. L'imposant château Renaissance de *Caumont*, à Cazaux-Savès, fut édifié, vers 1530, par le grand-père du duc d'Épernon, l'un des « mignons » de Henri III, qui y naquit en 1554; précédé d'une

esplanade d'où l'on aperçoit les Pyrénées, entouré de remparts, c'est un vaste ensemble de bâtiments, de tours et de galeries.

Au sud-ouest, *Betplan* est un bel édifice classique, aux toits à forte pente, percés de mansardes, tandis que *Monlezun* était une forteresse en nid d'aigle du plus pur style féodal; âprement disputée par les catholiques et les protestants, incendiée, démantelée, elle est réduite à un donjon et à un pan de mur qui ont encore grande allure.

Enfin, à l'ouest, à *Termes-d'Armagnac*, au-delà de Castelmore, c'est encore par un beau donjon isolé, celui du château disparu du baron de Termes, compagnon d'armes de Jeanne d'Arc, que nous terminerons cette rapide promenade parmi quelques-uns des innombrables châteaux du Gers. ■

▲ *Simple fortin à l'origine, le château de Mansencôme fut aménagé par la suite, et des fenêtres remplacèrent ses meurtrières.*

Récemment restauré, le château médiéval d'Esclignac, près de Monfort, semble
▼ *sortir tout droit du Moyen Âge.*

Au sud de la Lomagne, l'ancienne bastide de *Monfort* n'est intéressante que par son grand clocher. *Mauvezin*, conquise sur l'immense forêt de Bouconne (qui ne couvre plus, aujourd'hui, que 2 037 ha), fut une sauveté avant d'être une bastide. Elle devint par la suite la capitale du protestantisme local : on y trouve un temple, et la mairie a conservé les registres paroissiaux huguenots du temps de la persécution. L'église, reconstruite en 1829, a gardé son clocher du XIIIᵉ siècle et de belles stalles gothiques.

À quelque distance du *lac de Saint-Cricq*, qui attire force touristes, la bastide de *Cologne* fut fondée en 1286 par Eustache de Beaumarchés au nom de Philippe le Hardi et du seigneur local Otton de Terride. Les maisons à couverts qui entourent la halle datent du XVᵉ siècle, et la Pietà en bois de l'église est de la même époque.

Enfin, voici *Gimont*, fondée en 1265 sous le nom de Francheville et bâtie sur une crête si étroite que la halle a bien du mal à y loger ses trois nefs sans verser dans la Gimone et doit enjamber la route.

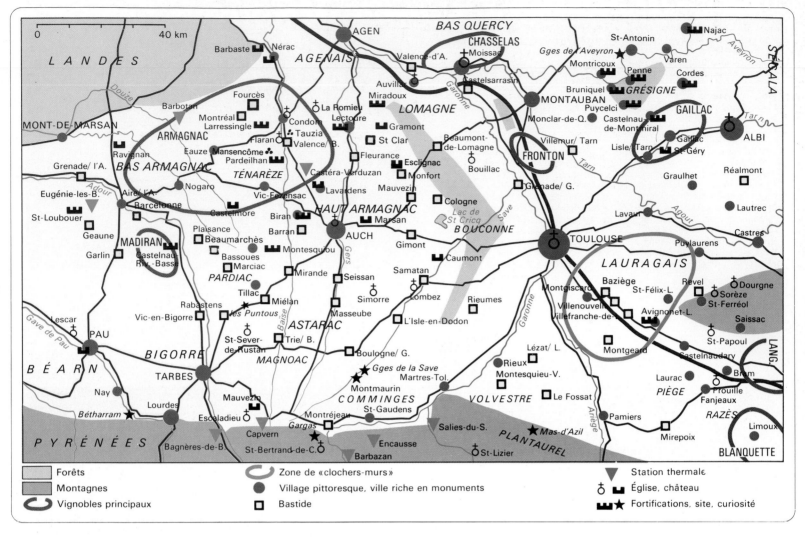

Map legend:
- Forêts
- Montagnes
- Vignobles principaux
- Zone de «clochers-murs»
- Village pittoresque, ville riche en monuments
- Bastide
- Station thermale
- Église, château
- Fortifications, site, curiosité

Map labels (regions and places):

0 — 40 km

LANDES — AGENAIS — BAS QUERCY — SÉGALA

MONT-DE-MARSAN — Barbaste — Nérac — AGEN — CHASSELAS — St-Antonin — Najac
Moissac — Gges de l'Aveyron — Montricoux — Penne — Varen — Cordes
Valence-d'A. — Castelsarrasin — Bruniquel — GRÉSIGNE
Auvillar — Miradoux — LOMAGNE — MONTAUBAN — Puycelci — GAILLAC
Fourcès — La Romieu — Lectoure — Gramont — Monclar-de-Q. — Castelnau-de-Montmiral — Gaillac — ALBI
Barbotan — Montréal — Larressingle — Condon — St Clar — Beaumont-de-Lomagne — Lisle/Tarn — St-Géry — Tarn
Flaran — Tauzia — Valence/B. — Fleurance — Bouillac — Villemur/Tarn — Réalmont
Ravignan — Mansencôme — Pardeilhan — ARMAGNAC — FRONTON — Graulhet
Grenade/l'A. — BAS ARMAGNAC — Eauze — TÉNARÈZE — Castéra-Verduzan — Esclignac — Monfort — Cologne — Grenade/G. — Lautrec
Airel l'A. — Nogaro — Vic-Fezensac — Lavardens — Mauvezin — Lac de St Cricq — BOUCONNE
Eugénie-les-B. — Barcelonne — HAUT ARMAGNAC — AUCH — Castelmore — Biran — Marsan — TOULOUSE — Castres
St-Loubouer — Geaune — Plaisance — Beaumarchès — Barran — Gimont — Puylaurens — LAURAGAIS
Garlin — MADIRAN — Castelnau-Riv.-Basse — Bassoues — Montesquiou — Caumont — Montgiscard — Baziège — St-Félix-L. — Revel — Dourgne
Marciac — PARDIAC — Mirande — Seissan — Samatan — Villenouvelle — Sorèze — St-Ferréol
Tillac — Simorre — Lombez — Rieumes — Villefranche-de — Avignonet-L. — Saissac
Rabastens — Miélan — ASTARAC — Masseube — L'Isle-en-Dodon — Montgeard — St-Papoul
Lescar — Vic-en-Bigorre — les Puntous — Boulogne/G. — Lézat/L. — Castelnaudary — LANG.
Gave de Pau — PAU — St-Sever-de-Rustan — Trie/B. — MAGNOAC — Rieux — Montesquieu-V. — Laurac — Bram
BÉARN — BIGORRE — TARBES — Gges de la Save — Martres-Tol. — PIÈGE — Prouille
Nay — Mauvezin — COMMINGES — St-Gaudens — Montmaurin — Le Fossat — VOLVESTRE — Fanjeaux — RAZÈS
Lourdes — Escaladieu — Montréjean — Salies-du-S. — Pamiers — Mirepoix — Limoux
Bétharram — PYRÉNÉES — Capvern — Gargas — Encausse — Mas-d'Azil — BLANQUETTE
Bagnères-de-B. — St-Bertrand-de-C. — Barbazan — St-Lizier — PLANTAUREL

Rivers: Douze, Garonne, Baïse, Gers, Save, Agout, Tarn, Aveyron, Arize, Adour, Gave de Pau

▲ Avec ses murs aveugles,
ses créneaux et ses tours massives,
l'église de Simorre ressemble davantage
à une forteresse qu'à un sanctuaire.

Églises ou forteresses?

Au sud-est d'Auch, le triangle compris entre la route de Toulouse, au nord, et celle de Lannemezan, à l'ouest, recèle moins de bastides, mais l'on y trouve deux intéressantes églises fortifiées.

À *Lombez,* quelques cyprès, accourus au signal d'un gracile clocher octogonal, tentent de retrouver le ciel d'Assise au-dessus des colombages gascons. L'ancienne cathédrale Sainte-Marie fut un foyer de haute spiritualité où Pétrarque vint faire retraite. Son puissant vaisseau de brique est entouré de solides contreforts, réunis par des arcs portant un chemin de ronde, et l'ensemble évoque davantage un bastion qu'un sanctuaire. À l'intérieur, les deux nefs, d'inégale importance et séparées par une colonnade, ont perdu leur proportion, ayant été remblayées de 1,50 m, au XIXe siècle, pour éviter les inondations de la Save.

Bien avant d'arriver à *Simorre,* on voit se profiler sur le ciel l'inquiétante silhouette de brique que campe au milieu de l'innocent village son admirable église fortifiée (1304), avec son donjon carré, son clocher octogonal, ses créneaux et les cinq lances qui lui tiennent lieu de contreforts. En 1848, Viollet-le-Duc a souligné cet aspect farouche en supprimant les toits qui masquaient les créneaux.

Ce château fort de conte de fées, qui semble sortir tout armé du Moyen Âge, fut construit par des moines pour abriter les reliques du fondateur de leur abbaye, saint Cérats, thaumaturge et exorciste, qui vécut au Ve siècle. Il ne semble pas qu'il ait jamais été attaqué : les Anglais du Prince Noir le respectèrent, et les protestants ne purent pénétrer dans le bourg.

En forme de croix latine, l'église est de style gothique et, ayant été construite d'un seul jet, très homogène. À l'intérieur, on trouve de belles stalles sculptées, d'une facture plus primitive que celles d'Auch, des vitraux dont l'un est attribué à Arnaud de Moles, et, dans le trésor, le buste reliquaire de saint Cérats.

claires maisons en verte campagne

les villages basques

◄◄ *Le Labourd*
montagneux et boisé
des environs de Sare.

▲ *Sobre et pimpante,*
une authentique maison
du Labourd (Aïnhoa).

Aux environs de Larrau, ▶
prés et bois à l'assaut
de la montagne.

De part et d'autre des Pyrénées,
sept provinces pour un pays qui,
depuis des siècles,
demeure opiniâtrement fidèle à lui-même.
Dans le Labourd, en Basse-Navarre et en Soule,
les trois provinces françaises,
blanches fermes et riants villages,
éparpillés dans un cadre serein de montagnes,
donnent à la terre basque toute sa couleur.

Villages basques. 3

▲ *Dans le cimetière de Jatxou,*
une tombe discoïdale typique,
usée par le temps.

Généralement au cœur du village,
l'église et le cimetière fleuri
où se dressent de mystérieux disques tumulaires,
marqués d'une croix proche du svastika,
sont indissolublement liés
à la vie du peuple basque.
De ses ancêtres, celui-ci a hérité
un sens profond de la religion et de la mort.

◄ *Le Basque*
a le culte
des morts...

◄ *Seuls les hommes*
ont accès
aux galeries
de l'église
(Saint-Martin-
d'Arberoue).

Isolés ►
dans la montagne,
l'église romane
et le cimetière
de Sainte-Engrâce,
village de bergers.

Solitaire dans une campagne verdoyante
ou serrée près de l'église,
etche, *la maison,*
reste le bastion de la cellule familiale
à laquelle les Basques vouent un véritable culte.
Elle ne manque pas de caractère
avec le chaud coloris de ses colombages,
la blancheur de ses murs chaulés
et les vieilles inscriptions gravées
au-dessus de la porte ou des fenêtres.

◄ *Gravés sur un linteau au-dessus d'une fenêtre,*
l'année de la construction et le nom du premier
propriétaire personnalisent la maison basque.

▲ *Robuste race pyrénéenne,*
les moutons manech
font partie du décor.

▲ *Intérieur
d'une maison basque.
(Musée de Bayonne.)*

*Tomates, ail,
oignons et piments,
ingrédients
de la gastronomie basque.
Et le fameux
jambon de Bayonne...* ▶

8. Villages basques

▲ *Espelette,*
la fête du piment.

Fabrication ▶
du chistera,
accessoire
traditionnel
du pelotari
(Ascain).

Tout aussi vivaces sont les traditions
qui étayent le mode de vie des Basques.
Le pittoresque se réfugie parfois au musée,
mais ne saurait disparaître ce goût de la fête et du jeu,
auxquels cette contrée a si bien su conserver
leurs valeurs authentiques.

▲ Église, cimetière
et fronton
voisinent
à Iholdy.

▲ Indissociable de la fête,
le txistulari avec sa flûte
à trois trous.

Rapidité, ▶
souplesse
et endurance
sont indispensables
pour la pratique
du grand chistera.

◀ La gracieuse
danse des pommes.

La place et le fronton sont également
les hauts lieux de l'animation villageoise;
fêtes et jeux s'y déroulent selon des rites séculaires.
Les souples évolutions des pelotaris,
gantés du célèbre chistera,
les entrechats aériens des danseurs
— tenue immaculée pour les premiers,
costumes bigarrés pour les seconds —,
c'est là le vivant reflet d'un peuple
attaché à son individualité.

▲ *Dans la Vallée des Aldudes,*
le pittoresque village
de Saint-Étienne-de-Baïgorry.

À l'extrémité sud-ouest de la France, enserré entre l'Océan et le Béarn, dans un cadre harmonieux et paisible de montagnes et d'eaux vives, le Pays basque demeure — pour reprendre la définition d'un historien — un véritable « peuple-île », fidèle à ses traditions ancestrales, indifférent, semble-t-il, aux mutations de notre monde. « Zazpiak Bat », « Sept en un seul », affirme le dicton et, de fait, l'écu basque réunit les armoiries de sept provinces. Une entité, donc, sinon politique *(Euzkadi)*, du moins géographique *(Eskual Herria)* et ethnique. Ces provinces, une frontière les répartit de part et d'autre de la cordillère pyrénéenne, leur imposant du même coup un mode de vie nettement différencié. Mais, espagnole ou française, la population reste avant tout basque, avec l'originalité de sa race et de sa langue, avec sa simplicité exemplaire et son profond attachement au pays. C'est un peuple qui se livre peu, noble et énigmatique, probe et mystique, fataliste à ses heures. Grave et joyeux à la fois, il a conservé le goût des jeux, des danses et des fêtes, « cérémonies » aujourd'hui encore indissociables de cette terre où « la Nature est aussi heureuse que l'homme » (Taine).

Si les provinces espagnoles sont plus peuplées et plus industrialisées, le *Labourd*, la *Basse-Navarre* et la *Soule*, toutes trois intégrées à la France, ont, à l'exception de la bordure côtière, livrée au tourisme, gravement souffert de l'émigration. Un mal inhérent au pays, car le Basque joint paradoxalement à son amour de la cellule familiale la passion de l'aventure. Très tôt, la pêche à la baleine, celle de la morue l'attirèrent loin de son terroir. Le pilote de Christophe Colomb était basque, basques étaient les charpentiers de l'Invincible Armada. Basques aussi les bergers qui, à l'heure actuelle, gardent les troupeaux de moutons du Nevada, cependant que, en Amérique latine, d'autres émigrés semblent éprouver une prédilection particulière pour le métier de président de la République. Depuis plus d'un siècle, en effet, les Basques ont été nombreux à chercher fortune dans ces « terres neuves ». Mais ils n'oublient pas pour autant le pays et, l'été, il arrive de voir dans quelque étroite rue de village l'immense voiture américaine du fils prodigue qui a réussi outre-Atlantique et qui vient revoir sa terre natale.

La terre euskarienne

Ce pays fut-il découvert, comme le veut la chronique, par Aïtor, l'un des rares hommes qui échappèrent au Déluge? Ce n'est qu'une hypothèse parmi bien d'autres. L'origine du peuple basque n'a pas encore été élucidée. Lui-même se dit le plus ancien d'Europe et, à défaut de tradition écrite, prétend que Dieu créa le monde en basque. Du moins a-t-on pu déceler la présence humaine sur cette terre dès

15 000 avant notre ère, grâce à des fouilles qui ont mis au jour crânes, gravures et dessins. Les précisions historiques ne nous viennent qu'à partir du VIIᵉ siècle avant J.-C. À l'actuelle Navarre et à ses abords, occupés par la tribu des Vascons, Rome imposa sa loi. Mais après la chute de l'Empire, à l'époque des grandes invasions, les Vascons durent fuir devant les Wisigoths et, remontant jusqu'à la Garonne, ils se rendirent maîtres de tout le sud-ouest de la Gaule (on devait les retrouver plus tard en la personne des Gascons, de langue romane). De cette domination sur l'Aquitaine, Charlemagne eut bien du mal à venir à bout : un échec devant Saragosse, la destruction de Pampelune, la mort de Roland à Roncevaux, tué par les Euskariens et non par les Sarrasins ainsi que le prétend *la Chanson*. Le bilan fut des plus tragiques.

Trois siècles plus tard, un double courant mystique marquait définitivement le peuple basque : l'avance musulmane contraignait des congrégations monastiques à remonter vers le nord, tandis que les croisades et les pèlerinages à Saint-Jacques-de-Compostelle entraînaient vers le sud des flots de pieux chrétiens. Au XVᵉ siècle, Navarre et Béarn furent réunis par un mariage, celui de Gaston IV de Foix-Béarn avec Éléonore de Navarre, alors que Soule et Labourd, qui jusque-là relevaient de l'autorité du duc d'Aquitaine, roi d'Angleterre, retournaient définitivement à la couronne de France. Terre d'élection des pratiques occultes — d'ailleurs sévèrement réprimées à la Renaissance —, le Pays basque vit éclore au XVIIᵉ siècle de grandes vocations religieuses, jésuitiques (Ignace de Loyola, François Xavier) et même jansénistes (Du Vergier de Hauranne, futur abbé de Saint-Cyran). Puis souffla le vent de la Révolution qui, en fait, ne toucha guère le pays, puisque les Basques jouissaient déjà de longues traditions démocratiques. Malheureusement, le refus de la Basse-Navarre d'envoyer des députés aux États généraux provoqua d'atroces déportations — les dernières épreuves que l'histoire infligea, du côté français du moins, à ce peuple fier et indépendant dont la langue a subsisté, intacte, à travers les siècles.

C'est, en effet, la seule langue préaryenne ayant résisté à l'invasion indo-européenne et dont l'évolution n'ait pas suivi les lois des langues romanes. En son temps, Rabelais mit un discours en *eskuara* dans la bouche de Panurge. De nos jours, 500 000 personnes environ le parlent, et les universités du Sud-Ouest en dispensent l'enseignement.

Un « pays fort bossu »

« Les Basques savent tous la mer et la montagne », disait Victor Hugo. Marins sur la côte, ils sont fermiers dans l'arrière-pays, bergers sur les hauteurs. Le relief accidenté, la difficulté des communications,

La pelote basque

Née Basque, dérivée du jeu de longue paume qui descend lui-même de l'harpaste romaine, la pelote basque est désormais un jeu pratiqué dans le monde entier. En 1968, elle est apparue aux jeux Olympiques de Mexico, et le nombre de ses licenciés s'accroît chaque année.

La *pelote* est la balle que les joueurs projettent contre un mur (*fronton*). Cette balle peut peser de 50 à 200 g, et il en existe d'innombrables variétés. Généralement, elle se compose d'un cœur de caoutchouc entouré de laine, puis de fil, le tout recouvert de peau de mouton ou de chien. Sa fabrication reste artisanale et les connaisseurs jugent de sa qualité à l'oreille, d'après le claquement produit quand elle frappe le fronton.

Dans certains jeux, la pelote est tout simplement en caoutchouc.

La forme la plus pure du jeu de pelote, la plus directe aussi, est le *jeu à main nue*. On utilise également le gant de cuir en forme de cuillère, et le *chistera*, gouttière d'osier inventée au XIXᵉ siècle. Le grand chistera devint populaire grâce au talent de Joseph Apestegui, dit Chiquito de Cambo, dans les années 1900. Le petit chistera fut mis en vedette par Jean Urruty dans l'entre-deux-guerres. Mais il y a aussi le *sare*, ou raquette argentine, qui comporte une poche de corde ou de Nylon tressé placée dans un cadre recourbé, la *pala* ou *paletta*, palette de bois qui affecte un peu la forme d'une massue.

La variété est tout aussi grande dans les terrains. La *place libre* est un terrain ouvert limité par un

→

▲ *Le jeu de rebot, l'une des formes les plus spectaculaires de la pelote basque.*

Profonde entaille aux parois tapissées de verdure, les gorges de Kakouetta,
▼ *près de Sainte-Engrâce.*

tout autant que le morcellement de la propriété, ne permettent toutefois pas la grande culture. Les activités agricoles en sont donc restées à des dimensions modestes comme à des méthodes bien souvent archaïques. Car le Pays basque est fief de la montagne et, si les Pyrénées perdent là de leur sauvage grandeur, elles confèrent à la région son visage fortement caractérisé : quelques sommets, les derniers de la chaîne (hors le pic d'Orhy, 2017 m, la plupart ont à peine plus de 1 000 m); des passages célèbres, tel le col de Roncevaux, et d'autres qui le sont moins, mais que la contrebande a acquis ses lettres de noblesse; des crêtes escarpées, comme dans la région de la forêt d'Iraty; des vallées aux courbes gracieuses; des coupures profondes — le cañon des gorges de Kakouetta, par exemple; et beaucoup de rochers sur lesquels bondissent les gaves. Toutes beautés naturelles rassemblées en des paysages plutôt doux qui doivent leur abondante verdure et leur fraîcheur aux influences océaniques. La pluie y est fréquemment persistante — violente même,

au printemps, elle nourrit les innombrables cours d'eau —, mais, lorsque le soleil y règne, il semble que ce soit sans partage. Bouquets de chênes, champs de maïs, massifs d'hortensias alternent sous un ciel éternellement changeant que le *sorsina*, « le sorcier » (vent du sud), peut quelquefois mettre en fureur.

Cette Aquitaine méridionale serait-elle le reflet de l'imaginaire Arcadie? Peut-être Salvien, théologien du Vᵉ siècle, en a-t-il eu l'idée quand il écrivit : « Toute entrelacée de vignes, fleurie de prés, émaillée de cultures, regorgeant de fruits, recréée par ses bois, rafraîchie par ses eaux, sillonnée de rivières, hérissée de moissons, ainsi s'épanouit-elle à nos yeux. Voyez-la et dites si les maîtres de ce domaine ne semblent pas détenir, au lieu d'un morceau de terre, une image du paradis. »

Une journée peut suffire à en faire le tour. Le Pays basque ne dépasse pas, côté français, 80 km dans sa plus grande longueur, et n'englobe que 275 863 ha. Les routes y sont étroites, sinueuses, et les moutons ont la curieuse habitude de paître l'asphalte à la sortie des virages. Une campagne en vérité peu faite pour les dévoreurs de kilomètres et où il faut savoir marcher, s'arrêter, emprunter les petits chemins, s'inventer des détours, courir le risque de gravir des sentiers de chèvre, camper dans un vallon ombragé de cyprès, au bord d'un gave, si peu pollué encore que truites farios et saumons continuent d'y sauter. Aussitôt que l'on grimpe un peu, les maisons se raréfient, et on ne distingue plus que les points blancs des moutons sur le vert des prairies et le brun des rochers. Cette qualité de vert aux infinies nuances qu'ont les prés devrait, à elle seule, faire la célébrité du Pays basque. Le vert irlandais n'est-il pas mondialement réputé?

Pour appréhender le pays dans son ensemble, avant d'essayer de le mieux connaître, il faut, entre Bayonne et Cambo, suivre la Route impériale des cimes que Napoléon fit construire pour des raisons stratégiques lors de la guerre contre l'Espagne; cette voie réserve des surprises, car ses détours sont imprévisibles. Au-delà des genêts qui la bordent, se dessinent les collines rondes, l'enchevêtrement des gaves et des nives, et, vers Saint-Jean-Pied-de-Port, on aperçoit un de ces « ports » ou cols, lieux d'échanges entre la France et l'Espagne, parcourus quelquefois par ces petits chevaux trapus à longue queue, les *pottoks*, qui évoquent les poneys des Shetland et dont les ancêtres servaient de gibier à l'homme des cavernes.

Un habitat riant

Dans ce cadre pastoral, parfois austère, l'homme a imprimé une note chantante avec ses demeures claires, joyeusement badigeonnées de chaux. Les villages sont dispersés au pied des collines, mais tous

fronton; ses dimensions minimales vont de 35 m de profondeur pour la main nue à 90 m pour le rebot. Le *mur à gauche* est un mur construit le long du grand côté gauche, à angle droit avec le fronton. Avec Petit Fronton (35-40 m), il est utilisé pour le jeu à main nue ou pour la pala corta; avec Grand Fronton, pour le jeu de cesta-punta. Quant au *trinquet*, il s'agit d'une salle couverte qui évoque les anciens jeux de paume. Des galeries latérales sont réservées au public. C'est au trinquet que les parieurs se manifestent le plus, et qu'on se rendra si on veut bien se pénétrer de l'ambiance si particulière au jeu.

Les jeux à *main nue* et avec *pala* sont les plus répandus; ils se jouent aussi bien en place libre qu'au mur à gauche et en trinquet. Avec le grand chistera, le jeu le plus spectaculaire, et désormais le plus populaire, est celui de *cesta-punta*, dont les parties extrêmement rapides, jouées avec une pelote de gomme qui part comme un boulet et requiert mille acrobaties, se déroulent mur à gauche. Le *yoko-garbi* se joue en place libre avec un petit chistera. Le *grand chistera*, pratiqué fréquemment en nocturne pendant la saison, permet de conserver la pelote un instant au creux de la gouttière (alors qu'au yoko-garbi, elle doit être renvoyée aussitôt). Le jeu de *rebot* se déroule avec un petit chistera en place libre; c'est l'une des formes les plus anciennes et les plus compliquées de la pelote basque. Dans le jeu de *remonte*, qui se pratique au mur à gauche, la difficulté réside dans le fait que le chistera ne comporte pas de poche : c'est le jeu du *coup glissé*. Le

▲ *Les motifs qui décorent le makila sont gravés sur la branche de néflier, avant que celle-ci soit coupée.*

groupés autour de leur église et de leur cimetière. Les fermes s'égaillent dans la vallée ou la montagne, parfois assez éloignées des bourgs, cernées de champs que clôturent des haies épineuses ou de grosses pierres plates fichées en terre, tels des menhirs. En altitude, de rudimentaires *cayolars* (cabanes) abritent les bergers solitaires qui, pendant l'été, y fabriquent des fromages, du lait de leurs brebis à tête busquée. Pour le cultivateur comme pour le berger, tout est là, séculairement quotidien : les travaux, les semailles, les labours, les fêtes et les joies. «Faire les mêmes choses que, depuis des âges sans nombre, ont faites les ancêtres, et redire aveuglément les mêmes paroles de foi, est une suprême sagesse, une suprême force.» Derrière ces mots que Loti prête à Ramuntcho, c'est le véritable secret de la terre basque qui apparaît en filigrane et qui affleure à chaque moment de la vie de ses habitants. *Etche* : la maison. Au Pays basque, tout dépend d'elle. Fièrement signée, au-dessus de la porte d'entrée, du nom de ses premiers maîtres, ou de ceux qui l'ont restaurée, elle héberge le couple fondamental, le couple souche éternellement recommencé. D'aîné en aîné — et ici l'aîné n'est pas toujours le premier-né (il peut être tel autre enfant, plus riche ou plus apte à assurer la descendance, que le père a désigné) —, elle passe, sans rien accorder aux cadets que l'essentiel, le nom qu'ils portent et qu'ils emportent avec eux au bout du monde, en Chine, en Amérique. A cela, tous les codes civils du monde n'ont jamais rien changé. Aujourd'hui encore, l'«etche» ne saurait être, par définition, qu'une et indivisible.

En un temps où il n'est question que d'écologie et de qualité de la vie, une visite de l'arrière-pays basque prend allure de révélation. Comme s'il s'agissait là de la chose la plus naturelle du monde, les Basques nous montrent ce qu'est un village authentique, fait des seuls matériaux locaux, et qui s'intègre parfaitement au paysage. Si, au fil des provinces, le style des maisons diffère, le principe reste le même. Les critères ancestraux sont immuables : une maison est faite pour durer autant qu'une dynastie de paysans; si l'on veut rester en bonne intelligence avec ses voisins, mieux vaut ne pas trop se serrer contre eux; et, puisqu'il faut environ mille ans pour réussir un village, il serait absurde de l'abîmer en quelques années, sous prétexte que l'on détient de nouvelles techniques de construction.

Le Pays basque a trois maisons

C'est dans le Labourd, au plus près de l'Océan, que la maison basque, d'une blancheur éclatante, avec ses pans de bois vert ou rouge, présente sa silhouette la plus caractéristique. Compacte, pesant de tout son poids sur son lopin de terre, avec son toit de tuiles

romaines plus ou moins incliné, elle s'oriente de préférence vers le levant, offrant un mur aveugle à la pluie qui vient de l'Océan. Le rez-de-chaussée est en pierre, le reste en torchis. Au balcon, des épis de maïs qui sèchent. Et des fleurs à profusion. Mais laissons la plume à Pierre Loti : «La maison de Gracieuse était très ancienne, comme la plupart des maisons de ce Pays basque, où les années changent, moins qu'ailleurs, les choses... Elle avait deux étages; un grand toit débordant, en pente rapide; des murailles comme une forteresse, que l'on blanchissait à la chaux tous les étés; de très petites fenêtres, avec des entourages de granit taillé et des contrevents verts. Au-dessus de la porte de façade, un linteau de granit portait une inscription en relief; des mots compliqués et longs, qui, pour des yeux de Français, ne ressemblaient à rien de connu. Cela disait : «Que notre Sainte Vierge bénisse cette demeure, bâtie en l'an 1630 par Pierre Detcharry, bedeau, et sa femme Damasa Irribarne, du village d'Ustaritz.» Un jardinet de deux mètres de large, entouré d'un mur bas pour permettre

pasaka (ou gant de cuir) se joue au trinquet, de part et d'autre d'un filet. Le jeu de *sare* enfin, qui nous vient de l'Amérique du Sud, se pratique également au trinquet avec filet. ■

Orgueil du Basque, le makila

Pour un adolescent, la remise du *makila* est un honneur et atteste que le jeune homme a dépassé le stade de l'enfance. Tout Basque, quelles que soient ses origines sociales, possède son makila, tressé de cuir ou gainé de métal, sobrement travaillé ou richement ornementé. C'est le bâton de promenade. C'est aussi celui que le bouvier utilisait autrefois comme aiguillon. Ce peut être encore la redoutable canne à épée qui, pour certains, de caractère batailleur, fit office d'arme : rares

étaient les marchés qui, dans la région limitrophe du Béarn, n'étaient pas le théâtre de rixes entre Basques et Béarnais. Le makila était indissociable de la vie quotidienne. Aujourd'hui, son usage tend à se perdre et ses acheteurs, encore nombreux, viennent d'autres horizons : désormais, il s'agit en grande partie de touristes.

Les contrefaçons sont innombrables. Il n'y a, en fait, plus que trois artisans qui continuent à fabriquer d'authentiques makilas selon les méthodes ancestrales : à Bayonne, à Bassussary et surtout à Larressore, près de Cambo. Ce métier difficile se transmet de père en fils. Chaque fabricant grave sa signature.

À l'origine, le makila était l'œuvre d'un forgeron. Peu à peu il exigea un véritable travail artistique et devint

le fait d'un spécialiste. Il faut, en effet, des doigts experts, du goût et un don créateur pour élaborer ces cannes ouvragées. Celles-ci sont faites d'un bois très robuste : en l'occurrence des branches de néflier, arbrisseau très rameux qui répond à cette caractéristique.

Au printemps, on pratique sur les branches des incisions, dessinées suivant la fantaisie de l'auteur. Le rameau, une fois coupé, requiert au moins deux ans de séchage, période au terme de laquelle on lui adjoint à la base un embout de cuivre travaillé. Au sommet, un autre embout de métal ciselé, prolongé par une pointe acérée de 7 cm environ, est coiffé d'un manche amovible de cuir tressé. Ce manche se termine par un pommeau de corne ou de métal, assujetti par une virole métallique de plus ou moins grande

▲ *Canne-épée,*
symbole de l'honneur basque,
le makila.

Murs blancs
et haut toit d'ardoise :
▼ *une ferme souletine.*

Rien ne semble
devoir changer dans
▼ *le petit village de Sare...*

de voir passer le monde, séparait la maison du chemin; il y avait là un beau laurier rose de pleine terre, étendant son feuillage méridional au-dessus des bancs des soirs, et puis des yuccas, un palmier, et des touffes énormes de ces hortensias, qui deviennent géants ici, dans ce pays d'ombre, sous ce tiède climat enveloppé si souvent de nuages. Par-derrière ensuite, venait un verger mal clos, qui dévalait jusqu'à un chemin abandonné. » À Ustaritz, Iholdy, Itxassou, les rues sont bordées de maisons de ce type et si, d'un village à l'autre, il y a quelques variations, celles-ci sont infiniment subtiles.

En Basse-Navarre, les colombages disparaissent, la tuile se marie à l'ardoise selon l'orientation de la toiture, au faîte plus accusé. Le grès rouge (« pierre de Bidarray ») fait son apparition, indice d'une influence nettement espagnole. La porte d'entrée devient un véritable monument signé, daté et paraphé par les fondateurs de la maison. Avec de beaux claveaux de pierres apparentes et des balcons qui tournent en rond, la maison bas-navarraise est plus austère, moins

gaie que sa voisine labourdine, mais elle semble construite encore plus solidement, comme pour être éternelle. Avec la maison souletine s'annonce déjà le Béarn. Les bâtiments de la ferme sont disposés en équerre, les murs montés en moellons ou en galets; le toit d'ardoise se fait encore plus pointu et a quatre versants. Plus de décoration ni d'inscription : les lucarnes restent la seule coquetterie de la toiture. Mais, d'un bout à l'autre du pays, l'essentiel demeure; la maison place sous un même abri bêtes et gens. Elle réunit l'étable, la resserre à outils, la chambre des maîtres où un baldaquin et des rideaux de toile donnent au lit des allures d'alcôve, la cuisine avec ses brocs à deux anses, ses jambons pendus aux poutres et son râtelier à fusils. Au mur est accrochée la *xahakoa*, gourde en peau de bouc retournée qu'il faut vider à la régalade. Dans un coin, le *zuzulu*, banc à haut dossier droit dont une partie se rabat pour faire table; il sert aussi de coffre pour le beau linge typique, au solide tissage en diagonale, orné de rayures de couleurs vives, et que l'on retrouve aujourd'hui sur les tables de bien des restaurants.

Les tribunes de la foi

Si la maison est le cœur de la vie familiale, l'église est le cœur du village. Massive, austère avec ses airs de grosse ferme, elle étincelle à l'intérieur de tout l'or du maître-autel. À certaines variantes près, elle conserve dans les trois provinces un style qui semble défier siècles et modes et qui rend hasardeuse toute tentative de datation. Dans le

valeur (argent ou cuivre). La hauteur totale du makila est proportionnelle à la taille de l'individu. Il porte généralement une devise ou une inscription, choisie par son propriétaire. ■

Le Critérium des cimes

Depuis 1951 se déroule, chaque année (les premiers samedi et dimanche de septembre), une épreuve automobile particulièrement difficile et pittoresque, qui lance des véhicules tout-terrain à l'assaut de sentiers de montagne aussi défoncés et boueux que possible, et dont certains offrent des pentes pouvant atteindre 40 p. 100.

L'origine de l'épreuve remonte à l'époque où les troupes américaines quittèrent la France, après la Seconde Guerre mondiale, laissant derrière elles des Jeep que de jeunes Basques pouvaient acquérir à bon compte. Initialement, il s'agissait pour eux de rejoindre plus facilement les prés où pâturaient leurs brebis. Progressivement, la compétition s'en mêla; on se lança des défis d'un village à l'autre pour savoir qui atteindrait le premier tel sommet. Dès lors, il ne restait plus à l'Automobile-Club basco-béarnais qu'à codifier la chose. Ainsi naquit une épreuve qui connaît une vive popularité.

Chaque automne, le « Critérium des cimes » attire une bonne cinquantaine de concurrents qui s'affrontent en une douzaine de courses de côtes entre Licq-Athérey et Saint-Jean-de-Luz. Au total, 40 km de montagne pure et 200 km d'itinéraires de liaison. Depuis

▲ *Du pic d'Orhy,*
la vue s'étend sur
la chaîne des Pyrénées
et le pic d'Anie.

Le « zamalzain »,
à la fois cavalier et cheval,
personnage
▼ *de la fameuse danse du verre.*

Labourd, une tour carrée, des escaliers extérieurs et une nef unique semblable à celle, si célèbre, de Saint-Jean-de-Luz qui vit le mariage du Roi-Soleil et de l'infante Marie-Thérèse. En Basse-Navarre, les clochers s'élancent plus franchement, et, dans la Soule, ils arborent les trois pignons qui représentent la sainte Trinité.

Mais l'originalité profonde de l'église basque réside ailleurs, dans ces curieuses rangées de deux ou trois galeries qui cernent les murs intérieurs et qui sont réservées aux hommes. Femmes et enfants prient en bas, dans la nef, et rien ne semble devoir jamais interrompre cette étrange ségrégation.

Si les jeunes Basquaises délaissent à peu près complètement la mantille, leurs aînées portent encore à la messe la mante noire, ou *kaputcha*. Il faut suivre, un dimanche après l'office, la procession de ces femmes vêtues de sombre au-delà de la herse horizontale qui clôt l'entrée du cimetière, tout chargé de mystère et de symboles. Les rangées de stèles discoïdales portent souvent la croix basque (semblable au *svastika* indien) et sont ornées de représentations stylisées d'instruments de travail, de blasons, ou du monogramme du Christ. Inséparables du patrimoine familial, certaines de ces stèles, qui ont mille ans, semblent dériver directement du menhir.

Les communions profanes

Un « peuple qui demeure ou plutôt qui saute au pied des Pyrénées », ainsi s'exprimait déjà Voltaire en parlant des Basques. Cette silhouette traditionnelle du Basque coiffé du béret, chaussé d'espadrilles, portant le *makila,* « sautant et bondissant », semble directement issue d'un de ces clichés commodes qui exaspèrent ceux qui en font les frais. Demeure, hors ces images trop rebattues, un indéfectible attachement aux traditions (costumes, jeux, chansons et danses) que les natifs de Sare ou d'Aïnhoa considèrent toujours, où qu'ils se trouvent, comme une part inaliénable de leur héritage.

Ce n'est pas, en effet, pour le seul plaisir des touristes ou des photographes qu'à 5 heures du soir, l'été, les enfants, curé en tête, se précipitent vers le *fronton.* Mur d'église, de cimetière ou de mairie, ou bien construit en plein champ, le fronton, ordinairement peint en ocre rose, est le lieu où s'affrontent les futurs champions et les écoliers en rupture de ban. Qu'elle se joue à main nue ou gantée de cuir, à l'aide de la palette de bois ou du *chistera* d'osier, la pelote et ses claquements appartiennent à un univers sonore et dansant, absolument inséparable du microcosme basque.

Adulte, l'écolier dont les mains calleuses témoignent de son assiduité au fronton deviendra peut-être l'un de ces *pelotaris* vêtus de blanc qui font l'objet d'un culte semblable à celui dont bénéficient, un peu partout dans le Sud-Ouest, les meilleurs joueurs de rugby.

Si la pelote descend du jeu de paume, les danses basques viennent de France ou d'Espagne. Bien qu'il s'agisse d'importations, le tempérament local a su leur donner un caractère plus haut en couleur. En Labourd, le fandango espagnol perd en expression amoureuse ce qu'il gagne en hiératisme : danseur et danseuse se font face sans jamais s'effleurer, bras arrondis tendus vers le ciel. En Soule, les costumes sont riches de couleurs et de broderies. Les danseurs évoluent, visage impassible, buste immobile, jambes incroyablement agiles. Danse des bâtons et danse des épées symbolisent des affrontements de bergers, de guerriers, de contrebandiers. Les mascarades voient déferler dans les rues un cortège de diables rouges, de seigneurs, de gentes dames, de cantinières, formant toute une cour autour du roi et de la reine de la fête : Yauna et Anderia. En Basse-Navarre comme en Soule, les costumes sont très chamarrés, et la danse la plus populaire est sans doute la danse du verre, exercice de haute précision qui se pratique avec la complicité du *zamalzain,* créature mythique, à la fois homme et cheval. Plus subtile encore, la danse des volants prend, grâce à la baguette habillée de rubans que tiennent les danseurs, une allure de pastorale.

Les *pastorales* proprement dites, qui perpétuent la tradition des mystères médiévaux, donnent lieu à des représentations interminables. Le diable et le Bon Dieu, Napoléon et Moïse, Turcs et chrétiens se côtoient dans des situations où tragique et burlesque se mêlent au mépris de toute vraisemblance; mais, pour que les choses restent claires, les bons sont habillés en bleu et les méchants en rouge.

quelques années, les buggies viennent contester la longue suprématie des Jeep; ils ont pour eux l'avantage de la légèreté et de la nervosité.

Les parachutistes en garnison à Tarbes contribuent au succès du Critérium en participant de près à son organisation et en fournissant plusieurs concurrents chaque année. Mais, au Pays basque, le héros de l'épreuve reste Joseph Etchecopar, qui a participé à la plupart des compétitions, depuis leur création. ∎

La chasse à la palombe

Fin septembre ou début octobre, des coups de fusil se font entendre : ceux qui, en dépit des protestations des amis des oiseaux, continuent d'accueillir dans tout le Sud-Ouest

les palombes qui descendent alors du Nord vers l'Espagne. Il n'est plus question au village que de cela. On tire les passages à partir de *palombières* (cabanes de chasse construites au sommet d'un arbre) ou, de manière beaucoup plus habile, on les capture à l'aide de *pantières* (filets tendus verticalement à l'entrée des cols habituellement empruntés par les oiseaux). Pour les obliger à se rabattre vers le sol, les chasseurs lancent vers les palombes des palets blancs, simulant le vol de l'épervier qui attaque toujours par-dessous. Effrayée, la palombe plonge vers le sol et se prend au filet. La saison de chasse est en général clôturée par un repas de fête au cours duquel fusent improvisations poétiques et récits plus ou moins mythiques, cependant que les « anciens » du village

▲ *À l'automne, le lanceur de faux éperviers en bois attire dans les pantières les palombes effrayées.*

finissent la soirée à l'auberge pour faire une partie de *muss* (poker basque), qui donne lieu à des affrontements aussi acharnés et aussi risqués que ceux du vrai poker. ∎

De la gastronomie basque

Parmi les spécialités :
le *toro* que les bons auteurs appellent indifféremment « bouillabaisse basque », « fricassée », « ragoût » ou « matelote de poissons » (préparé sans safran);
les *chipirons* : petites seiches (ou encornets) farcies ou cuites à la casserole, accompagnées de leur encre ou de tomates selon les recettes;
le *thon* coupé en tranches, grillé, servi avec de la piperade très relevée ➝

Doux coteaux et vastes « touyas » se partagent le Labourd, dominés par la Rhune,
▼ *imposante malgré sa faible altitude.*

Les récitatifs sont entrecoupés de danses et de chants accompagnés par deux instruments qu'on retrouve dans toutes les cérémonies : le tambourin *(ttun-ttun)* et la *tchirulä* ou *txistu*, flûte à trois trous. En Soule toujours, le *charivari*, qui était à l'origine une manière insultante de mettre au pilori un veuf ou une veuve trop tôt remariés, ou une personne de mœurs notoirement dissipées, s'est transformé en une farce d'une verdeur toute rabelaisienne. Mais il ne s'accompagne plus que rarement de coups de fusil tirés en l'air.

Nive et Nivelle en Labourd

Où finit le Labourd? Où s'arrête la Basse-Navarre? Où commence la Soule? Les trois provinces ne font qu'un tout; leurs frontières sont confuses. Néanmoins, outre l'habitat, il est dans ces sites des variétés de paysages qui donnent à chacune son caractère particulier.

Ainsi, le Labourd, coincé entre l'Adour et la Bidassoa, entre l'Océan et une ligne frontalière que l'on pourrait confondre avec la vallée de la Joyeuse, est une terre riante, peu boisée, avec ses landes sauvages *(touyas)* coupées de pans de cultures. Les contreforts pyrénéens prennent ici allure de « collines », puisque le point culminant, la Rhune, n'atteint que 900 m. Faible altitude certes, mais le panorama qui, du sommet, embrasse le Labourd, les Landes et les Pyrénées mérite l'« ascension » (par funiculaire à crémaillère) depuis le col de Saint-Ignace. En contrebas, côté Océan, le pittoresque village d'*Ascain*, sis à seulement quelques kilomètres de Saint-Jean-de-Luz, est le trait d'union entre la mer et la montagne. C'est là, à l'hôtel de la Rhune, que Pierre Loti écrivit *Ramuntcho*. Il y a des glycines aux balcons; les volets de bois rouge sang de bœuf, bleus ou verts font tache sur le crépi des maisons aux toits dissymétriques. L'église possède un clocher-porche trapu comme un donjon et, bien entendu, des galeries intérieures réservées aux hommes. Le pont

la *piperade* : mélange de légumes composé de tomates, piments, oignons et ail. On ajoute souvent des œufs, cuits avec la piperade comme des œufs brouillés;

le *poulet basquaise*, accompagné de tomates, de piments, de dés de jambon et de champignons;

le *salmis de palombe Etchebar* : servi sur canapé garni de dés de jambon;

les *rognons à la basquaise* : avec poivrons rouges et oignons;

le *riz à la Gatchutcha (Gracieuse)* : riz, chorizo, jambon en dés, olives vertes, piments, tomates, oignons;

le *tripotcha* : boudin fait de poumons et d'intestins de jeune veau, que l'on mange bouilli, accompagné d'une purée de pommes (fruits);

le *hachua d'Espelette* : filet de veau ou de bœuf coupé en tout petits dés. Roux préparé à base de graisse, ail,

oignon, bouquet, petits morceaux de jambon, farine;

les *louquenkas* : petites saucisses à l'ail et au piment;

le *gâteau basque* : gâteau parfumé au zeste de citron, fourré de crème pâtissière ou de cerises noires d'Itxassou;

la *galette basquaise* : œufs battus et confiture de cerises ou de groseilles;

le *taloa* : boulettes de farine de maïs et de blé, cuites devant la braise dans la région d'Itxassou. Dans celle de Cambo, les boulettes sont sucrées et jetées dans de l'huile bouillante;

le *gâteau de la maison (Etche biskoxa)* : gâteau en couronne, parfumé au rhum et à l'anis, dont le centre est garni de pruneaux et recouvert d'un dôme de pâte.

Parmi les sucreries, la plus typique et la plus répandue est le *touron*, sorte de pâte d'amandes garnie

de pistaches ou de fruits confits.

Parmi les boissons, le Pays basque offre le *vin d'Irouléguy* « si chaud et si fruité, qui fait danser les filles » (Curnonsky) — de ce vin d'appellation contrôlée, rouge ou rosé, Saint-Étienne-de-Baïgorry est la capitale —, un cidre aigrelet (le *pittara*) et la liqueur verte ou jaune *Izarra* (qui signifie « étoile »). ■

Sur les chemins de Saint-Jacques

Au Moyen Âge, les chemins de Saint-Jacques-de-Compostelle, venant de Tours, de Vézelay et du Puy, convergeaient à Saint-Jean-Pied-de-Port. Des sanctuaires les jalonnaient. Le Pays basque en a conservé d'importants.

Bidarray : l'église romane a été

▲ *Palissée très en hauteur, la vigne d'Irouléguy, petit village réputé pour son vin.*

Les eaux de la Nive ajoutent au charme paisible de la vieille ville
▼ *de Saint-Jean-Pied-de-Port.*

romain et le manoir d'Ascubea (XVIe s.), ayant appartenu à Mgr de Sossiondo, évêque de Bayonne, contribuent au charme d'Ascain, cerné de prairies qui viennent doucement mourir dans l'arrière-cour des maisons.

Non moins typique, le petit village frontalier de *Sare* qui, sur l'autre versant du col de Saint-Ignace, entretient fidèlement le mythe de la contrebande. En été, on y organise, le plus officiellement du monde, le « cross » des contrebandiers. La rumeur publique veut, en effet, que la grotte de Sare, aux innombrables galeries où se réfugièrent un jour les soldats carlistes, communique par un chemin secret avec le versant espagnol. Jusqu'à la fin du siècle dernier, le village était capitale d'une république enclavée à l'intérieur de la Navarre espagnole. C'est l'Etchezar chanté par Loti, mais, surtout, c'est la patrie de Pedro Axular, le plus grand poète basque (XVIe s.). Il faut y voir l'église Saint-Martin (XVIIe) avec sa fameuse inscription : « Toutes les heures blessent, la dernière tue », et les belles maisons des XVIIe et XVIIIe siècles. Éparpillés dans la campagne environnante, chapelles et oratoires ont été construits par des matelots pour remercier la Vierge de les avoir sauvés des périls de la mer. En octobre, cette campagne s'anime, la chasse à la palombe bat son plein, car, de par sa situation géographique, Sare est devenue l'une des terres d'élection de ce « sport ».

Il est toutefois, dans cette région, des plaisirs moins « cruels », telle la pêche, d'autant plus passionnante que la Sare et la Nivelle abondent en truites et en saumons. Au confluent des deux rivières, à deux pas de la Navarre espagnole, *Aïnhoa* est, dans son cadre de verdure, un village spécifiquement labourdin, avec ses rues rouges et blanches, vertes et blanches, certaines même absolument blanches. Chaque année, pour la Saint-Jean, on blanchit les maisons comme on le fait en Andalousie, en Algarve ou dans les Cyclades. Tout est ici ordre, clarté dans la perspective et dans l'architecture. Une bonne partie des demeures qui bordent la pittoresque grand-rue ont été édifiées au XVIIe et au XVIIIe siècle. L'église, d'origine romane, est un modèle du style basque avec son clocher carré à cinq étages, ses galeries du XVIIe, son beau plafond et son chemin de croix en céramique.

De cette terre labourdine que le temps ne semble pas avoir marquée, *Ustaritz* fut la capitale jusqu'en 1790. Installée dans la vallée de la Nive, cette petite cité a vu naître le « bilzar », organe administratif réservé au tiers état, qui gérait le pays sous le contrôle d'un bailli nommé par le roi. Elle fut aussi la patrie du Conventionnel Dominique-Joseph Garat (1749-1833), qui lut à Louis XVI sa sentence de mort. Les maisons à colombage, les églises de Jatxou et de Halsou, les chapelles Saint-Michel et Saint-Sauveur sont dominées par la masse imposante du séminaire Saint-François-Xavier-de-Larressore

qui joua un rôle d'importance dans la défense et l'illustration de la langue basque.

En dépit de ce riche passé, Ustaritz a été quelque peu reléguée dans l'ombre par l'éclat de sa proche voisine, *Cambo-les-Bains*. Connue depuis longtemps pour son climat particulièrement clément et pour ses eaux thermales, cette dernière a accueilli une pléiade d'hôtes célèbres : Napoléon III et l'impératrice Eugénie, Alphonse XIII, Pierre Benoit, Sarah Bernhardt, Pierre Loti et Gabriele D'Annunzio. Anna de Noailles y eut sa villa « Brimborion », Edmond Rostand y fit construire en 1903 sa demeure d'« Arnaga » dont les superbes jardins à la française s'étagent au-dessus de la vallée de la Nive; calme retraite où il devait écrire *Chantecler*, et où Jean Rostand se découvrit une vocation de biologiste. Avec ses bouquets de chênes, de platanes et de mimosas, ses massifs d'hortensias et de camélias, la station s'étire aujourd'hui sur deux niveaux : le haut Cambo, au bord d'un plateau qui domine la Nive, où s'alignent maisons et hôtels de luxe; le bas

▲ De son château fort,
Mauléon, capitale de la Soule,
conserve de beaux vestiges.

élevée sur les soubassements d'un ancien prieuré. Le jour de la Fête-Dieu, une procession particulièrement pittoresque a lieu dans la bourgade; défilent des sapeurs à bonnet de poil, des suisses, des danseurs navarrais.

L'Hôpital-Saint-Blaise : la petite église du XIIᵉ siècle est très marquée par le style mudéjar, qui s'exprima à Cordoue notamment. Parmi les bienfaiteurs de l'église, on relève le célèbre Gaston III de Foix, dit Phébus, lieutenant du Languedoc, grand seigneur du XIVᵉ siècle, habile administrateur et ami des arts. Chaque année, du 3 au 5 février, pèlerinage en hommage à saint Blaise, protecteur du bétail. Seuls, les hommes y viennent et apportent des queues d'animaux à protéger. Le soir, on brûle ces touffes sur un bûcher dressé devant l'église. Par extension, le saint guérirait aussi les humains!

Sainte-Engrâce : l'église, du XIᵉ siècle, est consacrée à une jeune noble espagnole martyrisée au IIIᵉ siècle. Son corps se trouve dans la cathédrale de Saragosse et la petite église de montagne ne possède, comme relique, que l'annulaire de « Madame Sainte Gracie » qui attire deux pèlerinages par an, le 15 avril et à la Pentecôte. Pour construire le sanctuaire qui se trouvait aux limites de la Navarre, de l'Aragon et de la France, il fallut, dit la tradition, une décision commune des trois souverains. Avec Saint-Blaise, Sainte-Engrâce est le seul édifice roman du Pays basque à n'avoir pas été défiguré. ■

*Les trois pignons
du clocher trinitaire de Gotein,
▼ typique de l'église souletine.*

Cambo, près de la rivière, qui a conservé, intact, le style du village basque traditionnel. Si Cambo-les-Bains est une ville fleurie et plaisante, le petit bourg d'*Espelette* n'a rien à lui envier : en 1922, on le déclara le plus coquet de France et, en 1955, lui fut attribué le diplôme « Prestige de la France ». Blotti dans un nid de verdure au pied du pic du Mondarrain, ce village d'aspect féodal, aux rues tortueuses, aux charmantes maisons alignées sur les rives du Laxa, est l'ancien fief des chevaliers et barons d'Ezpeleta. Leur château, reconstruit au XVIIᵉ siècle, contribue à l'harmonie de l'ensemble.

Les villages sont nombreux dans le Labourd et chacun mériterait qu'on s'y attarde. Comme *Hasparren,* qu'entouraient autrefois d'immenses forêts. Francis Jammes en fit sa résidence préférée; le poète, qu'on appelait « le Cygne d'Orthez », y devint le « patriarche d'Hasparren » (c'est là qu'il écrivit ses dernières œuvres et qu'il est enterré). Comme *Itxassou* aussi, éparpillé sur une série de dos-d'âne telle que l'on croit avoir quitté le village depuis longtemps lorsque l'on découvre, entourée de vieux chênes et se détachant dans l'échancrure du Pas de Roland, la belle église Saint-Fructueux du XVIIᵉ siècle. De là, la route remonte le défilé de la Nive, où l'on peut voir l'un des multiples rochers que la terrible Durandal est censée avoir fendus. Certes Roncevaux, ou plutôt Roncesvalles, se trouve en territoire espagnol : mais les Basques de chez nous devaient bien au neveu de Charlemagne un souvenir de son passage. Au-delà du hameau de Laxia, un sentier permet d'atteindre le sommet de l'Artzamendi (926 m) : une promenade au cœur de l'un des plus beaux tableaux naturels que puisse offrir notre pays.

Lieu de pêche à la truite et au saumon, de chasse à la bécasse et au lapin, *Louhossoa,* dans la vallée de la Nive, est encore labourdin, mais à la limite de la Basse-Navarre, tout comme *Bidarray,* plus au sud. Ici, un vieux pont, le « pont d'Enfer » (le diable, furieux de ne pas comprendre le basque, se serait jeté de là dans la Nive), et une église de grès rose juchée sur une hauteur ajoutent au charme du village.

La Navarre en France

Le Pays basque montagnard commence avec la Basse-Navarre, région boisée, parcourue de rivières, dont le cours supérieur de la Nive et la Bidouze. L'une des parties les plus belles est la *Vallée des Aldudes,* qui épouse les caprices de la Nive des Aldudes, affluent de la Nive, et qui se resserre dans des gorges de rochers rouges au milieu d'un paysage peuplé de chênes et de châtaigniers. Nous sommes au cœur de l'une des principales régions de chasse à la palombe, région qui fut, des siècles durant, l'objet de luttes acharnées entre les villageois de Baïgorry et ceux du val d'Erro, en Espagne (ce n'est qu'au XIXᵉ siècle que les Basques français obtinrent le droit de faire paître leurs troupeaux en territoire espagnol). Les maisons de grès rouge du petit village des *Aldudes,* l'harmonieuse disposition de *Saint-Étienne-de-Baïgorry,* blotti dans un cirque de montagnes, l'altière silhouette du château des vicomtes d'Échaux contribuent à l'intérêt de ce parcours.

La Navarre a deux pôles entre lesquels a constamment balancé sa capitale : Saint-Jean-Pied-de-Port et Saint-Palais. Le premier, le plus pittoresque, s'ordonne autour de trois « nives » dans le pays de Cize. Dernière ville française sur le chemin de Saint-Jacques-de-Compostelle, située à proximité du col de Roncevaux, *Saint-Jean-Pied-de-Port* constitue une étape quasi obligatoire sur la route qui mène à l'Espagne. Au centre d'un bassin fertile cerné de hauteurs, la petite cité a gardé son aspect ancien, avec ses jolies maisons de grès rose signées et son église fortifiée Notre-Dame-du-Pont (XIIIᵉ-XVIIᵉ s.), avec son enceinte et sa citadelle, remaniées par Vauban. Le pont roman, la maison des États-de-Navarre (1610), celles des XVIᵉ, XVIIᵉ et XVIIIᵉ siècles qui bordent les rues de la Citadelle et d'Espagne, le magnifique fronton enclos dans les remparts font de la capitale de la Basse-Navarre, dont le nom signifie « Saint Jean au pied du col de Roncevaux », un de ces lieux où il fait bon flâner. En outre, c'est un excellent point de départ pour une excursion vers la belle forêt d'Iraty, hantée par des sangliers et des aigles et célèbre repaire de contrebandiers. Son manteau végétal (hêtres, sapins et ifs) compte, d'aucuns l'affirment, parmi les plus beaux du monde.

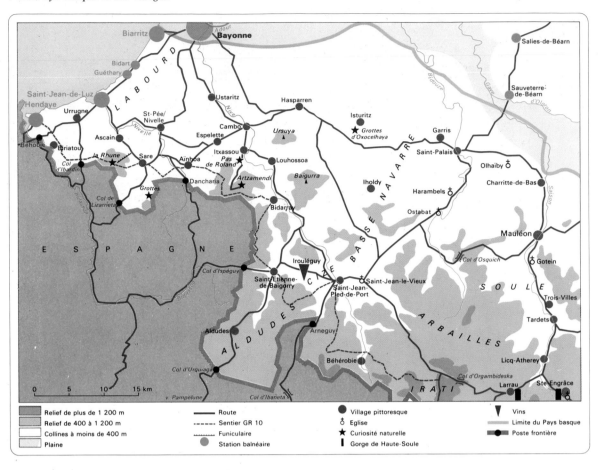

Le sentier de grande randonnée G. R. 10

Établi en 1972 par Charles Etchepare et Georges Véron, le G. R. 10 relie Hendaye à Larrau, au gré d'un relief qui ne dépasse jamais 1 000 m. Ne comportant aucune escalade, il se trouve donc à la portée de tous et peut être suivi d'un bout à l'autre de l'année. Le sentier frôle souvent la frontière, et les randonneurs peuvent s'approvisionner dans les *ventas,* maisons espagnoles où l'on vend un peu de tout, mais où il n'est pas question de passer la nuit. Même impossibilité en ce qui concerne les *cayolars,* cabanes de bergers où se pratiqua longtemps une hospitalité rustique. Aujourd'hui, en l'absence du propriétaire, ces cabanes sont, pour la plupart, solidement barricadées. Restent les *bergeries,* situées à proximité des cols et où il est toujours possible de trouver un abri.

Telles pourraient être les principales étapes :
Hendaye-Biriatou : 2 heures
Biriatou-Sare : 6 heures
Sare-Aïnhoa : 3 heures
Aïnhoa-Bidarray : 7 heures
Bidarray-Saint-Étienne-de-Baïgorry : 7 h 30
Saint-Étienne-de-Baïgorry - Saint-Jean-Pied-de-Port : 5 h 30
Saint-Jean-Pied-de-Port-Béhérobie : 5 h 30
Béhérobie-Larrau : 8 h 30. ■

Autre capitale de la Navarre française, arrosée par la Bidouze, la petite ville de *Saint-Palais* fut, dès le XVe siècle, célèbre pour ses marchés et ses foires; elle a eu son hôtel des Monnaies. Elle est actuellement un centre important d'approvisionnement agricole. Les environs valent d'être explorés. Vers l'est (déjà en Soule), *Olhaïby* et sa petite église romane; *Charritte-de-Bas* et son église à trois pignons. À l'ouest, près du Labourd, les grottes superposées d'Isturitz et d'*Oxocelhaya,* au cœur d'un paysage qui fait irrésistiblement songer aux scènes peintes par les miniaturistes flamands lorsque, lassés de la monotonie de leurs plaines, ils s'inventaient des montagnes. Au sud-ouest, *Iholdy,* avec son église, ses deux châteaux et ses maisons pittoresques, l'un des endroits les plus attachants et les plus ignorés du Pays basque; il faudrait le voir au moment de la procession de la Fête-Dieu (*Pesta-Berri :* la nouvelle fête) qui revêt là une ampleur et une beauté toutes particulières. Au sud enfin, la chapelle Saint-Nicolas d'Harambels, avec son tympan roman, possède une merveilleuse et naïve décoration rustique du XVIIe et du XVIIIe siècle, typiquement basque, peut-être la plus remarquable de la région; tandis que, tout près, *Ostabat-Asme* est une bastide où convergeaient, bien avant Saint-Jean-Pied-de-Port, les trois « chemins » menant à Compostelle (de Tours, de Vézelay, du Puy).

La Soule entre Basques et Béarnais

Le col d'Osquich (507 m) commande la « frontière » entre Basse-Navarre et Soule. Toute proche du Béarn qui l'a influencée, la Soule est pour les Gascons une province frontière, dont la belle vallée du Saison (Gave de Mauléon) est l'artère vitale. Une plaine fertile et verdoyante et des montagnes boisées se partagent ce territoire.

Capitale de la Soule, *Mauléon* fut longtemps résidence des vicomtes souverains de Soule, puis des capitaines châtelains, gouverneurs du roi. La haute ville, qui conserve un imposant château fort médiéval, contraste avec le quartier résidentiel de Licharre, riche de son château d'Andurain — splendide demeure Renaissance construite au XVIIe siècle par Arnaud Ier de Maytie, évêque d'Oloron — et de son hôtel de Montréal, datant du XVIIIe siècle. Pierre Benoit a planté le

décor de son roman sur les guerres carlistes *Pour Don Carlos* à Mauléon, qu'il surnomme Villéléon. La cité de Mauléon s'est rendue célèbre par la fabrication de ces espadrilles qui sont, avec le béret, l'un des symboles du Pays basque.

À l'est de la ville, non loin de la vallée du Gave d'Oloron, *L'Hôpital-Saint-Blaise* est un ancien hospice qui jadis accueillait les pèlerins de Saint-Jacques. Son église est remarquable par un détail fort rare en France : la clôture des fenêtres est composée de dalles de pierres ajourées. Au sud, l'église de *Gotein-Libarrenx* possède un clocher trinitaire, l'un des mieux conservés et des plus caractéristiques du pays de Soule. À proximité de Gotein (sur la route de Larrau), Trois-Villes est le Tréville immortalisé par *les Trois Mousquetaires.* Un peu plus haut sur le Saison, *Tardets-Sorholus* est un charmant village aux vieilles maisons à arcades où se déroulent des manifestations folkloriques parmi les plus authentiques du Pays basque. Aux environs de la chapelle de la Madeleine, qui est un but de pèlerinage, on découvre une magnifique vue sur les pics du Midi d'Ossau et du Midi de Bigorre.

Une jolie excursion à faire à partir de Tardets est celle de la haute Soule. À *Sainte-Engrâce,* pittoresque village de bergers cerné par la forêt : on se croirait au bout du monde! Les *gorges de Kakouetta,* aux parois verticales taillées dans le calcaire, sont impressionnantes, surtout au point nommé le « Grand Étroit », sorte de cañon de 3 à 10 m de largeur, profond de 200 m et dans lequel roule, à grand fracas, le torrent. L'excursion requiert des qualités sportives, mais elle vaut la peine car il s'agit là d'une des merveilles du département des Pyrénées-Atlantiques. La collégiale romane, isolée en pleine montagne, au bout de la route carrossable, est ornée de chapiteaux historiés, de grilles du XIVe siècle, et d'énormes serpents enserrent le pied de ses colonnes.

La vieille inscription basque qui est sculptée sur le fronton des Aldudes : « Jouons honnêtement, toute la place nous jugera honorablement » est un rappel symbolique de la loyauté du Basque, dont l'existence, quand il n'est pas en Amérique, se déroule entre le fronton, la place, l'église et son cimetière, la maison. Ce peuple n'est pas de ceux qui démissionnent. Opiniâtrement attaché à la tradition, il a atteint une perfection d'équilibre dans sa vie et son décor même.

petites cités
en terre de Flandre

◀ À la lisière de la forêt
de Clairmarais,
la ferme, vestige
d'une ancienne
abbaye cistercienne.

Le Hofland Meulen ▶
de Houtkerque
l'un des plus vieux
moulins d'Europe,
remonterait au XIIᵉ siècle.

Les Moëres,
jadis lagune insalubre,
aujourd'hui fertile étendue
▼ sillonnée de canaux.

En partie gagnée sur la mer,
la Flandre étale, sous un ciel mélancolique,
de vastes paysages mouillés
d'où émerge de-ci de-là
la haute silhouette d'un moulin.
Dans cette plantureuse campagne où l'eau,
guidée par un réseau serré de canaux,
favorise la fécondité du sol,
partout se lit la ténacité
d'une population
que l'histoire n'épargna guère.

2. Petites cités en Flandre

▲ *Champs et maison les pieds dans l'eau :
le hameau de la Redoute,
au bord de la Grande Clémingue.*

▲ *Entre des maisons basses de style flamand,
l'Aa canalisé traverse
le faubourg du Haut-Pont.*

Au pays des watergangs, Saint-Omer prend des allures de Venise.
Son marais est devenu un pittoresque damier
où d'innombrables chemins d'eau enserrent des îlots portant hameaux, fermes ou jardins maraîchers.

6. Petites cités en Flandre

◄◄ *Esquelbecq,*
bourg paisible sur l'Yser,
est typiquement flamande
avec ses pimpantes maisons
à toits de tuiles sombres.

◄ *Une architecture simple*
et sans ostentation,
à la fois gaie
et fonctionnelle
(Hazebrouck).

Se mirant dans les eaux
de l'Aa canalisé,
à Saint-Omer,
une coquette maison peinte
▼ *comme les aime le Nord.*

Dans ce «plat pays»,
les maisons sont isolées ou groupées en petites cités.
Leurs murs se parent de chaudes couleurs,
leurs nombreuses fenêtres,
par où la lumière coule à flots,
s'ornent de rideaux d'une blancheur éclatante.

Petites cités en Flandre. 7

▲ *Bergues : le long du*
canal de la Colme,
qu'enjambe le pont Saint-Jean,
un bel ensemble de vieilles maisons.

Dans le Blooteland, pays conquis sur l'eau,
ou dans le Houtland,
«pays au bois» dominé
par la ligne des monts de Flandre,
les bourgades flamandes,
chargées d'histoire,
semblent vivre hors du temps,
fidèles à leur passé et à leur décor d'autrefois.

Vu des hauteurs de Cassel, ▲
le mont des Récollets
se détache au-dessus des
horizons sereins du Houtland.

Silhouette familière de ▶
la Flandre maritime,
le moulin à vent
de Hondschoote.

▲ *Émergeant d'une grasse campagne,
la petite ville de Hondschoote,
dominée par la haute tour
de son église-halle.*

De la mer du Nord aux fertiles plateaux du Hainaut et du Cambrésis, au nord des collines de l'Artois, la Flandre étale, à cheval sur la France et la Belgique, des paysages humides éclairés par le ciel «gris de cristal» cher à Rimbaud. À l'ouest, c'est le *Blooteland*, le «pays nu», la vaste plaine maritime ouverte aux vents du large, région de cultures et de pâturages sur laquelle veillent, dans le lointain, Calais et Dunkerque. Plus à l'intérieur des terres, c'est le *Houtland*, le «pays au bois», planté de peupliers, de saules et d'ormes, dont les horizons, agréablement ondulés, s'ordonnent d'ouest en est sur un alignement de buttes sableuses, les monts de Flandre, «montagnes» qui n'atteignent pas 200 m. Villages et fermes émaillent ces campagnes plantureuses où partout se lit le travail acharné de l'homme, qui dut conquérir une partie de la plaine, toujours menacée par l'eau. «Terre» à l'époque romaine, où le littoral correspondait à peu près à celui d'aujourd'hui, la Flandre maritime devint «marine» au IVᵉ siècle, lorsque l'eau salée avança jusqu'à Saint-Omer. Puis la mer recula, laissant derrière elle l'immense lagune des Moëres, devenue depuis un «polder».

De cette nature difficile, le Flamand a su se faire une alliée. Le «plat pays» était pauvre : abondamment engraissé, il s'est paré de belles cultures. L'eau regorge de partout, la pente des rivières est faible : une intense circulation fluviale s'est organisée. Le vent est violent : son énergie est utilisée par les moulins. Le climat porte à la mélancolie : les fêtes sont nombreuses, débordantes de gaieté.

Cette aptitude à vaincre l'adversité a permis à la Flandre, dont Michelet écrivit qu'elle était le «rendez-vous des guerres», de toujours se relever. Et, si elle garde les traces des innombrables batailles dont elle fut le théâtre, ne furent jamais entamés cette dignité, ce courage, ce goût du labeur qui, de part et d'autre d'une artificielle frontière, cimentent l'unité du «peuple flamand».

La Flandre des canaux

De la colline qui, dominant la petite bourgade de *Watten* d'à peine 72 m d'altitude, est le premier maillon du chapelet des monts de Flandre, le regard s'étend à l'infini sur la plaine du *Blooteland*.

Qui parle de monotone platitude? Chemins de fer, routes et canaux découpent le joyeux désordre des cultures de lin, de colza et de betteraves. À l'ouest, la forêt d'Éperlecques pose sa tache bleutée; au sud, se profilent la tour carrée de la basilique Notre-Dame et la flèche de pierre de l'église du Saint-Sépulcre de Saint-Omer. Ici, un tracteur rouge; là, des roseaux d'argent; ailleurs, des piquets de bois à l'air penché. Les verticales des poteaux télégraphiques répondent à celles d'une rangée de peupliers, les pieds dans l'eau. Un léger moutonnement de terrain interrompt brusquement le trait bleu du canal, que l'on retrouve un peu plus loin. Des maisons parsèment le paysage par groupes de deux ou trois, quelquefois si basses qu'un profond sillon suffit à les cacher, et parmi les couvertures de tuiles verdies par l'humidité apparaît parfois un vieux toit de chaume rapiécé.

Disposant de peu de bois (le frêle ormeau suffit à peine à confectionner charpentes, portes et volets), de peu de pierre (tout juste permet-elle de daller un seuil ou d'encadrer une riche fenêtre), les Flamands ont bâti avec l'argile, cuisant tuiles et briques. Pour lutter contre le vent, l'habitation s'est plaquée au sol, s'étirant en longueur sans jamais s'élever, et s'est entourée, dans la campagne, d'une haie de buis qui la protège. Pour combattre son autre ennemi, l'eau, la base est badigeonnée d'un enduit goudronné qui fait barrage à l'eau souterraine comme au rebondissement de la pluie. En outre, un large toit débordant coiffe la maison, qui abrite jusqu'aux tracteurs, carrioles et brouettes en tout genre. Jamais une herbe ne glisse entre deux briques ou entre deux tuiles; ici, l'on surveille attentivement les joints des murs et des toitures, car du bon entretien extérieur dépend l'indispensable confort du foyer. Peut-être cela explique-t-il cette habitude de peindre et repeindre les façades?

Sur la longue façade basse de la demeure flamande, les fenêtres s'étalent, se multiplient pour faire pénétrer au maximum un soleil parcimonieux. Les encadrent soit des volets de bois aux couleurs acidulées, ajourés vers le haut de souples motifs décoratifs, soit, le plus souvent, des volets roulants. Mais on ne peut parler de ces fenêtres sans évoquer leurs rideaux. De toutes tailles, de toutes textures, et... d'une perpétuelle fraîcheur, comme si l'on venait de les suspendre. Rarement ils voilent totalement l'ouverture, laissant fréquemment place, en bas, à de vigoureuses plantes vertes.

Chaleureuse maison où la lumière pénètre à flots, éclabousse des parquets luisants et des meubles de chêne ciré avant de se perdre dans les poils épais d'un profond tapis ou parmi les coussins ventrus d'un large fauteuil. Et il faut voir aux musées de Bailleul, d'Hazebrouck, de Saint-Omer ou de Bergues les reconstitutions de cuisines flamandes aux cheminées immenses bourrées d'ustensiles en cuivre ou en étain, de faïences raffinées et de poteries populaires.

Mais qui parle de climat rebutant? L'air est vif, pas méchant, sain. Le vent siffle dans les herbes. Étourneaux, colombes et mouettes se partagent le ciel, où les nuages jouent avec l'ombre et la lumière. Dans les trous des chemins, des flaques d'eau miroitantes illuminent la terre sombre. Cela a son charme.

Qui parle de paysage industriel? À peine distingue-t-on à l'horizon, noyées dans la brume, les tours des grandes cités. Un pont dégingandé, la tour d'un moulin, un carrefour de canaux balisé comme un croisement routier apportent leur note typiquement

Au pays des moulins à vent

« C'est un coup d'œil bizarre et pittoresque que cette forêt de moulins qui s'offrent à la vue, lorsqu'on arrive de Lille, du côté de la France », notait un voyageur en 1827. Il n'en reste presque rien aujourd'hui : les guerres, les incendies, les tempêtes, les techniques nouvelles ont considérablement réduit le nombre de ces curieux édifices. À peine en subsiste-t-il une vingtaine en état de marche ou susceptibles d'être restaurés. Mais, par bonheur, des associations s'acharnent depuis quelques années à sauver les derniers moulins de la région, ces géants qui, de leurs bras gigantesques, volent sa puissance au vent pour aider l'homme à moudre son grain ou à pomper l'eau.

Dans le paysage flamand, il existe deux sortes de moulins : le moulin « hollandais », à tour cylindrique de pierre ou de brique, portant une toiture sur laquelle sont montées les ailes (au moyen de la queue, on fait tourner la toiture pour placer les ailes dans le sens du vent); le moulin « flamand », sur pivot, dont les quatre murs de bois et les ailes tournent pour être orientés : c'est le type le plus ancien, le plus répandu, mais aujourd'hui le plus fragile.

De ce style, le Noord Meulen de *Hondschoote* est le plus bel exemple. Il dresse sa haute silhouette carrée au-dessus de la plaine et des champs de blé. Deux petites annexes accrochées à ses flancs lui donnent une allure pittoresque. La fille du dernier meunier détient la grosse clef du moulin, immobilisé depuis 1959. À

→

▲ *Le Noord Meulen de Hondschoote, bâti en 1127 : sa cabine de bois repose sur un pivot de pierre.*

Dans les monts de Flandre, au sommet du mont Watten, se dresse une tour gothique,
▼ *vestige d'un monastère disparu.*

flamande. Les canaux, innombrables, ne sont jamais envahis par les roseaux qui les bordent, et leurs boues de drainage se mêlent au fumier pour engraisser les champs. Un coup de vent ride leur miroir, fait frissonner roseaux et saules. Le cri d'un coq, une querelle d'oiseaux. Et... un grand calme.

« On dit que Bergues est mort. C'est pas vrai... »

Ainsi dit la chanson. Au milieu de cette Flandre maritime, la petite ville de *Bergues* est le symbole de l'obstination flamande. Vers l'an 700, saint Winoc, qui cherchait dans cette région un lieu pour fonder un ermitage, choisit naturellement la « plus haute » colline, le Groënberg — la « montagne verte » —, dominant les marécages alentour. À cette situation, Bergues doit d'avoir été, au fil des siècles, sans cesse assaillie, prise et reprise par les armées de tout bord qui se disputaient sa possession; mais, toujours, elle renaquit de ses ruines. Elle fut enfin rattachée à la France par le traité d'Aix-la-Chapelle, en 1668. Vauban renforça alors ses fortifications et lui donna sa physionomie actuelle.

Avec leurs tours, leurs bastions, les remparts protègent désormais la vie tranquille de la cité. Les barques des pêcheurs et les Pédalos des vacanciers glissent sur l'eau dormante des douves et des fossés, qu'habitent carpes et tanches. Des rues paisibles pénètrent l'enceinte

sa suite, on peut grimper l'escalier de bois et pénétrer au cœur du moulin où la grosse meule à blé reste prête à travailler — tout comme les deux meules plus rudimentaires qui, au niveau supérieur, moulaient des céréales pour les animaux. Il suffit d'un rien d'imagination pour sentir frémir le moulin sous le souffle du vent, pour respirer l'odeur du grain. L'histoire du moulin se lit sur ses planches : chaque fois qu'une pièce a été changée, la date y a été mentionnée. Ainsi la plus ancienne poutre remonte-t-elle à 1127, et la dernière réparation à 1946.

« Bonne est la force, meilleur est le génie. » Cette devise, gravée en italien sur une poutre, résume merveilleusement l'ingéniosité déployée dans l'organisation du moulin. Les sacs de grain étaient montés grâce à la puissance

▲ *Élégante bâtisse au pignon baroque, construite par Wenceslas Coebergher, le mont-de-piété de Bergues abrite actuellement un musée.*

Les cultures des Moëres reflètent le travail ardu et méthodique
▼ *de l'homme de Flandre.*

éolienne. Le simple poids du grain le faisait glisser dans une trémie puis dans l'auger, enfin entre les deux lourdes pierres de la meule, où, devenu farine, il s'écoulait de lui-même dans des sacs. Ici ou là, percés dans les murs, des hublots permettaient, en observant la fuite des nuages, de suivre les variations du vent : le meunier, poussant la longue queue du moulin, le réorientait alors dans le bon sens. Et des toiles déployées sur les ailes permettaient de recueillir le moindre souffle d'air. ■

Les hésitations de l'Aa

Alors que la Canche, l'Authie et la Bresle filent vers la mer par le chemin le plus court, l'Aa change plusieurs fois de direction. Né à Bourthes (*bort* signifie « source »), le

fortifiée par l'élégante porte de Hondschoote, la porte de Bierne, qui date du Moyen Âge, la porte de Cassel, ornée d'un soleil — emblème de Louis XIV —, et la porte de Dunkerque.

Sur le tertre ombragé du Groënberg se dressent la tour Bleue (XIIe-XIIIe s.) et la tour Pointue (rebâtie en 1815), vestiges de l'abbaye bénédictine Saint-Winoc. À l'intérieur des murailles bat le cœur de Bergues : derrière les façades irrégulières des vieilles maisons du pont Saint-Jean, autour des grandes places où se tenaient jadis foires et marchés. La silhouette élancée du beffroi moderne veille sur l'ensemble. En 1944, les Allemands firent sauter l'ancien beffroi, qui passait pour le plus ouvragé et le plus beau du Nord; les habitants le remplacèrent par une tour de 54 m de hauteur, inspirée de l'ancienne, avec appareil de briques jaunes, dites « de sable », tourelles d'angle et campanile octogonal de bois, où un carillon de 39 cloches égrène, comme par le passé, les vieux airs flamands.

Non loin du beffroi s'élève un bel édifice, étonnante adaptation du style baroque italien à la brique flamande. Son haut et large pignon s'ordonne comme une façade « jésuite » avec fronton contourné, volutes, pilastres et fenêtres aveugles. Une double rangée de lucarnes s'ouvre dans son toit démesuré. C'est l'œuvre (1629-1633) de Wenceslas Coebergher, qui fut à la fois le responsable de l'assèchement des Moëres et l'instigateur des monts-de-piété en Flandre catholique. Jusqu'au XIXe siècle, là était installé le mont-de-piété. Devenu musée, ce bâtiment abrite encore l'austère registre des dépôts et des retraits et les innombrables montres et oignons que des propriétaires nécessiteux ne purent jamais retirer. Plusieurs grandes salles sont consacrées aux œuvres de peintres flamands, italiens, hollandais et français de grand renom. Dans les combles du musée, deux salles d'histoire naturelle conservent des milliers de papillons et d'oiseaux empaillés.

Riche de ses souvenirs, Bergues demeure fidèle à ses traditions et s'anime régulièrement de manifestations pittoresques : ducasse, concerts de l'harmonie et de la chorale, tir à l'arc, lâchers de pigeons, concours de canaris et même, en novembre, de betteraves sculptées.

Au royaume des polders

S'étendant au nord et au nord-est de Bergues, à quelques kilomètres de Dunkerque, tout au bout de la France, et jusqu'à Furnes, en Belgique, les *Moëres* (prononcez Mouares) demeurent l'enjeu perpétuel de la lutte acharnée menée par l'homme contre la mer. Au Moyen Âge, lorsque la mer se retira à nouveau, elle abandonna peu à peu une immense lagune intérieure, au fond plus bas que la marée haute. Les propriétaires de ces marécages s'associèrent pour pratiquer l'assè-

fleuve dévale d'abord les collines de l'Artois, guilleret, serpentant dans son lit trop large entre saules et buissons. Au milieu de chemins creux et de petits champs séparés par des haies, bien plantées sur leur soubassement de silex ou de brique, les fermes, basses, souvent en torchis, se parent de couleurs fraîches. Des clins de bois protègent les murs les plus exposés au vent et à l'humidité. Dans le prolongement des fermes, les porches servent de grenier.

Moulins et viviers jalonnent le cours de l'Aa, et des petites bourgades s'inscrivent dans ce paysage bucolique. *Fauquembergues* possède une église du XIIIe siècle qui a fière allure avec sa tour carrée à mâchicoulis. À peine en aval, l'église de *Merck-Saint-Liévin* domine le fleuve de sa puissante tour

▲ *Dans la verdoyante vallée de l'Aa, l'église de Merck-Saint-Liévin et son clocher flamboyant prolongé par une flèche ajourée.*

surmontée d'une flèche ajourée. Dans la nef qui prolonge le chœur à voûte étoilée, une chaire Louis XV en bois sculpté veille sur les vieilles chaises aux coussins de velours rouge. Sur les fonts baptismaux repose un lourd couvercle de fer en forme de cloche. Plus loin, à *Esquerdes,* l'église, en partie romane, semble s'enfoncer dans le sol sous le poids de son clocher du XIIe siècle. À proximité, une grosse tour ronde d'origine médiévale dresse son toit d'ardoise au-dessus des bâtiments d'une ferme. Puis, en contournant Saint-Omer au fil de l'Aa, on découvre bientôt l'ancienne abbaye cistercienne de *Blendecques,* fondée au XIIe siècle. Ne subsistent que des bâtiments reconstruits au XVIIIe, dont un colombier assez grand pour accueillir tous les pigeons du Nord — ce qui semble tout

→

La tour élancée de l'église de Hondschoote est la seule partie du sanctuaire
▼ *que n'a pas détruite l'incendie de 1582.*

chement et le drainage, constituant des groupements baptisés *wateringues*. Pompant les eaux, créant des écluses qui profitaient des marées basses pour évacuer les eaux saumâtres, ils gagnèrent du terrain, mais ne parvinrent pas à assécher deux vastes lacs de niveau inférieur à celui des basses eaux. C'est seulement au XVIIe siècle que Wenceslas Coebergher réussit à transformer ces zones insalubres en pâturages et en cultures. Autour des Moëres, il creusa un canal et une digue sur laquelle il établit vingt moulins. Vers 1630, plus de cent fermes occupaient ce nouveau territoire.

Quinze ans plus tard, tout fut à recommencer : assiégés à Dunkerque, les Espagnols rompirent les digues. Au milieu du XVIIIe siècle, le comte d'Hérouville tenta, sans y parvenir, de reconquérir toutes ces terres en installant de puissants moulins de pompage dont il ne subsiste, près du village des Moëres, qu'une tour avec une vis d'Archimède de deux mètres de diamètre. En 1826, le dessèchement était enfin achevé... jusqu'à la dernière guerre où les terres furent de nouveau inondées.

Aujourd'hui, dans un paysage absolument plat, les cultures s'étendent sans limites, coupées de fossés parallèles où l'eau affleure souvent. Seules lignes verticales : les poteaux télégraphiques, les tours d'anciens moulins, le clocher des *Moëres* — unique bâtiment du village qui ait résisté à la Seconde Guerre mondiale —, quelques arbres tordus par le vent et les ponts métalliques basculants dont les planches tapent quand on les franchit. Près des fermes, éparpillées dans le gigantesque réseau de fossés et de canaux (*watergangs*), les sacs d'engrais témoignent de l'effort régulier de l'homme pour bonifier la terre trop imprégnée de sel. C'est un paysage austère qui respire pourtant l'opulence.

Hondschoote la victorieuse

Au sortir de la sévère beauté géométrique des Moëres, la petite bourgade de *Hondschoote* vous accueille, toutes fleurs ouvertes. Sur sa Grand-Place, encadrée de maisons flamandes aux teintes acidulées, deux imposants édifices témoignent de la grandeur passée : l'église et l'hôtel de ville.

Depuis le XVIe siècle, l'église, de type « église-halle », dresse vers le ciel d'opale sa longue flèche de pierre ajourée, une des plus hautes de Flandre. Sa sobre architecture contraste avec les lambris intérieurs : réchauffant la nef de leurs hautes boiseries sculptées, ils enveloppent dans leurs courbes les confessionnaux, dont mille volutes dissimulent les austères fonctions. Occupant tout le fond du sanctuaire, le large buffet d'orgue, de style baroque flamand, en forme de lyre, est porté par deux belles colonnes.

▲ Cette ferme d'Esquerdes,
petite bourgade de la vallée de l'Aa,
a conservé un bâtiment médiéval
flanqué d'une tour.

naturel dans une abbaye dédiée à sainte Colombe.

En arrivant dans la plaine d'Arques, le fleuve a perdu de sa fougue. Au confluent de l'Aa canalisée et du canal de Neuffossé reliant l'Aa à la Lys, *Arques* est depuis longtemps une ville industrieuse et marchande. Jadis rivale de Saint-Omer, elle subit les représailles des drapiers audomarois pour avoir fabriqué sous leur marque des draps de qualité inférieure. À ces contraintes s'ajoutèrent au long des siècles les fréquentes exactions d'envahisseurs pour lesquels Arques était une proie facile sur la route de Saint-Omer.

Dans cette région dont la richesse doit beaucoup aux canaux, la navigation était autrefois freinée par le franchissement de sept écluses sur le canal de Neuffossé. En 1887, celles-ci furent remplacées par l'« ascenseur des Fontinettes », système hydraulique fonctionnant comme une balance, et dont les deux plateaux étaient deux énormes sas pleins d'eau. Il suffisait de rajouter quelques dizaines de mètres cubes d'eau dans le sas supérieur pour provoquer l'ascension du sas inférieur et permettre ainsi l'élévation des péniches sur une hauteur de 13 m. En 1967, la mise au gabarit international du canal Dunkerque-Béthune-Douai-Denain a nécessité le remplacement de cet ascenseur par une écluse géante. ■

Près du Camp du Drap d'or

Aux confins de la plaine flamande et au pied des collines du Boulonnais, entre Saint-Omer et

L'un des paisibles
chemins d'eau
de Saint-Omer,
▼ dans le quartier du Doulac.

Au XIVᵉ siècle, un privilège fut accordé par le comte de Flandre aux fabricants de serge de Hondschoote, leur permettant d'apposer sur leurs produits un sceau particulier qui en garantissait la qualité. Le bourg, qui groupait 3 000 ateliers pour une population de 28 000 habitants, devint un centre florissant dont la renommée franchit les frontières : son étoffe de laine légère — la sayette — était expédiée par Bruges vers la Baltique, le Levant et même les Amériques. Mais guerres de Religion et guerres de conquêtes s'acharnèrent contre l'industrieuse bourgade, qui ne compta plus que 2 000 âmes au milieu du XVIIᵉ siècle. Redevenue cité prospère, au XVIIIᵉ siècle, grâce aux commerces du bois, du tabac et du lin, Hondschoote fut à nouveau ravagée en 1793 par la célèbre bataille qui sauva la France de l'invasion : le général Houchard, commandant en chef de l'armée du Nord, y battit l'armée anglaise du duc d'York. Dans la grande salle du conseil de l'hôtel de ville, élevée en 1558, un tableau évoque la scène. Près de lui, une trentaine de vieux fusils (ceux de la bataille peut-être?) sont alignés. Sous les poutres énormes du plafond, à près de 5 m de haut, les petits carreaux des fenêtres à meneaux diffusent généreusement une lumière dorée. Dans le hall d'entrée, la glorieuse histoire de la ville se lit sur les murs, entre des portraits baroques de femmes aux noms charmeurs : Zénobie, Jocaste, Lucrèce, Debora, Monine... Dehors, sur le dallage inégal, bosselé par les ans, la vie continue dans la cité, qui tend à devenir l'aimable résidence des travailleurs de Dunkerque.

Une cité silencieuse : Saint-Omer

« Triste petite ville perdue dans le mélancolique et séduisant paysage des watergangs », ainsi Pierre Mac Orlan parlait-il de *Saint-Omer*, ville de contact entre les hauts plateaux crayeux de l'Artois et la vaste dépression flamande, au confluent de l'Aa et du canal de Neuffossé. Elle est née dans une boucle du fleuve, autour de l'abbaye Saint-Bertin, fondée au VIIᵉ siècle par Omer, un moine de Luxeuil qu'avait envoyé Dagobert pour évangéliser le pays. Est-ce la proximité du tombeau du saint ou la situation géographique, favorable à la batellerie, qui contribua au développement de la ville? En tout cas, artisans de la laine et marchands se rassemblèrent sur la colline que l'on pouvait facilement fortifier. Comme bien d'autres cités, Saint-Omer joua, à la fois, un rôle militaire, religieux et commercial; elle en porte les traces architecturales — seules les fortifications de Vauban furent démolies au XIXᵉ siècle pour céder la place à des boulevards. À l'industrie de la laine et des draps vinrent s'ajouter l'importation du tabac et sa préparation, entraînant la fabrication de pipes en terre, pipes à têtes de personnages historiques ou grotesques, célèbres dans

le monde entier, et dont le musée Sandelin abrite une belle collection. D'autre part, les moulins à eau se multiplièrent sur l'Aa, favorisant l'essor de la papeterie.

Au fil des rues paisibles de la vieille ville, on s'attend à tout moment à rencontrer l'une de «Ces dames aux chapeaux verts», sur

Calais, la région d'Ardres et de Guînes évoque, par ses étangs et ses forêts, celle de Clairmarais. Les marécages, soigneusement drainés, sont devenus des prairies, frangées de roseaux, et les grands immeubles de Calais et de Gravelines ferment l'horizon.

Grâce à son lac, la vieille cité d'*Ardres*, autrefois fortifiée, est devenue un agréable centre de villégiature qu'apprécient amateurs de voile et pêcheurs. La grand-place, à maisons anciennes, et une magnifique allée bordée de tilleuls séculaires contribuent à son attrait. Au moment du carnaval, la petite ville s'anime. La « Belle Roze », géante en robe à paniers et aux romantiques boucles blondes, préside la fête. En 1653, cette fille d'aubergiste permit qu'Ardres demeurât française en avertissant le

▲ *Dans la basilique Notre-Dame de Saint-Omer, l'étonnant groupe sculpté du « Grand Dieu de Thérouanne ».*

gouverneur que le régiment de Rambures, en garnison dans la cité, avait décidé de livrer la ville aux Espagnols. Les traîtres furent massacrés et Françoise Roze devint une héroïne. Autre prétexte à réjouissances, le pèlerinage qui, en été, attire de nombreux fidèles à l'église Saint-Omer : elle abrite la statue de Notre-Dame-de-Grâce, invoquée depuis le Moyen Âge pour ressusciter, le temps qu'on les baptise, les enfants morts-nés.

Beaucoup plus paisible est la bourgade de *Guînes*, avec sa vaste forêt (785 ha), qui couvre le rebord septentrional des collines du Boulonnais. Pourtant, jadis capitale d'un puissant comté — fief des Anglais deux siècles durant (1352-1558) —, elle connut des fastes étonnants. C'est en effet dans son château (sur le tertre qui le portait se

les lieux mêmes où Germaine Acremant, originaire de Saint-Omer, fit vivre ses héroïnes. Rue de Calais, une façade, encadrée de pilastres ioniques, est ornée de guirlandes fleuries et de balcons Louis XV. Rue de Dunkerque, au-dessus d'un balcon en fer forgé, une fenêtre s'entoure de sculptures de pierre où se mêlent coquilles, volutes et

feuillages. Sur la place Maréchal-Foch, l'ancien bailliage est un bel édifice Louis XVI, décoré de guirlandes. L'hôtel Sandelin, construit en pierres blanches selon la pure symétrie classique, mérite visite tant pour la grâce de ses bâtiments entre cour et jardin que pour les trésors qu'il renferme, notamment un portrait de Saint-Just par Greuze et des œuvres de primitifs flamands. Dans une des deux ailes, parmi les sculptures médiévales de bois, d'albâtre et d'ivoire, le pied de croix de Saint-Bertin, chef-d'œuvre d'orfèvrerie du XIIe siècle, occupe la place d'honneur. En outre, des collections de céramiques régionales se mêlent à des faïences de Delft, de Rouen, de Moustiers, de Francfort, de Lunéville... Prodigieuse variété d'origines, d'époques et de coloris dans un somptueux écrin de boiserie et de mobilier de style.

« Mélancolique en fin d'hiver, ta cathédrale, ô Saint-Omer, est un fantôme au bout des champs qui lève sur son front de pierre l'or et le mauve des couchants. » Ainsi Paul Fort décrit-il la basilique Notre-Dame, qui abrite les reliques de saint Omer. Juché sur une butte, l'ample vaisseau (100 m de long, 23 m de large), édifié progressivement au cours des époques gothiques, est surmonté d'une solide tour carrée, haute de 50 m, dont la partie supérieure, percée de baies géminées, s'achève par une plate-forme à quatre tourelles d'où le guetteur surveillait les alentours. Dans le bras gauche du transept, une étonnante horloge astronomique marque, depuis 1558, les heures, les minutes, les jours, les saisons, ainsi que la position de la lune et du soleil au-dessus de Saint-Omer. À droite de l'horloge, trois statues du XIIIe siècle retiennent l'attention : le Grand Dieu de Thérouanne, assis entre la Vierge et saint Jean l'Évangéliste agenouillés. L'ensemble surprend par ses proportions curieuses : mais c'est qu'il appartenait à la décoration de la cathédrale de Thérouanne, anéantie par Charles Quint, et avait été conçu pour être placé à 20 m de hauteur : le sculpteur compensa les déformations de la perspective par des variations dans les proportions des corps.

Non loin de la basilique, le musée Henri-Dupuis est installé dans un bel hôtel du XVIIIe siècle, à l'origine demeure du généreux donateur qui légua, à la fin du siècle dernier, ses importantes collections : 2 500 oiseaux naturalisés présentés dans des vitrines reconstituant leur cadre de vie, de la glace des banquises au marais audomarois, ou aux paradis tropicaux ; une époustouflante série de coquillages (25 000 au total !). La cuisine flamande qui fut celle du collectionneur est à elle seule un musée des traditions domestiques, avec son immense cheminée tapissée de carreaux de faïence de Saint-Omer, de Desvres et de Delft, et ses objets usuels d'étain, de cuivre et de fer forgé.

D'un bout à l'autre de l'année, en été surtout, fêtes et manifestations se succèdent dans la vieille cité. Dans les grandes occasions, des géants se joignent à la foule : Mathurin, le célèbre jacquemart de l'ancien poste de guet, le maraîcher Baptistin, né en 1952, Pedro et sa

▲ *L'hôtel Sandelin,*
qui évoque le Saint-Omer
aristocratique du XVIIIᵉ siècle,
conserve de belles céramiques.

dresse aujourd'hui la tour de l'Horloge) que résida Henri VIII au moment de la célèbre entrevue du *Camp du Drap d'or* (1520). François Iᵉʳ logeait alors à Ardres, et les deux souverains se rencontrèrent à mi-distance des deux cités pour tenter de s'allier contre Charles Quint. L'échec de ces négociations fut aussi éclatant que le luxe prodigué de part et d'autre (le camp comportait un « palais de cristal » du côté anglais, une tente de drap d'or doublé de velours bleu du côté français). ■

Dentelles de Bailleul

Au-dessus de la porte de l'école, une inscription, *le Retour au foyer,* donne le ton. Depuis une cinquantaine d'années, elle fonctionne grâce à la donation d'un riche Américain, sir William Nelson Cromwell, qui avait dû garder en souvenir de la guerre de 1914 des dentelles de Bailleul.

Dans la petite classe, où trône un vieux poêle à charbon, sur les chaises des élèves, impeccablement alignées, est posé le travail commencé, soigneusement protégé par une cotonnade. Devant les chaises, des pieds montés sur crémaillères permettent, quelle que soit la hauteur des genoux de la dentellière, de maintenir le coussin à l'horizontale (sans quoi les fuseaux, entraînés par leur poids, rouleraient et s'emmêleraient inextricablement). Pendant les vacances de Noël, de Pâques et celles des mois d'été, ainsi que chaque mercredi, quarante demoiselles de six à dix-sept ans viennent s'asseoir là.

L'ancienne chapelle des Jésuites,
à Cassel : une architecture baroque
de briques et de pierres
▼ *savamment mêlées.*

femme Carmen, la belle Lise, née en 1956, le guerrier Tutu drapé dans sa cape, mort en 1940 et ressuscité en 1954. Fin mai, pendant la ducasse, on jette des poupées du haut de l'hôtel de ville à la mémoire des « Dames aux chapeaux verts ». Tout l'été, concours de tir à l'arc, de pêche et de belote, courses de vélos et courses hippiques, feux d'artifice et bals populaires se relaient de quartier en quartier. Et, le dernier dimanche de juillet, plusieurs milliers de spectateurs suivent le cocasse défilé de vieux tacots, montés sur les barques à fond plat des maraîchers, traditionnel cortège nautique sur les watergangs, récemment remis à l'honneur.

La « Venise du Nord »

Aux portes de Saint-Omer, l'Aa s'empêtre dans un piège spongieux de quelque 3 000 ha. L'organisation de ces marais par le creusement de *watergangs* est récente : c'est seulement en 1900 que 11 communes voisines de Saint-Omer se regroupèrent en wateringue. Les faubourgs du Haut-Pont et de Lyzel s'y sont établis. Des passerelles enjambent les canaux, qui font office de rues. On se déplace en bateau pour aller chez l'épicier du village, au café ou chez son voisin. Cette résille de canaux est constamment sillonnée par les barques plates, à la proue relevée, des maraîchers et des pêcheurs. Les premiers ont transformé le sol en de fertiles jardins où poussent en abondance artichauts et choux-fleurs. Les seconds ont trouvé un paradis dans ces chemins d'eau qui regorgent de gardons et de tanches, de carpes et de brèmes, d'anguilles et de brochets. Il y a peu de temps encore, des cohortes de Lillois et de Roubaisiens débarquaient à la gare de Saint-Omer, bardés de gaules, d'épuisettes et de paniers. Aujourd'hui, l'automobile a remplacé ces « trains de pêcheurs ». Pour quelques francs, on loue une barque à l'un des quatre embarcadères et l'on s'en va flâner parmi nénuphars et roseaux, sur la Grande Meer, le fossé Saint-Bernard, le Scoubrouck ou le Zieux. Si le poisson n'a pas mordu à l'hameçon, on pourra toujours se consoler en dégustant les célèbres anguilles au vert ou la friture du marais dans une auberge proche. Et on aura au moins pu rêver en écoutant le cri rauque des oiseaux aquatiques qui hantent ces lieux, car le marais de Saint-Omer est un relais important d'oiseaux migrateurs.

À la limite orientale des watergangs, la forêt de Clairmarais invite à la promenade dans ses hautes futaies de chênes. En 1128 fut fondée dans ce massif giboyeux et poissonneux (il y avait alors 7 étangs) une abbaye bénédictine qui, douze ans plus tard, passa à l'ordre de Cîteaux. Il n'en reste plus aujourd'hui que quelques vestiges, prisonniers des puissants murs d'enceinte d'une ferme, ainsi que deux arches monumentales et un pan de mur au milieu d'une prairie.

Sur le carreau joufflu de la dentellière, rembourré de foin, les fuseaux de buis sont soigneusement maintenus par des épingles de cuivre. En bas du carreau, une toile permet de faire glisser plus vite le fuseau; à l'autre extrémité, un logement est prévu dans le carreau pour serrer les mètres d'ouvrage achevés, soigneusement enroulés. Le modèle est dessiné sous le travail sur un carton rigide (jadis un parchemin en peau d'âne).

La tradition de la dentelle remonte dans la légende. Une demoiselle de Bruges perdit un jour son fiancé, tué à la guerre. Dans la dernière lettre qu'il lui écrivit, il avait glissé une algue ramassée sur une plage lointaine. Pour garder à jamais ce souvenir de l'homme qu'elle aimait, la jeune fille imagina de reproduire avec des fils de coton les mille et

une nervures de cette plante. C'est ainsi qu'entre les doigts de la demoiselle de Bruges naquit la dentelle à la main. En 1664 s'ouvrait à Bailleul la première école de dentelle aux fuseaux; à la fin du XIX siècle, près d'un millier d'élèves fréquentaient les huit établissements de la ville. Aujourd'hui, le vieux poêle de la dernière classe semble bien près de s'éteindre... ■

Une table plantureuse

Toujours placée sous le signe de la bière, blonde et mousseuse à souhait, la cuisine du Nord est injustement méconnue des gourmets.

Le *lapin de garenne aux pruneaux* (ou aux raisins); le *pigeon aux cerises;* le *ramequin douaisien*

(mélange de rognons hachés, de mie de pain trempée dans du lait, de fines herbes et d'œufs, dont on farcit des petits pains ensuite passés au four); les *jets de houblon à la crème,* accompagnés d'œufs pochés et de petits croûtons sautés au beurre; la *carbonade* (morceaux de bœuf braisés dans une sauce à la bière, rehaussée d'oignons et d'épices); les *macaronis douaisiens,* préparés avec du jambon, du fromage, du blanc d'œuf battu en neige; le *potje flesh* (pâté de veau, poule, lapin, agrémenté de lard); le *chou rouge à la lilloise,* relevé d'oignon, de clous de girofle, de muscade râpée et de gros poivre; la *waterzooï,* qui agrémente un mélange de poissons d'eau douce d'une sauce épicée onctueuse; ou, enfin, l'*anguille au vert* que l'on mange froide ou chaude, dans sa sauce au vin et aux herbes... Voilà

bien des spécialités dignes de faire les belles heures des repas de Flandre.

Mais c'est le *hochepot,* qui fait voisiner dans une même marmite de terre vernissée des morceaux de bœuf, de mouton, de veau et un pied de cochon avec tous les légumes du pot-au-feu, que l'on pourrait désigner comme « plat national » flamand.

Il serait injuste d'omettre de ce palmarès des fromages, souvent de haut goût et de forte odeur, fabriqués dans la région : le *vieux-Lille,* qui s'apparente à la mimolette; le *puant macéré,* sorte de maroilles fermenté, spécialité odorante de Béthune; le *cœur d'Arras,* puissamment parfumé; le *mont-des-Cats,* fromage à pâte pressée non cuite que fabriquent les trappistes du mont des Cats et qui est, en fait, du ➤

Magnifique exemple du style flamand de l'âge baroque : le couvent des Augustins, ▼ *à Hazebrouck.*

Autour de l'étang d'Harchelles, blotti au creux d'un vallon, en pleine forêt, une zone de silence protège les flâneries du promeneur et la vie animale.

Le pays des bois et des monts

En s'éloignant de la mer, insensiblement, le paysage commence à onduler, les vallonnements s'accentuent, les vallées se creusent, les cultures changent. Voici les hautes perches des houblonnières, puis les grandes feuilles très vertes du tabac. Une rangée de collines marque la limite de l'ancien rivage que venait lécher la mer il y a bien longtemps. Nous sommes dans le *Houtland,* le « pays au bois ».

Ce pays, pourtant, n'est guère boisé. Çà et là, quelques bouquets d'arbres sur le versant trop incliné d'une colline, un bosquet autour d'une ferme, une haie vive le long d'un pâturage, en bordure d'un chemin creux, une allée de peupliers conduisant à une riche demeure. Sol et climat avaient doté la région d'une épaisse forêt; mais, dès le Moyen Âge, la population devint si nombreuse qu'elle dut défricher, essarter, diviser la terre en petits lopins, l'engraisser en pratiquant l'alternance des cultures pour ne jamais laisser le sol à l'abandon et obtenir de temps à autre deux récoltes sur un seul champ.

La période des récoltes s'étend sur plusieurs mois, n'accordant aucun repos au cultivateur. Dès juin, la première coupe des trèfles et la récolte de la pomme de terre précoce; début juillet, l'arrachage du lin et la cueillette des pois verts; puis viennent les grandes moissons : l'orge, l'avoine et le blé. À la fin août suivent les haricots frais et les pois secs. L'automne commence avec les féverolles et le houblon; puis, plus tard, la récolte des haricots secs, des betteraves et de la chicorée. Avec l'arrachage des dernières pommes de terre dans les pluies et les brouillards de septembre, s'achève le calendrier des récoltes. Depuis quelques années, aux cultures trop peu rentables du lin ou du colza s'est substitué l'élevage, qui accentue encore le caractère bocager du pays. Il contribue aussi à transformer les fermes, qui multiplient les dépendances autour d'une cour en fer à cheval. Moins dispersées que dans la plaine maritime, elles se regroupent souvent en petits villages et il est impossible, où que l'on soit, de ne pas apercevoir deux ou trois clochers sur l'horizon.

D'ouest en est s'étire le chapelet des monts de Flandre : mont de Watten, mont Cassel, mont des Récollets, mont des Cats, mont Noir et, juste de l'autre côté de la frontière, mont Rouge et mont Kemmel. Ces buttes de gravier et de sable, vestiges de l'ancien plateau raviné, déblayé par les eaux, furent, à cause de leur position stratégique, le théâtre de sanglantes batailles. Ainsi, au cours de l'histoire, Cassel, établie sur le mont du même nom, fut détruite et restaurée quatre fois,

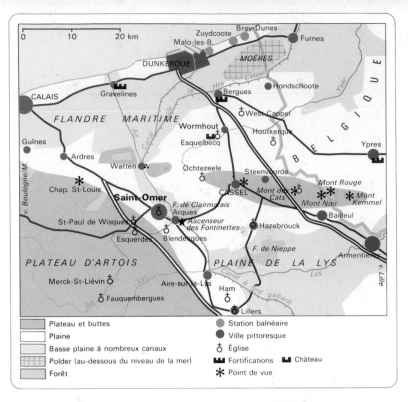

Plateau et buttes	Station balnéaire
Plaine	Ville pittoresque
Basse plaine à nombreux canaux	Église
Polder (au-dessous du niveau de la mer)	Fortifications — Château
Forêt	Point de vue

saint-paulin; le *bergues*, pâte demi-dure ou molle, préparée avec du lait écrémé et que l'on lave à la bière chaque jour au cours de la période de maturation.

Et il ne faut pas oublier une multitude de pâtisseries et douceurs (pour bercer le p'tit Quinquin, la dentellière du Nord lui promettait du pain d'épices, du sucre autant qu'il en voudrait, et «une coquille avec du chirop qui grille», soit un petit pain fourré de mélasse). Ni cette eau-de-vie de genièvre qui parachève tout repas. ■

En termes du cru...

cense : ferme à cour, qui tourne le dos à la rue
ducasse : «kermesse», fête patronale (fête de la Dédicace) propre aux communes de Flandre (également de l'Artois et du Hainaut)
guilde, gilde ou ghilde : au Moyen Âge, association confraternelle, puis économique, réunissant marchands ou artisans exerçant une même profession
hallekerk : «église-halle» très fréquente en Flandre maritime; le vaisseau comporte plusieurs nefs parallèles d'égale hauteur; un clocher-porche précède le sanctuaire
moëres : mot flamand signifiant «marais».
ringslot : canal de ceinture établi par Wenceslas Coebergher autour de la lagune insalubre des Moëres
watergang : «voie d'eau», c'est-à-dire le fossé ou canal qui borde un marécage
wateringue : groupement pour le drainage des zones placées au-dessous du niveau de la mer. ■

incendiée neuf fois, assiégée douze fois! Au mont des Cats, un mémorial est érigé en souvenir des 7 000 Canadiens qui y ont été tués lors de la Grande Guerre.

À une trentaine de kilomètres de la côte (il sert d'amer), isolé au milieu de la plaine, le mont Cassel s'offre comme un étonnant observatoire. Du haut de ses 176 m, on découvre le pays sur plus de 60 km à la ronde, jusqu'à Bruges, Dunkerque, l'Artois et les dunes du Boulonnais. Sur la terrasse de l'ancien castellum des Ménapiens, qui couronnait le mont, on peut visiter le Castel Meulen, réplique contemporaine du vieux moulin de bois du XVIᵉ siècle, incendié en 1911. Bâtie à flanc de coteau, la petite ville de *Cassel* charme par sa grand-place, tout en longueur, au contour aussi irrégulier que ses pavés, par ses rues étroites et tortueuses, par ses vieux logis de briques peintes et ses deux églises, l'une ogivale (la collégiale Notre-Dame), l'autre baroque (l'ancienne chapelle des jésuites). Dans le bel hôtel de la Noble Cour (XVIᵉ-XVIIᵉ s.), autrefois siège de la magistrature de la châtellenie et dont la façade de pierre surprend en cette région, le musée réunit, entre autres, les souvenirs des guildes d'archers, d'arbalétriers.

Une terre toute de sagesse et de folie

Aujourd'hui capitale industrieuse du Houtland, installée sur la Bourre, *Hazebrouck* n'était, au Moyen Âge, qu'un modeste village du «marais au lièvre» dont elle tire son nom (haze = lièvre, brouck = marais). Ce fameux lièvre court encore dans les armoiries de la ville. Très tôt, les habitants se regroupèrent en guildes de toutes obédiences : brasseurs, boulangers, tisserands, charpentiers, arbalétriers... La confrérie Sainte-Anne, en particulier, fut à l'origine d'une chambre de rhétorique célèbre pour sa virulence et ses querelles avec Steenvoorde, sa voisine. Ce goût traditionnel de la retrouvaille est encore si vif que la ville ne compte pas moins de 69 sociétés : chorales, fanfares, majorettes, cercles philanthropiques, tireurs à l'arc, à la carabine, colombophiles, coureurs cyclistes.

On ne quittera pas Hazebrouck sans avoir admiré l'ancien couvent des augustins, de conception flamande, qui abrite aujourd'hui un musée, ainsi que l'église Saint-Éloi, beau sanctuaire à trois nefs construit en briques au XVIᵉ siècle, la splendide grille des fonts baptismaux aux feuillages d'or (XVIIIᵉ s.), des boiseries du XVIIIᵉ et des tableaux de l'école flamande.

À l'est de Hazebrouck, au-dessus du cours de la Becque, *Bailleul*, reconstruite en briques jaunes dans le style flamand après la Grande Guerre, a élevé la fête au rang d'institution. Chaque année, les réjouissances carnavalesques s'emparent des rues : ce ne sont que cortèges de chars fleuris derrière Gargantua, quatrième du nom — symbole d'une population qui aime bien vivre, bien manger, bien boire —, le fameux docteur Francisco Picollissimo et ses fabuleuses interventions, les «grosses têtes» et les célèbres «quêteurs» qui, depuis plus d'un siècle, sollicitent la générosité des bonnes gens au profit des nécessiteux de la commune.

Reposons-nous de la joyeuse folie du carnaval dans les paisibles salons du musée Benoît De Puydt : les fauteuils bourgeois d'autrefois, les épais tapis d'Orient, les tapisseries anciennes, les objets précieux, tout ici respire l'aisance. Les secrétaires flamands ajoutent aux secrets de leurs tiroirs les illusions de leurs kaléidoscopes. L'un se couvre d'écaille rouge, un autre de fresques mythologiques... Parmi les collections de faïence et de porcelaine, une place particulière est faite au pot à bière figuratif : Jacquet assis sur son tonneau et Jacqueline dans sa robe multicolore sont aussi pansus que pouvaient l'être leurs propriétaires.

Mais file le vent, file le temps! Le vieil Hofland Meulen, près de Houtkerque, domine à peine la douce campagne environnante de sa maigre carcasse grise, moussue. Depuis qu'il a perdu une aile en 1970, ce moulin a cessé de tourner. Il demeurera célèbre par le dicton flamand que l'on peut y lire : «Puise à ton avantage et crains le jugement de Dieu!», précepte d'une morale sévère.

En revanche, à *Steenvoorde,* un peu au sud, sur un affluent de l'Yser, le Steene Meulen est en parfait état de marche; il fabrique toujours de la mouture pour les animaux. Comme les voiles d'un navire, ses toiles sont soigneusement enroulées sur les ailes. On peut grimper dans la haute tour de brique jusqu'à sa calotte pivotante et couverte d'ardoise. Au centre du village, la grand-place séduit par ses maisons bariolées typiquement flamandes, où il est bien difficile de distinguer les récentes des plus anciennes : l'architecture et les matériaux sont les mêmes et elles n'ont jamais cessé d'être parfaitement entretenues.

À une trentaine de kilomètres de Steenvoorde, le château d'ardoise et de brique (1610) d'*Esquelbecq,* entouré d'eaux vives par l'Yser, dresse sa fière silhouette. Ici et là, un détail rappelle que nous sommes bien en Flandre : un pignon à redans, de sobres motifs de pierres blanches qui parent la brique.

Au nord-est de là, chaleureusement lambrissée, l'église de *West-Cappel,* au puissant clocher-porche, date du XVIᵉ siècle. Les vitraux éclaboussent la nef de lumière, éclairent la pierre tombale d'une nonne, Ludwine Van Cappel, couchée là depuis 1420. À l'entrée du village, le château somnole parmi de grands arbres, simple façade classique sous un toit d'ardoise percé de lucarnes. Une balustrade romantique aux colonnettes de pierre domine les anciennes douves. C'est un havre de calme qui porte à la rêverie.

tradition et folklore:

villages et vignobles
d'Alsace

▲ *Sur un mamelon
cerné de vignes,
un village viticole :
Zellenberg.*

*Pittoresque ►
attelage
à Molsheim.*

◄ *Riquewihr :
curieuse enseigne
d'un viticulteur.*

2. Villages, vignes d'Alsace

◄ À l'époque des vendanges,
jeunes et vieux s'affairent
dans la vigne.

$\mathcal{L}$e long de la verte montagne vosgienne,
le vignoble égaie les coteaux ensoleillés.
Inestimable trésor auquel, depuis des siècles,
l'Alsace prodigue des soins jaloux,
il règle la vie des innombrables villages
assis sur la croupe d'une colline
ou blottis au creux d'un vallon.

Très attachés à leur long passé,
les bourgs de la « route du Vin »,
aux noms prestigieux, ont conservé leur charme ancien
et leurs traditions inchangées.
Ni l'homme ni le temps n'ont entamé leur pittoresque,
et le sens de la fête
n'y a rien perdu de sa vitalité.

*Charrettes décorées ▶
et costumes traditionnels :
la fête des vendanges
à Saint-Hippolyte.*

4. Villages, vignes d'Alsace

▲ *Kaysersberg, une des*
plus jolies étapes
de la « route du Vin ».

◄ *Un vieux pressoir*
de naguère.

▲ *Sortie de l'office*
protestant
à Hunspach.

Grâce à leurs vins réputés,
les villages alsaciens
ont su se sortir des situations
les plus tragiques
et préserver leur folklore.
Les rues tranquilles
s'animent les jours de marché
ou à la sortie de la messe
et s'emplissent de liesse
à l'époque des vendanges.

◀ *Costumes locaux*
et joyeuses libations
à Hunspach.

▲ *Riquewihr, perle du vignoble :*
un vivant musée médiéval,
la grand-rue.

*Villages riants et fleuris,
maisons claires à savants entrelacs
de poutrage peint,
intérieurs cossus
où meubles de bois luisants
et vaisselle aux couleurs vives
se mêlent harmonieusement :
la gaieté baigne la terre d'Alsace...*

*Fontaine ornée ▶
de pampres
symboliques.*

▲ *Site riant et maisons
anciennes : Kaysersberg,
au bord de la Weiss.*

◀ *Reflet de l'opulence,
une cuisine.
(Musée alsacien
de Strasbourg.)*

*Kaysersberg ▶
ville médiévale :
la maison Brief
date du XVIe siècle.*

▲ Une maison décorée
de Sessenheim,
entre Haguenau
et le Rhin.

Fêtes patronales et locales,
élections et pèlerinages,
moissons et vendanges,
tout est prétexte à réjouissances en Alsace.
En famille,
c'est l'occasion de repas plantureux,
arrosés de bon vin.
Dans le village, on arbore
les magnifiques costumes régionaux
et l'on s'adonne au plaisir de la danse.

◄ Les vendanges
autorisent
toutes sortes de
rafraîchissements!

▲ *Vivante image
de l'Alsace,
jour de fête
à Hunspach.*

Villages, vignes d'Alsace. 11

▲ *Au pied des collines*
sous-vosgiennes,
Riquewihr a su rester
telle qu'elle était au Moyen Âge.

O« Oh! le beau jardin », se serait exclamé Louis XIV, contemplant avec ravissement la riante campagne alsacienne. Adossées aux premiers contreforts des Vosges, des collines parées de vignobles; entre celles-ci et le Rhin, une vaste plaine quadrillée de cultures. Ici et là, des villages coquets, avec leurs maisons à poutrage apparent, à large toit de tuiles brunes. Tout respire la douceur et la paix. Et pourtant, à cette terre plantureuse célébrée par Erckmann-Chatrian, aucune guerre, partant aucune tragédie, ne fut épargnée. Elle n'en demeure pas moins « toujours la même et toujours nouvelle », telle que la définissait Goethe dans ses *Mémoires*. Tant de tourmentes, en effet, ont amené les Alsaciens à affirmer leur individualité, à préserver leur patrimoine culturel.

Certes, comme partout ailleurs, les antiques coutumes tendent à s'émietter. Mais le pittoresque survit. L'Alsace d'aujourd'hui n'entend pas voir disparaître le prestige attaché depuis des siècles à ses activités vinicoles, pas plus qu'elle ne consent à laisser se perdre le folklore relatif à une vie rurale que le machinisme a cependant profondément métamorphosée. Car c'est autour du travail de la terre et de la culture de la vigne que cette région, au carrefour de grands axes de circulation, a forgé sa richesse en même temps que sa personnalité. À ses paysans et viticulteurs, elle doit tout un ensemble d'usages populaires, élaborés depuis le Moyen Âge, et dont les survivances attestent la vitalité d'une province obstinément fidèle à elle-même. Serré dans la plaine, juché au flanc d'un coteau, campé au débouché d'une vallée, le village demeure un « petit monde » privilégié. Et si certains se sont agrandis ou, même, ont pris rang de villes, leur est resté un charme « villageois » qui fleure bon le passé. Sur quelque 200 km du nord au sud et 40 à 45 km d'ouest en est, la « vieille et loyale Alsace » allie sans discordance son attachement aux traditions avec les exigences du progrès.

Un long ruban de vignobles

Cépages qui se côtoient, cépages qui se mêlent au gré de l'orientation des versants et de la qualité des sols, accrochés au flanc des coteaux, au-dessous des forêts vosgiennes, ou étagés sur les petites collines de la « cassure ». Ici les pentes sont presque abruptes, là elles viennent mourir doucement dans la plaine. À l'horizon, les toits pointus d'un village enfoui sous les fleurs. Et, l'été, chaque maison devient caveau de dégustation, chaque rez-de-chaussée vitrine pour pots de grès gris et bleu.

Suivre la « route du vin d'Alsace », c'est se prêter aux ondulations capricieuses d'un itinéraire qui, sur 180 km, de Thann (Haut-Rhin) jusqu'au-delà de Marlenheim (Bas-Rhin), serpente à travers près de

10 000 ha de vignes, parcourant la partie de l'Alsace où persiste le plus nettement la « couleur locale », où le passé est constamment présent grâce aux vestiges de défense médiévaux, à de riches édifices civils de la Renaissance, à de gracieuses réalisations du XVIIIe siècle. Et, pour qui prend le temps de flâner, il est d'autres merveilles à proximité : il suffit de s'enfoncer au milieu des sombres futaies qui couvrent les hauteurs vosgiennes, par-delà les ruines de châteaux forts qui dominent les vignobles. Peut-être même une incursion dans ces paysages moins « civilisés » de crêtes et de lacs permettra-t-elle de mieux apprécier, par contraste, la douceur du terroir vigneron.

Climat et sols ont conjugué leurs influences pour qu'y prospère la vigne. Les Vosges font écran, freinant les vents qui s'attiédissent en descendant vers la plaine. Du soleil donc, des pluies assez faibles, des étés chauds, de beaux automnes. Seule la grêle est l'impitoyable ennemie, provoquant tous les cinq ans en moyenne de considérables dégâts. Quant aux terrains, leur forte teneur en calcaire les prédispose à ce genre de culture (les eaux sont rapidement absorbées et la terre asséchée) et la variété des sédiments qui les composent convient à différents cépages.

Ainsi privilégiées, les premières pentes des Vosges et les petites collines au pied du massif sont habillées de vigne entre 200 et 400 m. Celle-ci est palissée en hauteur sur des supports de fer, pour réduire les risques de gel et favoriser la maturation, ce qui donne d'ailleurs aux horizons du vignoble alsacien un aspect particulier. Au fil d'un long ruban dont la largeur excède rarement 5 km, se répartit la riche gamme des cépages, les hauts lieux de la production se concentrant surtout dans la partie méridionale et au centre, là où l'altitude des Vosges protège le mieux les vignobles.

De la « cueillette » à la culture

Mais la qualité du vin tient surtout au travail des hommes dans ce milieu qui est aux limites climatiques de la viticulture. Leur acharnement, les soins vigilants qu'ils continuent à apporter à la préparation de ce « nectar », tout répond à des rites séculaires dont on saisit la pérennité à l'automne, lorsque circulent parmi les vignobles les vendangeurs avec leur lourde hotte de sapin, de forme conique *(tendelin)*, chargée de pampres rouges ou dorés, lorsque villes et villages qui jalonnent la route du Vin vivent dans l'attente fiévreuse du vin nouveau, lorsque l'Alsace en liesse célèbre par fêtes et foires le culte de la vigne et de la liqueur bachique. Plus de l'idolâtrie que de l'agriculture, d'ailleurs. Mais cela s'explique : les raisins alsaciens exigent d'être mieux « cajolés » que leurs cousins du Midi, qui peuvent se laisser vivre au soleil! Du mois de février aux vendanges (celles-ci

La confrérie Saint-Étienne

De toutes les confréries vineuses de France, celle d'Alsace est l'une des plus célèbres. Son origine est très ancienne, puisque c'est au XIVe siècle que fut fondée à Ammerschwihr la « Herrenstubengesellschaft », « Société de bourgeois » de la région, qui avait pour tâche de contrôler la qualité des vins et de délivrer un visa de sortie aux crus vendus hors d'Ammerschwihr. Le président annuel devait offrir à ses confrères un repas fastueux le lendemain de Noël, jour de la Saint-Étienne. De là le nom de la société. Tombée en désuétude à partir de 1848, c'est seulement en 1947 que cette société, devenue « Confrérie Saint-Étienne », reprit ses activités. Son esprit n'a guère varié. «Nul ne peut être confrère de Saint-Étienne

s'il n'aime la joie, la bonne chère et le vin d'Alsace. » Aimer le vin, certes, mais surtout le bien connaître, et les épreuves viniques auxquelles sont soumis les postulants, au fil des grades de la hiérarchie, sont d'une grande difficulté.

Les activités de la confrérie touchent à présent l'ensemble du vignoble alsacien : dégustation, choix et contrôle des vins de l'année antérieure. Ceux qui sont retenus entrent dans l'œnothèque de la confrérie et peuvent bénéficier de son sigille, sorte de label de qualité (ruban or fixé le long de la bouteille et marqué du sceau rouge en dessous de l'étiquette).

Cape rouge et tricorne noir, barillet avec ruban bleu pour les apprentis, ruban rouge pour les compagnons, ruban vert pour les maîtres..., le folklore n'est pas

→

▲ *Au milieu du vignoble, les grands toits colorés de Hunawihr.*

Rues étroites, maisons à oriels : le cachet du passé,
▼ *à Eguisheim.*

sont aussi tardives que possible et il n'est pas rare de les voir commencer le 15 ou même le 21 octobre), la population de la région vit à l'heure de la vigne.

Cette vocation viticole remonte en fait aux temps les plus reculés. Les hommes de la préhistoire appréciaient déjà les raisins sauvages dont descendaient les lambrusques que nous trouvons encore dans les forêts. Il fallut cependant attendre la conquête romaine pour que la simple cueillette le cède à une véritable culture. La proximité du Rhin permit les débuts d'un commerce des vins qui s'amplifia au Moyen Âge. Couvents, seigneurs d'Alsace et des contrées voisines avaient acquis des possessions dans les villages vignerons. Le vin coulait en abondance — à en croire une chronique des Franciscains de Thann (1431) : «Cette année, le vin était si bon marché qu'en de nombreux endroits, à cause de cette abondance en vin et par suite du manque de tonneaux, on utilisa le vin pour faire le mortier. »

Le moment était venu d'établir une stricte réglementation; ce fut l'œuvre du XVIe siècle, qui sélectionna quelques cépages et interdit les autres. «Des coutaux pleins de vignes, les plus belles et les mieux cultivées, et en telle estandue, que les Guascons qui estoient là, disoient n'en avoir jamais veu tant de suite», lit-on déjà dans le *Journal de voyage* de Montaigne (1580). L'extension des vignobles était alors à son apogée. Les vins d'Alsace s'imposaient dans toute l'Europe, tandis que s'affirmait une bourgeoisie terrienne dont la richesse fit l'opulence des communes. Avec les siècles, le souci de qualité s'accusa; mais les guerres, le phylloxéra et la concurrence furent destructeurs. Si, en 1828, on comptait près de 30 000 ha de vignes, il n'en subsistait pas le tiers au lendemain de la Seconde Guerre mondiale. À l'heure actuelle, on s'efforce d'accroître les superficies viticoles et d'en améliorer la rentabilité, tout en maintenant la qualité. Depuis 1962, les aires d'appellation ont été précisées, correspondant à quelque 9 800 ha, qui produisent en moyenne 750 000 hl par an, soit à peu près 100 millions de ces bouteilles à long col, finement élancées, que prescrit le règlement; et, depuis peu, on ne peut plus mettre en bouteilles hors d'Alsace.

Colombages et balcons fleuris

Ce terroir extrêmement morcelé (environ 10 000 familles y perpétuent la pratique de la viticulture) est un monde à part. Perchés sur des mamelons, nichés au creux de « ravins », cernés de vignobles et de vergers, bourgs et villages sont fleuris, gais et accueillants, ce qui a fait dire à Maurice Barrès : «C'est ici une bienfaisante patrie, le lieu des plaisirs simples. Une nation laborieuse y sait jouir de son bonheur terrestre. » Nombre d'entre eux furent fortifiés et, aujourd'hui

absent des chapitres que la confrérie organise chaque année, manifestations pleines d'éclat et de cérémonial qui attestent la haute autorité de la confrérie. ■

« Nobles vins d'Alsace »

En Champagne, le vin est vendu sous le nom d'une marque, dans le Bordelais sous le nom du château (domaine vinicole), et en Bourgogne sous le nom d'un lieu. En Alsace, le nom du cépage (pied de vigne) le baptise. Ainsi, un riesling peut venir de Thann ou d'une localité située à 100 km au nord, ou encore de n'importe laquelle des 120 communes viticoles alsaciennes. Mais, depuis la loi du 5 juillet 1972, la mise en bouteilles se fait directement dans la région de production, ce qui

constitue une garantie d'authenticité non négligeable pour le consommateur : lieu et marque commencent à compter.

Sept cépages répondent à l'appellation d'origine contrôlée (A. O. C.) : six vins blancs et un vin rosé. L'éventail des richesses vinicoles de l'Alsace représente un tiers du marché français des vins blancs A. O. C., et 10 p. 100 de la production française de vins A. O. C. Ce sont donc :

le *sylvaner;* ce cépage fin est de loin le plus répandu (27 p. 100 des surfaces viticoles). Il a sa terre d'élection aux alentours de Barr et au sud-ouest de Rouffach, dans les terrains légers, sablonneux et caillouteux; ses raisins donnent un vin léger, frais, parfois un peu pétillant, accompagnant agréablement fruits de mer et poissons tout autant que la charcuterie;

▲ *Jus de raisin pressé deviendra vin fin...*

encore, de solides portes en commandent l'accès, des restes de vieux murs médiévaux les protègent. Le cachet du passé affleure en maints endroits, tant à travers ces souvenirs d'épopées guerrières que grâce à de beaux édifices qui reflètent la richesse de la région. La protection naturelle des Vosges a mis ces villages et ces villes à l'abri des dévastations. Mais, surtout, le souci d'harmonie que manifestent les habitants, leur volonté de garder au paysage sa personnalité leur ont permis d'échapper souvent à une reconstruction malheureuse. Même les cités de la « poche de Colmar », anéanties lors de la dernière guerre (Mittelwihr, Bennwihr, Sigolsheim, Ammerschwihr, Katzenthal), et qui ont été rebâties avec un goût et une simplicité faisant de l'entreprise l'une des grandes réussites de l'après-guerre.

La route du Vin fait presque figure de « rue », tant sont nombreux les villages et petites villes qui s'y succèdent. La plupart s'étirent le long de cet axe, d'autres sont un peu à l'écart, agrippés au flanc d'un coteau, massés autour de l'église. Partout, les maisons se serrent les unes contre les autres, construites tout en hauteur, car on manquait de place à l'intérieur des remparts et la viticulture avait ses exigences (caves, emplacement pour le pressoir). Le pittoresque y a gagné. Élevées pignon vers la rue, elles arborent généralement de magnifiques murs à colombage. Au-dessus d'un rez-de-chaussée en maçonnerie, percé de portes cochères en plein cintre, poutrage et panneaux de grès rose (il arrive que le remplissage soit fait avec du torchis enduit de mortier et badigeonné de chaux bleutée) dessinent d'élégantes combinaisons qui ont souvent une valeur symbolique. Les plus belles de ces maisons anciennes viennent du XVIIIe siècle : pignons élancés, fenêtres plus hautes et mieux intégrées au colombage, allèges harmonieusement organisées. En fait, dès la fin du XVIe siècle, les constructeurs s'attachèrent à donner à leur œuvre une décoration extérieure originale, sculptant les poteaux d'angle, gravant les linteaux et les encadrements de porte d'inscriptions, de blasons, de motifs style Renaissance. Çà et là, de pittoresques *oriels* (fenêtres en encorbellement) qui jouent avec l'ombre et la lumière. Parfois une échauguette, d'une gracieuse architecture. Des toits pointus, à forte pente, qui ne portent plus que des nids désertés par les cigognes. Des fenêtres abondamment garnies de géraniums — car les villages alsaciens, et surtout ceux de la route du Vin, mettent un point d'honneur à être les plus fleuris de France.

Au milieu de ces maisons pimpantes sinuent des ruelles tranquilles, encombrées de tonneaux, d'appareils de sulfatage. Par les portes cochères, on aperçoit dans les cours des hottes entassées au pied de la margelle d'un puits. Au débouché d'une rue, une petite place ornée d'un puits ou d'une fontaine qui semble succomber sous les fleurs; à son sommet, un animal porte des armoiries (à Ribeauvillé, un lion; à Dambach-la-Ville, un ours); ailleurs, elle est surmontée d'une statue

du saint, ou de la sainte, protecteur de l'endroit (sainte Richarde à Andlau; sainte Odile à Obernai, saint Thiébaut à Thann). Non loin de cette place, une vieille auberge qui a conservé sa jolie enseigne en fer forgé accueille, le dimanche, les hommes du pays qui viennent s'y retrouver; certaines de ces auberges datent du Moyen Âge; leur nom ne manque pas de poésie : « Aux Trois Rois », « Au Cep de vigne », « À la Pomme de pin », « À la Cigogne »...

Une flânerie conduit inévitablement à l'hôtel de ville, édifice généralement récent (XIXe s.), puis à l'église, sise souvent au cœur de la localité, qu'elle domine de son clocher pointu ou à bulbe. D'un bourg à l'autre, le style varie : ici, un clocher roman, trapu, solide; ailleurs, une église reconstruite au XVIIIe. D'ordinaire, un cimetière cerne le sanctuaire; ses croix sculptées dans le bois ou la pierre, parfois façonnées en fer forgé (XVIIIe), attestent le sens artistique des artisans de la région.

Villes ou villages, l'atmosphère ne change guère. Le plan des premières s'apparente à celui des seconds : elles se pressent autour de l'église ou du château, ou s'allongent des deux côtés d'une rue principale ou de deux rues parallèles. Les bâtiments sont plus imposants, les habitations plus somptueuses. Le négoce des vins y est plus important. En outre, certaines furent villes impériales appartenant à la Décapole, cette ligue qui, au XIVe siècle, regroupa dix villes alsaciennes dans une même lutte contre les appétits de la noblesse. Le folklore y est toutefois le même et le mode de vie identique.

Les trois perles du vignoble

De toutes les localités viticoles, *Riquewihr* est la plus célèbre, peut-être parce que, pour peu qu'il n'y ait pas trop de monde, l'illusion de se retrouver quelques siècles en arrière devient parfaite. Les automobiles y sont interdites, les fils électriques soigneusement camouflés. L'ancien fief de la maison de Wurtemberg, blotti dans une dépression au milieu des vignobles, semble miraculeusement vivre hors du temps. Aucune trace de guerre, et pourtant son histoire fut agitée. Ses deux enceintes défensives, l'une de la fin du XIIIe siècle, l'autre du début du XVIIe siècle, subirent de nombreux assauts. Elles sont percées de la porte Haute ou Dolder (XIIIe), surmontée d'une tour-beffroi, et de la porte Supérieure ou Obertor (XVIIe) avec sa herse, ses mâchicoulis, ses meurtrières. À l'intérieur de ces murailles, se serre la vieille cité; de part et d'autre de la grand-rue (rue du Général-de-Gaulle) se répartissent monuments et demeures bourgeoises. Les XVIe et XVIIe siècles ont laissé là d'élégants oriels, de belles croisées en bois sculpté, des portails finement travaillés, des escaliers tournants. Ainsi découvre-t-on les maisons David Irion

le *pinot blanc* ou *klevner;* appellation qui recouvre en fait deux cépages fins : le *pinot blanc* et l'*auxerrois* (10 p. 100 de la superficie totale), tous deux à la fois nerveux et souples. Leur vin, bien charpenté et délicat de bouquet, accompagne à merveille tous les mets requérant le service d'un vin blanc sec;

le *riesling;* ce cépage noble, qui se plaît surtout au flanc des coteaux de la région de Riquewihr, Zellenberg et Ribeauvillé dans le Haut-Rhin, aux environs de Dambach, dans le Bas-Rhin (13 p. 100 du vignoble), est probablement le plus ancien cépage d'Alsace et le préféré des Alsaciens. Le vin qu'il produit, racé, équilibré, d'une étonnante finesse, où bouquet et fruité rivalisent de délicatesse, convient aux fruits de mer et aux poissons tout autant qu'à la choucroute;

le *muscat;* autre cépage noble, fort ancien aussi, qui affectionne les vignobles de Voegtlinshofen, Riquewihr et Ribeauvillé (4 p. 100 du vignoble seulement), constitués par le cépage muscat Ottonel et le muscat à petits grains, plus tardif). Le vin produit se boit en apéritif, mais il s'agit d'un vin sec, ce qui le différencie des muscats du Midi;

le *tokay* ou *pinot gris* (4 p. 100); cépage noble qui nous serait venu de Hongrie au XVIᵉ siècle. Une belle robe jaune, une copieuse étoffe et une rondeur qui passe souvent à un moelleux de bonne venue, tel est le vin qui accompagne avec panache foie gras, viandes rouges, gibiers et même volailles;

le *gewürztraminer* (ou *traminer*); cépage noble entre tous, il nous vient de la sélection d'un vieux cépage, le traminer rose (20 p. 100

→

▲ *Par l'Obertor, porte percée dans la deuxième enceinte, on accède au vieux Riquewihr.*

▲ *La longue figure d'angle sculptée d'une maison de Riquewihr.*

Près du Dolder, «Sinnbrunnen», une fontaine médiévale
▼ *de Riquewihr.*

(1606), Jung-Selig (1561), Liebrich (1535), dont la cour avec puits est entourée de galeries de bois joliment décorées. Deux églises devinrent maisons particulières à la Renaissance : Saint-Érard et Notre-Dame. Certains édifices furent jadis des hôtelleries, comme en témoignent leurs pittoresques enseignes. Quant au château des princes de Wurtemberg-Montbéliard, datant du XVIᵉ siècle, il devint bien national après la Révolution et fait aujourd'hui office d'école. Mais ces souvenirs du passé ne peuvent faire oublier la vigne. Nous sommes là au cœur de la route du Vin : la qualité de la production y atteint son plus haut niveau, du fait de la nature des terrains, de l'exposition (midi, sud-est) et du microclimat qui permet aux amandiers de fleurir parmi les ceps.

À moins de 6 km au sud, *Kaysersberg,* la ville natale du docteur Schweitzer, bénéficie d'une égale faveur climatique. Au débouché de la vallée de la Weiss dans la plaine, cette charmante cité porte encore les traces du rôle stratégique que lui confia l'histoire. Ville impériale, elle se consacra ensuite au commerce du vin, ce qui lui valut richesse et autonomie. «Connaissez-vous ses rues dont les ondulations se jouent en plein soleil, où l'ombre tour à tour s'y balafre en zigzags? Nos pères avaient raison : rien de plus fastidieux qu'une rue sans méandres. Pour peu que vous les aimiez, goûtez-en les détours. Vous y découvrirez des trésors ineffables : balcons croulants de fleurs, puits aux vieilles inscriptions, croix de la peste ou restes de tours d'enceinte [...]. La Weiss? Mais la voici [...]. Elle coupe la ville en trois. Par son cours d'abord, par son canal ensuite qui ne respecte rien, s'engage sous les maisons, fore, creuse, traverse tout, au grand bien des moulins établis sur son cours...», ainsi la dépeignait l'écrivain alsacien René Munsch en 1926. Telle elle nous apparaît encore lorsqu'on parcourt ses rues étroites. La fontaine Constantin, le puits, les maisons gothiques, les ruines du château fort médiéval, l'église dédiée à la Sainte-Croix (XIIᵉ-XVᵉ) recréent, dans une sereine harmonie, un passé à jamais vivace. Tout au bout de la grand-rue, le pont fortifié (XVᵉ-XVIᵉ) qui enjambe la Weiss, bordée de maisons fleuries, est un de ces coins inoubliables dont le voyageur le plus pressé a bien du mal à se détacher. L'équipement touristique reste discret et ne gâte en rien cet ensemble qui paraît n'être là que pour le plaisir de l'œil, la bonne chère et le vin.

Tout au nord de la route du Vin, la petite cité d'*Obernai* semble, elle aussi, n'avoir été construite que pour l'agrément du visiteur. Dans le site où elle se niche, au pied du mont Sainte-Odile, Louis XIV et Goethe ont successivement prétendu reconnaître le Paradis terrestre. De fait, à l'automne surtout, la nature y prend un caractère édénique. Sur les coteaux, la vigne rougit; dans les vergers, les poiriers jaunissent, prunelliers et cornouillers se couvrent de baies qui donneront un jour des alcools rares. Dans la vallée, les prés à

du vignoble). Son raisin a des grains dont la peau renferme un constituant au goût très musqué. Goût qui se retrouve dans le vin, engendrant un bouquet très caractéristique, une saveur épicée; il est très corsé, bien charpenté. Il se marie fort bien avec les fromages, avec les desserts et avec les pâtisseries alsaciennes;

le *pinot noir*; de longue date en Alsace. Le vin qu'il donne est universellement apprécié, mais l'aire de culture est très restreinte (à peine plus de 1,5 p. 100). Ce vin rosé, sec et fruité, s'allie parfaitement avec le bœuf ou le gibier, tout comme avec des viandes blanches.

Si boire du vin est chose aisée, l'apprécier est plus difficile, surtout si le rituel qu'implique la dégustation n'est pas respecté. Il faut d'abord le verre approprié; celui qui se prête le mieux au vin d'Alsace ressemble à une tulipe, avec un pied étiré vert qui donne au vin un délicat reflet. Puis intervient le choix du vin : un vin assez jeune, entre un et cinq ans en général, sauf s'il s'agit d'une grande année, qui, elle, requiert un plus grand vieillissement. Enfin, la température a son importance : le vin doit être servi frappé, comme tout vin blanc d'ailleurs, soit à 8-10 °C environ.

Une fois le verre rempli, surtout pas complètement, il faut faire tourner le verre pour faire chanter la robe du vin dans la lumière; le humer — ce qui revient à le déguster déjà — et le boire à petites gorgées plutôt qu'à longues rasades.

Parallèlement aux grands cépages, existent des cépages courants qui ne manquent ni de qualité ni de finesse :

▲ *Façade gaiement fleurie d'une maison de Molsheim, dans la vallée de la Bruche.*

Ancien siège du Corps des bouchers, le Metzig, hôtel de ville Renaissance
▼ *de Molsheim.*

colchiques et les aulnes aux chatons verts ou rouges font escorte à l'Ehn, une modeste rivière, mais qui court vite. On ne pourrait rêver cadre plus poétique pour une bourgade qui paraît être une illustration pour enfants sages, extraite d'un album d'Erckmann-Chatrian. Bien que sa fontaine gothique date de 1900 et que son église Saint-Pierre-et-Saint-Paul ait été élevée sous le second Empire, elle porte en elle, avec ses maisons couleur de pain cuit, le charme spécifique des villes-villages du vignoble. Sa place du Marché, sa halle aux blés ont ce « petit quelque chose » qui accroche le souvenir. Rues tortueuses hérissées de pignons aigus, façades aux noires charpentes ouvragées, vestiges d'enceinte à l'ombre des tilleuls (car Obernai fut ville impériale), hôtel de ville à balcon ajouré et cigognes dans le parc, voilà qui concourt à présenter un tableau de l'Alsace telle qu'on l'imagine.

Un folklore florissant

C'est derrière les murs épais des maisons vigneronnes, derrière les larges portes cintrées qu'il faut d'abord chercher la survivance des traditions. Certes, la vie moderne s'y est infiltrée, et les aménagements intérieurs se sont modifiés. La grande salle de séjour *(Gross-Stube)*, qui, autrefois, faisait tout en même temps office de salle à manger, de salon et de chambre à coucher, ne répond plus que rarement à ces multiples exigences. Mais le pavillon d'habitation est toujours au premier étage, accessible par un escalier en grès rose partant du cellier. Là, au contraire, on tend à garder des activités séculaires. Les techniques œnologiques récentes ont inévitablement fait leur apparition; mais aux cuves en béton verré, on continue à préférer, comme jadis, les impressionnants foudres de chêne. Mais ceux-ci ne sont plus toujours aussi joliment sculptés, car il n'existe plus guère de sculpteurs sur bois pour personnaliser les « outils » du viticulteur : tonneaux, tendelins, cuves, brocs, seaux. Jusqu'au XIXᵉ siècle, il était inconcevable de mettre ces objets en service, dans une cave de bonne renommée, sans les marquer de festons, volutes, pampres de vigne, grotesques ou silènes, enluminés de couleurs vives. Ils éclairent aujourd'hui les salles de musées et certains caveaux de dégustation. Le raffinement va d'ailleurs plus loin encore : avant d'orner les objets destinés au traitement et à la conservation du vin, on décore les outils qui servent à les confectionner. Le grand rabot du tonnelier porte traditionnellement millésime, armoiries, devise de son propriétaire; les branches du compas qu'il utilise pour dessiner son tonneau sont sculptées.

Quant au folklore viticole proprement dit, il se perpétue à travers les nombreuses fêtes encore célébrées dans les villages. Le protecteur des vignes, saint Urbain, y est à l'honneur, car un caractère religieux empreint certaines de ces manifestations. Ainsi bénit-on le vin le jour de la Saint-Étienne ou le lendemain de la fête de Saint-Jean-l'Apôtre. Profanes, au contraire, sont les fêtes des vendanges, celles du vin nouveau ou celle qui, traditionnellement, se déroule à *Wangen* au début du mois de juillet : en souvenir d'un procès que gagna la commune il y a longtemps, de la vieille fontaine coule librement du vin.

Enfin, même si elle n'est pas du domaine viticole, il est une tradition plus insolite qui mérite d'être rapportée. Elle appartient à *Turckheim,* qui, dans la partie sud de la route du Vin, demeure la seule ville de France à avoir son veilleur de nuit. De Pâques à l'automne, chaque soir, à 10 heures sonnantes (à 11, les jeudis et samedis), il parcourt les rues, revêtu du vénérable uniforme dont le modèle remonte à l'an de grâce 1500. Drapé dans sa houppelande et coiffé du tricorne, muni d'une hallebarde et d'une lanterne, il fait une pause à chaque carrefour et chante :

le *chasselas blanc* ou *rose,* que l'on rencontre sur les coteaux du Haut-Rhin (17 p. 100 du vignoble) et dont les grains charnus, vert pâle, donnent un vin léger, agréable, vin de table quotidien généralement vendu au litre;

le *gold-riesling,* très précoce, qui produit un vin bourru dont raffolent les Alsaciens, qui le boivent en mangeant noix fraîches et pain de campagne.

De même il faut signaler des assemblages heureux réalisés à partir de plusieurs cépages : *zwicker* (raisins communs) et *edelzwicker* (raisins nobles). Ils ont des qualités intéressantes, même s'ils n'ont pas le racé des vins d'appellation contrôlée. Sans oublier le *vin rouge d'Ottrott,* l'un des rares survivants d'une production de vins rouges qui fut autrefois assez importante. ∎

Faire bonne chère sur la route du Vin

Vins et gastronomie vont de pair. Pour un grand nombre de spécialités alsaciennes, le vin est l'une des composantes essentielles. Tel est le cas de la célèbre *choucroute,* cuite dans le riesling et relevée par un verre de kirsch. Tel est le cas aussi de la *tourte vigneronne,* à base d'épaule de veau et d'épaule de porc qui marinent pendant douze heures, avec vin blanc, échalote, cerfeuil, ciboulette et persil.

Les poissons, chers à la cuisine alsacienne, se préparent volontiers avec du vin :

la *matelote de poissons au riesling,* qui comporte anguilles, brochets, perches, tanches et truites, arrosés de riesling et agrémentés d'oignons, carottes, poireaux, thym, laurier,

→

▲ *Défilé de hottes décorées à Marlenheim.*

À Schleithal, le passé et le présent coexistent
▼ *en toute harmonie.*

Prenez soin de l'âtre et de la chandelle
Que Dieu et la Vierge nous protègent
Me voici de garde
Que Dieu nous donne à tous une bonne nuit.

Autre paysage, autre mode de vie : l'Alsace de la plaine

Entre le pied des Vosges et le Rhin, les horizons changent. Ce long couloir plat parcouru par l'Ill, bordé de collines au nord et au sud, a des sols limoneux où prospèrent de belles cultures : légumes, tabac et surtout blé; au XIIᵉ siècle, l'évêque Otto de Freising, chroniqueur de l'empereur Frédéric Iᵉʳ Barberousse, évoquait déjà ces riches champs de blé qui, avec les vignobles sous-vosgiens, peuvent « nourrir le plus longuement les souverains quand ils séjournent au nord des Alpes ».

Là où, au contraire, le Rhin a déposé sables stériles et cailloux, s'étalent de vastes forêts. Au nord, la Forêt-Sainte de Haguenau (13 900 ha), où Dagobert II vint chercher l'ermite Arbogast pour en faire un évêque; ce dernier, dit-on, ressuscita Sigebert, le fils du roi, tué dans un accident de chasse. Au sud, la forêt solitaire de la Hardt, avec ses taillis, ses futaies de charmes et de chênes.

Si, sur ces terrains moins favorisés, les villages sont modestes, avec leurs maisons basses réduites à un rez-de-chaussée et à des bâtiments agricoles d'allure assez pauvre, c'est dans les zones fertiles qu'il faut chercher les plus belles bourgades, avec de hautes maisons groupées, comme on les aime en Alsace. Elles sont moins célèbres que Riquewihr ou qu'Obernai, mais non dénuées de charme ni de personnalité. D'aucunes même auraient pu être dessinées par Hansi. On retrouve quelques caractères existant déjà dans les vignobles : la maison-cour, telle qu'elle fut conçue après la guerre de Trente Ans (les divers bâtiments s'ordonnent en équerre; sur la cour s'ouvre la façade, le pignon étant tourné vers la rue; au fond sont les annexes), les toits fortement en pente, le poutrage apparent disposé très artistiquement. Mais des variantes donnent aux maisons de la plaine leur personnalité. Un désordre de toits couverts de tuiles vernissées qui brillent au soleil et d'où s'échappent des nuées de colombes; un dédale de cours si bien garnies de charrues, d'échelles, de bûches, de billots, d'auges et de pompes à bras que chacune d'elles pourrait être un musée folklorique; des murs coquets, où le boisage joue avec le torchis ou les briques et que décorent avec fantaisie pommes de pin ou épis de maïs; des fenêtres à petits carreaux bombés, dans le style

champignons de Paris;

le *délice de sandre au riesling,* ou tranches de sandre pochées au vin;

le *brochet de l'Ill à la crème* : cuit avec du riesling.

Du large éventail de préparations concernant les viandes, nous dégagerons trois grandes spécialités :

le *Baeckeoffe,* sorte de ragoût composé d'échine de porc, d'épaule de mouton et de paleron, agrémenté de pommes de terre, carottes, céleri, oignons. Il est mouillé de pinot blanc ou de riesling et cuit au four;

le *coq au riesling,* mijoté avec des champignons de Paris frais, des échalotes et du riesling, agrémenté de cognac et de crème double, servi avec des nouilles;

le *faisan à l'Alsacienne,* préparé avec du lard fumé, du lard salé, du sylvaner et de la choucroute. Pour le servir, un riesling. ∎

▲ *Bleu franc sur fond gris, les célèbres grès d'Oberbetschdorf.*

Un artisanat vivace : la poterie

Deux bourgades sises à proximité de la forêt de Haguenau mériteraient un surcroît de célébrité : de chez elles proviennent l'essentiel de la production de poteries alsaciennes, vendues, l'été, sur la route du Vin. *Soufflenheim* pratique cet artisanat depuis le XIIᵉ siècle et s'est surtout spécialisé dans la poterie culinaire; malgré l'apparition d'ustensiles de ménage en émail, elle reste fidèle à la terre cuite (vernissée ou non), aux formes anciennes, aux couleurs traditionnelles (jaune, brun, bleu), aux vieux motifs décoratifs (fleurs, oiseaux, inscriptions). À *Oberbetschdorf,* où la poterie fut introduite à la fin du XVIIIᵉ siècle, il s'agit de grès décoratif, gris et bleu de cobalt, avec divers motifs incrustés. ∎

de l'époque baroque; des volets blancs percés de cœurs minuscules; des palissades ou des murs bas pour clôture; des piliers moussus, de part et d'autre du portillon d'entrée; une riche décoration extérieure encore et toujours. À côté de ces demeures pittoresques, aucun monument célèbre. Le village se suffit à lui-même en tant qu'œuvre d'art, univers inchangé depuis des siècles, monde sans mauvais goût, sans pollution, où, s'il advient que l'on construise une maison nouvelle, on sait encore la bâtir de telle sorte qu'elle n'abîme rien.

À *Hunspach,* à *Hoffen,* à *Oberseebach,* les plus typiques de ces villages tout au nord de l'Alsace dans l'Outre-forêt, il faut se promener parmi les maisons à colombage et à auvents. Au hasard de l'exploration, des petites touches particulières permettent de distinguer une rue de l'autre et de se souvenir, longtemps après, des différentes bourgades. À *Hunspach* : arcade du cellier datée et soulignée d'un trait épais de peinture rouge; soupiraux défendus par une grille de fer forgé; réverbères à crémaillère, hérissés comme des hallebardes; socs d'antiques charrues exposés à l'entrée des cours comme autant de sculptures abstraites; bûchers rangés comme des coffres à jouet. À *Hohwiller,* les volets sont bleus et verts. À *Hoffen,* la mairie se juche au-dessus de colonnades en bois. À *Soultz-sous-Forêts,* le temple protestant ressemble à une église danoise alors qu'il fut construit « catholique » (XIᵉ s.). C'est là une autre Alsace. Plus secrète, plus refermée sur elle-même et qu'il faut savoir découvrir. Le visiteur n'y trouvera guère d'hôtels, peu de restaurants, aucune boutique de « souvenirs », mais toute une atmosphère...

Des coutumes vivaces

C'est avec un certain mépris que l'on fait parfois allusion aux « Alsaciennes de brasserie », aux « Alsaciens de bistrot » dont l'image est répandue dans toute la France. Il suffit d'assister à la sortie de la grand-messe ou du culte protestant pour s'apercevoir que le type de l'Alsacienne portant sur sa coiffe un grand nœud noir où s'accroche une cocarde tricolore n'existe plus. Ce n'est que de l'autre côté des Vosges, « dans la France de l'intérieur » comme on dit ici, que l'on croit encore à cette vision, popularisée par les romantiques, puis par les ligues patriotiques dans le contexte de la Première Guerre mondiale. Aujourd'hui, le nœud noir (signe de deuil entre 1870 et 1914) est réservé aux aïeules, cependant que les jeunes femmes adoptent des nœuds écossais, blancs ou rouges, qui parfois s'ornent d'une rose. À Oberseebach, les hommes portent bonnet de putois et somptueux gilets brochés, qui ne présentent aucun rapport avec le gilet rouge « garçon de café ». Non loin de là, à Schleithal, les bonnets de tulle blanc des femmes, attachés par un ruban sous le menton,

évoquent davantage le pays du bigouden que l'Alsace. Sur les épaules, six ou sept châles coquettement superposés pour que l'on puisse apercevoir la frange de chacun d'eux.

Cependant, dans la vie rurale proprement dite, rien n'est plus comme autrefois. Avec le recul des méthodes anciennes de culture, le folklore qui leur était attaché tend à régresser. Et bientôt ce que l'on ne trouvera plus à l'état « vivant » dans les campagnes, on devra le rechercher dans les musées, comme à Oltingue. Il reste pourtant quelques coutumes. On continue aujourd'hui encore à placer les animaux domestiques sous la protection d'un saint (saint Gall, saint Vincent, saint Antoine), à faire bénir l'étable — tradition de longue date qui jadis visait à lutter contre les épidémies. Comme dans le terroir vigneron, les activités paysannes sont placées sous le signe du Ciel. Cette religiosité transparaît surtout au moment de l'ensemencement, qui se fait lorsque la lune est croissante, et qui donne lieu à un rite grave au cours duquel le paysan invoque la bénédiction céleste. La moisson était aussi l'objet d'un véritable cérémonial. Il n'en reste que les fêtes qui animent alors les communes et l'usage qui veut que les derniers épis, réunis par un lien de paille, soient accrochés à l'intérieur de la maison, au crucifix, ou dans l'église. Quant à la fête du village — « messti », « kilbe » ou « kirwe », selon les régions —, originellement religieuse, elle est essentiellement profane et, en fait, elle n'est pas l'apanage des villages de la plaine.

Une promenade entre l'Ill et le Rhin

De Strasbourg à Marckolsheim, s'étire l'une des routes les plus fleuries d'Alsace. *Diebolsheim,* à mi-parcours, est un jardin où même les trottoirs sont envahis par les bouquets. Mais, à quelques kilomètres, à quelques centaines de mètres parfois de cette voie si riante, on pénètre, aux abords du Rhin ou de l'Ill, dans le *ried,* dépression aquatique aux prairies inondables, bordées de roseaux et de taillis, qui fournit la provende des cigognes et éloigne les villages. Côté français, ce n'est qu'à la hauteur de Neuf-Brisach ou de Strasbourg que le Rhin s'humanise, grâce à des travaux d'aménagement (centrales hydroélectriques, plans d'eau et canaux). Éparpillées dans la plaine au sud de Geispolsheim, des bourgades forment autant de petits centres commerciaux : *Erstein,* caractérisé par ses séchoirs à tabac dont on multiplie le nombre d'étages pour accroître les surfaces offertes au soleil, a une belle église où les bâtons des confréries du XVIIIᵉ siècle témoignent d'une tradition de labeur qui remonte au Moyen Âge. À *Benfeld,* l'hôtel de ville, parmi les plus beaux d'Alsace, possède une curieuse horloge à jaquemart. *Ebersmunster* a la plus célèbre église baroque d'Alsace. *Geispolsheim* offre

▲ *Les vendanges sont l'occasion*
de découvrir la véritable Alsace
et de goûter ses vins.

Un pittoresque petit train

Depuis le 13 juillet 1969, un charmant train « folklorique » promène les touristes entre Ottrott et Rosheim, via Boersch Saint-Léonard, soit 16 km aller-retour et une heure de trajet. La voie est en fait très ancienne; construite en 1902 pour le transport de la grauwacke (conglomérat plutôt friable) extraite à Saint-Nabor, elle servit bientôt à celui des voyageurs. Trois locomotives à vapeur assuraient le service. Mais, presque un demi-siècle plus tard, en 1950, l'autocar fut préféré au train et la voie fut désaffectée. Un abandon heureusement provisoire, car le petit train qui circule aujourd'hui, tracté par une des locomotives des temps héroïques (elle date de 1906), ne manque ni d'attrait ni de pittoresque. ■

▲ *Logis anciens, fontaine fleurie,*
hôtel de ville Renaissance,
la place Turenne à Turckheim.

Oberseebach,
authentique
▼ *village de la plaine.*

sous le menton, cependant que d'autres, fixés au sommet de la coiffure, servent à retenir deux petites tresses de cheveux qui se hérissent en étranges couettes au-dessus de la tête. De leur côté, les dames de Geispolsheim arborent un énorme nœud rouge, des tabliers brochés, une jupe en bombasin rouge et de grands châles de soie noués derrière la tête.

Un petit pays de tradition

À l'intérieur d'un triangle dont les sommets seraient marqués par Saverne, Brumath et Strasbourg, les douces collines du *Kochersberg*, avec leurs longs et étroits champs de tabac et de céréales et leurs vergers, forment la partie la plus vaste et la plus riche de la plaine d'Alsace. La « liane parfumée » des houblonnières escalade les hautes perches (10 à 12 m) qui signent ici le paysage depuis que, sous Napoléon Ier, Heinum, le premier planteur de houblon, fit un essai réussi d'acclimatation à Haguenau. Hors des villages prospères, nulle bâtisse isolée, mais, d'où que l'on se place, on aperçoit au moins trois clochers à l'horizon. Les fermes sont cossues, avec des cours carrées suffisamment vastes pour que les parents devenus vieux y disposent d'une maison bien à eux. Quant à la maison des maîtres, sa façade principale s'ouvre sur cette même cour, mais les fenêtres des chambres donnent sur la rue. C'est ici que l'on peut encore le mieux voir le « stube » alsacien dans toute sa pureté, avec ses belles boiseries, son poêle de faïence, son horloge dont le balancier sage marque le rythme des saisons, ses images peintes sous verre (« églomisées ») représentant sainte Odile ou la résurrection de Sigebert, ses meubles luxueusement ouvragés, qui, au cours des siècles, sont passés de la maison du seigneur à celle du paysan, et dont certains portent encore un emblème dont l'origine se perd dans la nuit des temps : le marteau d'un dieu celtique.

Riches en traditions sont les villages du Kochersberg qui se nomment *Wintzenheim, Truchtersheim, Hohatzenheim*, par exemple, et dont témoigne, entre autres choses, la somptuosité des costumes. Le luxe des vêtements, réservé à l'origine aux gentes dames de la noblesse, a cessé peu à peu de représenter un privilège pour s'offrir aux bourgeoises, puis aux simples paysannes. Si bien que la sortie de la messe évoque davantage une miniature médiévale haute en couleur, que la triste grisaille contemporaine. Les femmes portent petit bonnet carré, clouté de pierreries et brodé de fils d'or. Les tissus, eux aussi, sont cloutés ou matelassés, et les jolies filles portent sur l'oreille un gros nœud écossais. Spectacle gracieux s'il en fut, et que l'on peut admirer, depuis presque le XIe siècle, lors des pèlerinages à la petite basilique romane de Hohatzenheim.

pour sa part, lors de la Fête-Dieu, un spectacle saisissant : tous les groupes folkloriques d'Alsace s'y réunissent, formant une véritable anthologie des innombrables costumes du pays. Les petites filles des environs de *Schleithal* sont sans doute les plus remarquables, avec leur bonnet de soie bariolée garni de rubans dont certains se nouent

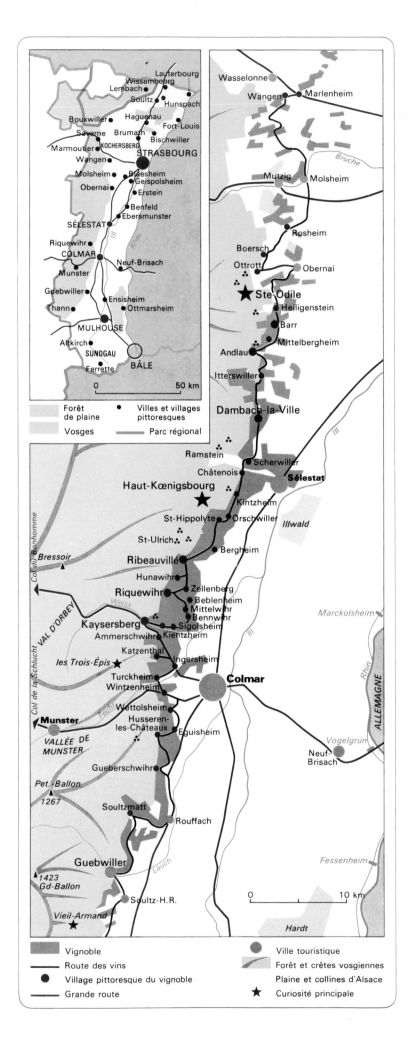

Forêt de plaine

Vosges

Villes et villages pittoresques

Parc régional

Vignoble

Route des vins

Village pittoresque du vignoble

Grande route

Ville touristique

Forêt et crêtes vosgiennes

Plaine et collines d'Alsace

Curiosité principale

◄ *Villages
de la «route du Vin»
et villages
de la plaine d'Alsace.*

▲ *Obernai : fête
sur la place du Marché,
devant le beffroi.*

Au fil de la route du Vin

La route du Vin, créée en 1951 par les départements du Bas-Rhin et du Haut-Rhin à partir d'un tracé qui existait déjà au Moyen Âge, peut s'emprunter indifféremment dans les deux sens. Les étapes étant innombrables et présentant chacune un intérêt particulier, nous ne saurions les évoquer toutes. Venant de Marlenheim, commune réputée pour son art culinaire et son vin rosé (*Vorlauf*), voici *Molsheim,* qui se détache au pied d'un coteau, telle une épure romantique, et dont le mélange de styles lui confère, paradoxalement, un charme très personnel. À *Rosheim,* ancienne ville impériale et première petite cité vivant vraiment de la viticulture, l'église Saint-Pierre-et-Saint-Paul est un magnifique édifice roman de grès jaune, caractéristique de l'école rhénane du XIIe siècle, restauré au XIXe; la Maison païenne (*Heidehuss*) est une belle demeure romane du XIIe qui passe pour la plus vieille d'Alsace. Plus au sud, au-delà du bourg fortifié de *Boersch* et de la parure de châteaux dont s'enorgueillit *Ottrott* (pas moins de dix dans ses parages), *Heiligenstein* se souvient du bon vigneron Ehrad Wantz (qui implanta dans la région, au XVIIIe siècle, le cépage Klevner) et *Barr* prétend au titre de capitale du vignoble du Bas-Rhin. À *Andlau,* une jolie légende tient lieu d'explication historique à la fondation de la ville par sainte Richarde : l'épouse répudiée de Louis le Gros aurait rencontré dans ce val une ourse grattant la terre. Signe du ciel? Elle fit construire une abbaye. Dans l'église, dont le porche offre les plus belles sculptures romanes d'Alsace, une ourse de pierre rappelle la tradition.

C'est une légende aussi qui justifie la vocation viticole de la population de *Dambach-la-Ville,* dont le vignoble (400 ha) est le plus vaste d'Alsace : parti se promener un soir hors du village, un jeune garçon vit un ours qui semblait faire ses délices de baies inconnues jusqu'alors. Ces baies étaient des raisins. On chassa les ours désormais inutiles et on se mit, le cœur en paix, à la culture de la vigne.

Non plus que les légendes, les trésors ne manquent pas au fil de cette promenade. Et *Sélestat* en possède un des plus rares avec sa bibliothèque humaniste (1452); elle conserve plus de 2 000 ouvrages ayant appartenu à Beatus Rhenanus, un ami d'Érasme. Mais, à peine revenus sur la route du Vin, nous voici plongés dans la vieille Allemagne de Lohengrin, tout entière ressuscitée par la silhouette du *Haut-Kœnigsbourg* qui domine le très impressionnant escarpement des Vosges. À l'ombre du château, la route ondule à travers les vignes.

Bientôt *Bergheim,* dont l'ensemble fortifié est le mieux conservé d'Alsace, nous transporte à l'époque des Habsbourg, et *Ribeauvillé,* à quelques kilomètres, vient nous rappeler qu'avant tout cette terre est vigneronne; le riesling et le traminer y sont réputés. À proximité, *Hunawihr* est plus encore que ses voisines tributaire de la vigne : les aiguilles de l'horloge de son clocher représentent des grappes de raisin.

Au sud de la constellation des petites cités qui constituèrent une position clef de la bataille d'Alsace (hiver 1944-45), plus bas que *Colmar,* capitale du vignoble alsacien, où se tient chaque année une foire aux vins importante, l'Alsace des vignobles apparaît plus que jamais terre privilégiée. Tout concourt ici à une production de qualité. À *Eguisheim,* le vin alsacien a en quelque sorte acquis ses lettres de noblesse. La tradition veut que la culture de la vigne ait pris naissance dans cette région au IVe siècle. Les crus de l'endroit furent renommés. Les grandes cours d'Europe (encore aujourd'hui celles d'Angleterre et de Hollande) les servirent à leur table. Outre cette réputation, la bourgade, avec ses maisons médiévales fleuries et ses fontaines Renaissance, est l'un des lieux dont s'est emparé le Romantisme : les gravures de l'époque montrent les ruines des trois donjons de grès rouge qui dominent la ville, paysage plein de mélancolie et de mystère. Plus riants, les horizons des vignobles que l'on aperçoit de tous côtés. Les vins sont excellents et, à *Guebwiller,* bien plus au sud, les coteaux produisent un des plus fins riesling du département. Mais par *Soultz* et *Cernay* s'achève la flânerie. *Thann* y met un point final; à l'entrée de la vallée de la Thur, la ville s'est édifiée autour du culte de saint Thiébaut, auquel elle a élevé une superbe collégiale de style gothique. ■

Index

Les lettres placées devant l'indication des pages renvoient aux chapitres suivants :

VIC (Aux portes du maquis, les villages corses)
VA (Nids d'aigle en terre azuréenne)
VP (Les villages de Provence)
VVL (De vignes en villages, les trésors du Languedoc)
ROC (Telles qu'au Moyen Âge, Rocamadour et Cordes)
BA (Au cœur de la Gascogne, les bastides d'Armagnac)
EUZ (Claires maisons en verte campagne, les villages basques)
PCF (Petites cités en terre de Flandre)
VVA (Tradition et folklore : villages et vignobles d'Alsace)

Les pages sont indiquées en gras lorsqu'il s'agit d'une illustration, en italique pour le renvoi à la carte.